図説

戦国時代

武器・防具・戦術百科

トマス・D・コンラン 著

小和田哲男 日本語版監修

原書房

目次

監修者まえがき

鎌倉時代の初めから江戸時代の終わりまで、いわゆる「武士の時代」の武士については、大名から雑兵・足軽に至るまで、たくさんの本が出ているし、その時代の合戦についての本もかなり多い。また、刀・槍・鉄砲、さらには甲冑など武具に関する本も無数にある。しかし、たいていは、そのどれかを中心にしたもので、これら、武士・合戦・武装の三つをまとめて概観した本はこれまであまりなかったのではないかと思われる。本書の著者トマス・D・コンラン氏は、ややもすれば分散しがちなこれら三つのテーマを一書にまとめあげている。これが本書の特徴の一つである。

特筆されることの二つ目は、日本の「武士の時代」をヨーロッパの歴史と対比させている点である。このあたりが日本の研究者の一番苦手とするところで、どうしても日本史の枠内だけでとらえてしまう傾向があり、そのことが世界史的にどのような意味があるかまで考えがおよばないのがふつうである。その点、本書では、ヨーロッパ中世との対比が随所で論じられていて興味深い。

たとえば甲冑の場合、時代背景、文化の違いによって求められるものも変わり、武器が変われば違うタイプの甲冑が必要になると指摘したくだりでは、一四一五年のアジャンクールの戦いでのことがらが紹介されており、こうした視点で、日本の甲冑の変化もみていかなければならないことに気づかされた形である。

なお、武士というと、どうしても武士の中での上位者、すなわち武将クラスの叙述が中心になりがちであるが、本書は、第一章で「騎馬武者」も取りあげながら、第二章で「散兵」、第三章で「槍兵」を取りあげているのも特徴点としてあげることができる。

「散兵」という表現は日本人研究者はあまり使わない。一般的な意味は、『広辞苑』によると、「①(軍隊を解いて)ちりぢりになった兵士。②敵前で兵を密集させず、適当の距離を隔てて散開させること。また、その兵」となるが、著者コンラン氏は、「散兵は騎馬武者と徒武者の弓矢隊で成り立っていた」とし、「彼らはもっぱら弓矢を用い、騎馬武者よりも軽装で戦にのぞんだ」と位置づけている。つまり、第三章の「槍兵」に対し、「弓矢兵」で、この「散兵」の実際の戦いぶりとその軍装をくわしく追いかけているところは本書のユニークな点であろう。

第四章が「武将」で、各戦国大名の軍勢の特徴が描き出されている。関東の後北条氏については随所で取りあげられ、知行の貫高がどう軍役と結びついていたかなど、具体的にふれられていて戦国大名の軍役賦課がどのようになされていたかがよく理解できる叙述となっている。

そして、何といっても圧巻は第五章「火器」と第六章「大砲」である。鉄砲についての蘊蓄は驚かされる。著者が鉄砲先進国であるヨーロッパの鉄砲史を調べ、熟知している強みといっていいのかもしれない。

また、天正三年（一五七五）五月二十一日の、織田信長・徳川家康連合軍と武田勝頼が戦った長篠・設楽原の戦いについては、かなり踏みこんだ叙述をして、これまでの長篠・設楽原合戦史研究に一石を投じてもいる。最近の研究で、これまで「武田騎馬隊」といわれてきた点の見直しが進められていることは周知の通りで、コンラン氏も、「武田軍は騎馬隊だけが多かったわけではない」と指摘している。信長の鉄砲隊についても、従来いわれている織田軍三〇〇〇挺ではなく、一〇〇〇挺だったのではないかという。

ところで、注目されるのは、大砲についての評価である。これまで、信長の鉄砲大量使用を戦術革命といって高く評価してきたが、本書は、むしろ、長篠・設楽原の戦いよりあとに登場してくる大砲の方を重視している。大砲が使われなかったのは、技術の点とも関係していたと思われるが、コンラン氏は、武士の心構えにも問題があったのではないかという。つまり、軍記物や武士の規範などで説かれるのは武勇や道義心で、「大砲は軍のために作られた武器であり、使ってもあまり誉れとはならなかった」というあたりの指摘はおもしろい。たしかに、大砲で相手を倒しても、個々の武士の戦功にはカウントしにくいという側面もあったわけで、慶長五年（一六〇〇）の関ケ原の戦い、同十九年（一六一四）と翌年の大坂の陣のころの戦功のあり方の違いも、大砲の使用というものを考えると納得がいくように思われる。

なお、本書はいくつかの点で最新の考えを提示しているとともに、たとえば、刀と太刀のちがいや、腹巻と腹当と胴丸のちがいとか、初心者にとってもわかりやすい記述が多く、武士・合戦・武装の入門書としても恰好の本である。図版も豊富なので、みて楽しめる本になっている。

小和田哲男（静岡大学名誉教授）

土佐派の絵師による保元の乱（1156）。安土桃山時代（1568-1600）。

序章

「味方勢討ち死に手負い多数発生により、無勢となり、撤退しけり」土持宣栄《つちもちのぶひで》（一三三六）

「武士道と云ふは死ぬ事と見付けたり」山本常朝《やまもとつねとも》（一七一七）

これらは、およそ四〇〇年の年月を経て書かれたもので、「侍《さむらい》」の意識の変化を如実にあらわしている。前者は内乱（南北朝時代、足利尊氏《あしかがたかうじ》の挙兵）が始まった直後の一三三六年二月に記され、当時の武士が現実主義者だったことをうかがわせる。それは、泰平の世で武士の存在理由を問い直そうとした山本常朝（一六五九―一七一九）のような思索家たちが失ってしまった精神だった。土持宣栄は、自分が戦死すれば領地を奪われることがわかっていたので、生き残ることを選び、名より実をとった。

いっぽう、社会や政治のあり方が激変した時代に書かれた山本常朝の『葉隠《はがくれ》』は、武士にとって死がいかに重要であるかを説いている。いまや進んで死を迎えることが、武士かどうかを見極める役目を果たすのだという。

山本常朝は、忠実なお側役として主君に仕えた武士のひとりだった。もし許されたなら、主君が死んだときに後を追っていただろう。武士にとっては個人の命より一族の存続のほうが大事であり、官職の地位や身分はすべて主君の引き立て次第だった。そのため山本常朝は、主君とともに死ぬことが武士の精神だとした。

始めに侍の意識の変化を指摘したが、それはやや誤解を招く表現かもしれない。士持宣栄を「侍」と呼べば、本人は怒り心頭に発するだろう。「侍」という言葉は、「領主のそばに侍り、仕える」という意味だからだ。今日では広く武士を意味する「侍」は、十三世紀から十四世紀には有力な武士を指す言葉ではなかった。彼らは自分たちのことを、戦においては家の子郎党（侍）を率いる、いわゆる幕府の御家人ととらえていた。つまり十四世紀には、「侍」は有力な武士の家来を指す言葉だった。侍

上級武士の鎧一具（13 世紀後半）。左手には長弓を持ち、腰には大小の刀と、予備の弦を巻きつけておくための円型の弦巻をつけている。

豊臣秀吉を描いた19世紀の木版画。秀吉は下層階級から身を起こして天下統一を果たし、それまでの政策を改革して武士の身分を明確にした。この木版画は、賤ヶ岳の戦い（1583）に臨み、法螺貝を吹いて兵たちを鼓舞する秀吉である。秀吉は背が低く、容貌は猿に似ていてカリスマ性に欠けていたと伝わっているが、戦の天分はそれらを補ってあまりあるものだった。

武士と貴族は弓に長けていた。弓矢は正確に射ることが評価され、そのための競技も行われた。参加者の名簿と的中の数の記録が今日まで残っている。中世の武士たちは、弓矢こそ彼らと切っても切り離せないものと考えていたが、この絵に描かれているように、それは宮廷の貴族たちも同じだった。絵は平安時代の貴族を描いたもの。

たちは主人の家や領地に住み、単独で戦うことを許されなかった。武士と「侍」の関係は、ヨーロッパでいえば騎士とその従者のようなものだ。もしも十六世紀のヨーロッパで騎士と従者をいっしょくたにしていたら、中世ヨーロッパの歴史物語は違ったものになっているはずだ。

　しかし、日本では武士と「侍」の区別はなくなった。なによりおのれの自由を重んじた古《いにしえ》の武士たちの子孫は、相次ぐ戦と、それにともなって抱える兵士の数がふくれあがったせいで、十六世紀になる頃には徐々に自律を失っていった。

　ついには、豊臣秀吉《とよとみひでよし》（一五三七―九八）の刀狩令（一五八八）によって、武士は領地を放棄して定められた俸給を受け取るか、土地を所有して税を納めるかのどちらかを選ばなくてはならなくなった。ただし、後者を選んだ場合は「百姓」になることを意味する。武士になることを選択したものには、二本の刀の帯刀が許された。長刀の「刀」と短刀の「脇差《わきざし》」は武士の地位を象徴し、実際に行われることは稀《まれ》だったが、町人や百姓から無礼な扱いを受けたときには相手を切り捨ててもよいとされた。かたや百姓を選んだ場合は土地を所有できるが、たとえ自衛のためでも武器の所有は一切認められなかった。

領地を持たない武士

無名の出自ながら天分に恵まれた豊臣秀吉は、動乱の十六世紀に天下統一をなしとげ、事実上政権のトップに立った。当時、地方では武力衝突が絶えなかったが、秀吉はその原因を武士の領地争いと考え、所領を手放した者には武士のなかでも高い地位を約束し、できるだけ領地を差し出させようとした。

秀吉が求めた犠牲は大きかった。武士というものはたいてい領地と強く結びついていたからだ。現に領地の地名を苗字にしている者も多かった。土地を手放したくないあまりに、秀吉が示した禄《ろく》の加増を断る者もあらわれた。たとえば宇都宮鎮房《うつのみやしげふさ》は、何世紀にもわたって宇都宮家が所有していた豊前（九州北部）を手放そうとはしなかった。鎮房は秀吉に逆らって、先祖代々の墓所を手放すわけにはいかないと戦の口火を切り、豊前国の諸将とともに秀吉が差し向けた大軍を迎え撃った。最終的に鎮房は殺され、よその地に埋められるよりも先祖代々の地で死にたいという望みがかなう結果となる。もっとも、たいていの武士は不本意ながら秀吉の命に従い、鉢植えのごとくこちらの地からあちらの地へ移動させられた。彼らは決して元の領地を忘れず、十八世紀になっても何か事が起これば生まれた土地へ逃げ戻り、落武者として百姓たちにかくまわれた。だが十七世紀以降、ほとんどの武士は給料（俸禄）を受け取る役人として城下町に住み、地位も収入も主君の引き立て次第となった。

一五八八年は社会の大きな転換期といえる。それまでは、武士といってもその身分はあいまいなものだったからだ。それどころか、百姓、商人、女、僧侶、そしてもちろん武士といった、ありとあらゆる層の人々が武器を手にとった。戦に参加すれば誰でも苗字や土地が与えられ、極めつきは武士として政治的な力を持つことまで可能だった。一方で、有力な家系の武士といえども、戦に負けたり恥辱を受けたりすれば、その代で絶えてしまうこともあった。だが一五八八年以降は、百姓として土地を所有する代わりに武器を捨てるか、あるいは武器を所有し、武士として一族を存続させるかを、誰もが選ばなければならなくなった。

　しかし、その政策が順調に実行されたとはいえない。人里離れた土地に住む百姓のなかには、武器を大量に隠し持つ者もいた。また、有力な武士のなかにも、名ばかりの武士の地位にしがみつかずに土地を所有し続け、まんまと自分たちの名で広大な領地を登録する者もあらわれた。最も有力な大名は移封させられることがなかったため、領地と結びついた封建支

鎧を身に着けた人々。左の男性は薙刀（なぎなた）を持ち、真ん中の男性は顔に面頬をつけて長弓を持ち、右の男性は16世紀によく見られる陣笠をかぶって槍を持っている。

配をこれまでどおり続けられた。とはいえ、十七世紀から十九世紀にかけての武士は基本的に都市に住み、戦うことはめったになかった。武士たちは知識階層とされ、同時に官僚的になっていった。刀や弓矢を実戦で使ったことがなく、その知識はもっぱら書物から得るか、あるいは武術の修練から得るかのどちらかであった。領地を守る必要がなくなって時間をもてあますようになると、山本常朝のような十七、十八世紀の知的な武士は、社会における自分たちの役割を自問しはじめた。ある者は儒教を学び、武士は卓越した知識と徳をもって国を治め、人倫の手本になるべきだと考えた。またある者は、十七世紀に泰平の世が訪れて初めて重視されるようになった武術の修練に勤《いそ》しんだ。そしてついに、武士という身分を明確にするのは死であるという考えが生まれる。平和な時代に突然非業の死をとげるのは難しいからに他ならない。かつては戦にあけくれた時代には死がごく身近にあったので、そんな考えは生まれようもなかった。

武術と神秘主義

一六一五年に大坂の陣が終わったあと、すぐに世の中が平和になったわけではない。長い間凄惨な戦を目の当たりにしてきた人々は、十七世紀中頃まで好戦的で、果たし合いによって手足や命を失うことがあった。二刀流の使い手といわれた宮本《みやもと》武蔵《むさし》

剣道で重視されるのは、形（かた）である。基本的な防御の構えをとる剣士。

宮本武蔵は 17 世紀の剣客。二刀流の使い手で無敵といわれていた。江戸時代の伝説的な人物として、その活躍は歌舞伎でも演じられている。この浮世絵は、武蔵を演じる役者が木刀を手にして威嚇し、相手方をひるませている場面を描いたもの。

（一五八四頃―一六四五）は、ひとりで何人もの敵を倒してみせ、果たし合いにおける武士の心構えを指南するため、有名な『五輪書《ごりんのしょ》』を記した。果たし合いには流派や武器の種類ごとにルールがあるわけではなく、どちらかといえば実戦のなんでもありな部分がいくらか残っていた。

たとえば柳生宗厳《やぎゅうむねよし》は、どんなに優れた騎馬武者であろうと刀で打ち負かしてみせると豪語し、実際は敵の馬の頭を強打してうまく勝利をおさめた。一六〇三年から一八六七年にかけて国を治めた武家政権の徳川幕府は、後に他流試合を禁じた。木刀はすたれ、代わりに竹刀が流行り、相手を殺傷するよりも機敏な身のこなしを見せることが武術の基本になった。

さまざまな武術の流派が誕生するにつれ、戦の記憶はうすれていった。武士は派手な立ち回りと機敏な動きを繰り広げて戦うものだと思いこまれ、刀は相手を打ち倒すためのものではなくなった。

剣術

あらゆる武術は過去とつながっているものだが、なかには記憶から消え去った武器もある。たとえば鉞（まさかり）がそうだ。鉞は独自の流派が生まれなかったため、今ではまったくといっていいほど忘れられている。槍や大太刀も支持された武器だったが、剣術の稽古には使いづらく、ほぼすたれてしまった。太刀は江戸時代に刀身を短くされたため、当時のまま現存するものは僅かである。17 世紀には長弓も時代遅れになっていたが、武術には向いているとされ、再び人気を博した。長弓の訓練はかなりの時間を必要としたが、16、17 世紀の武士たちにはその時間がありあまるほどあったからだ。弓は相手を殺害するためのものではなくなり、技術を競うあうためのものになった。達人級の腕を持つ者もいて、ある射手は 24 時間内に 1 万 2910 本の矢を引き、1 万 2780 本を的に当てたという。剣術の目的は、流れのなかで技を見せることであり、力ずくで相手を打つことではない。図は「上段の構え」。

剣道——打突《だとつ》の種類

剣道で使用する武器は、怪我を避けるために木刀から竹刀へ変わった。下記で示された箇所にすばやく打ち込めば一本となる。近代では、首、顔、頭を防御するために面をつける。（上から時計周りに、「面」「左面」「左胴」「小手」「右胴」「突き」「右面」）

なにより重要なのは、刀が武士をあらわすもの――つまり刀は「武士の魂」という考えが広まったことだ。剣術は「形《かた》」という定められた動作の流れに重きを置いて発展し、違う流派の門下生同士が直接勝負することもなく、ますます刀は神秘的な性質を持つようになった。後の世代の武士たちでさえ、なによりも刀を重要視するほどだった。フランス民法典を和訳させた江藤新平《えとうしんぺい》（一八三四―七四）は、一八七四年、刀を頼りに無謀な反乱を起こした。この反乱とよく混同されるのが、一八七七年に起きた武士の最後の反乱、西南戦争である。西郷隆盛《さいごうたかもり》（一八二七―七七）は「最後の侍」として後世に名を残し、映画『ラスト　サムライ』では、弓矢を重んじ、旧体制を支持する一士族のモデルになった。実際には西郷が真っ先に狙ったのは政府の武器庫であり、彼自身も弾薬を当てにしていたことは、まったくといっていいほど無視されている。

さらには武士にたいして郷愁ともいえる思い入れがあり、武士というものは西洋の武器を嫌うものとしてきたはずの薩摩藩が、実際には一八五七年以降、大量製鉄の可能な反射炉を全稼動させていたことはそっちのけにされている。

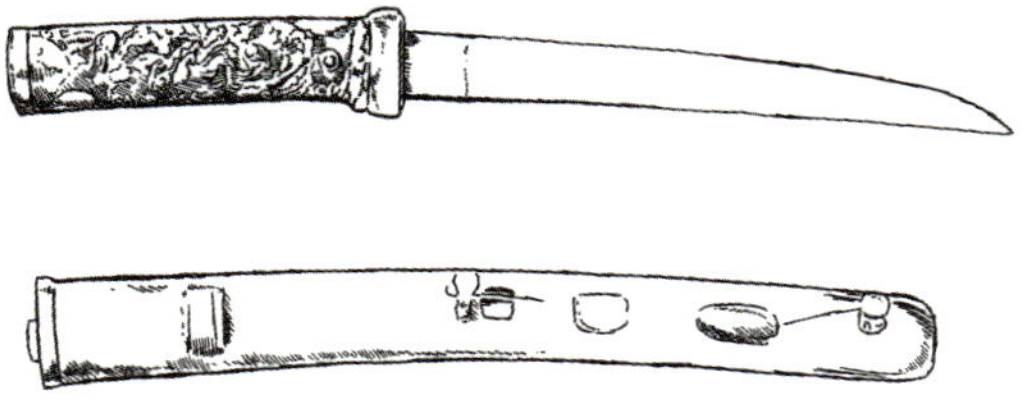

鞘つきの短刀。短刀の刀身は、どれもほぼ30センチ以下である。突く動作には最適で、懐に隠しやすい。ここに描かれている柄は取り替えることができる。この短刀には鍔や、柄巻きはほどこされていない。

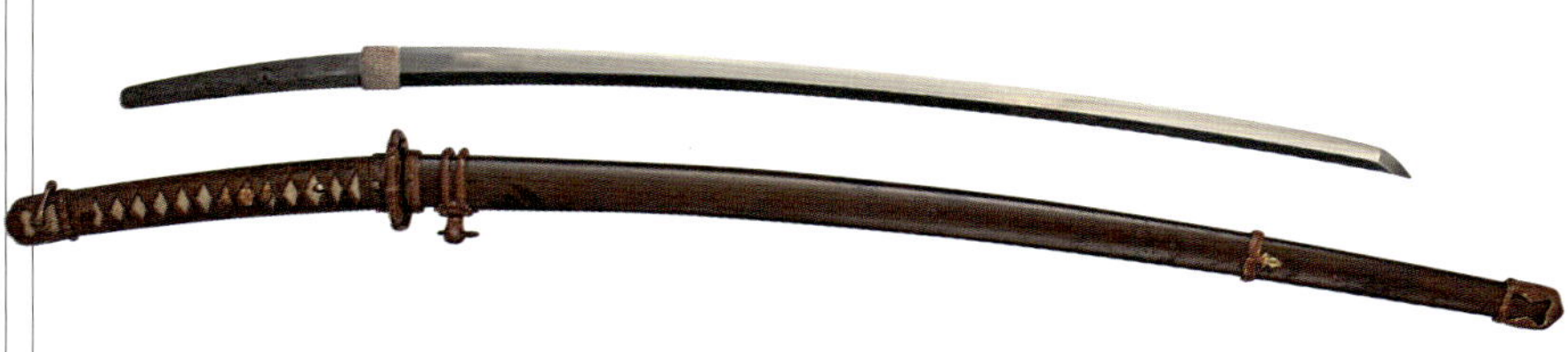

1930年代の典型的な刀。刀身がかすかに反っていて、刃紋が見られる。これは刃のほうが棟側よりも硬いからである。取り外しのできる鍔は、柄を握る手を守るためのもの。柄は木製で、鮫皮で覆われ、柄糸と呼ばれる紐や布が巻かれている。すべての刀装武具は刀身から取り外せるつくりになっている。

九鬼神流剣法

九鬼神流剣法の起源は14世紀といわれている。後に生まれた剣道の各流派が使用する剣よりも、かなり刀身の長いものを用いる。ここに紹介している技のいくつかは14世紀から存在していると思われるが、すばやくてしなやかな動きや形を重視しているところは、17世紀における武術の典型といえる。

八相の構え

霞の構え

上段の構え

天地の構え

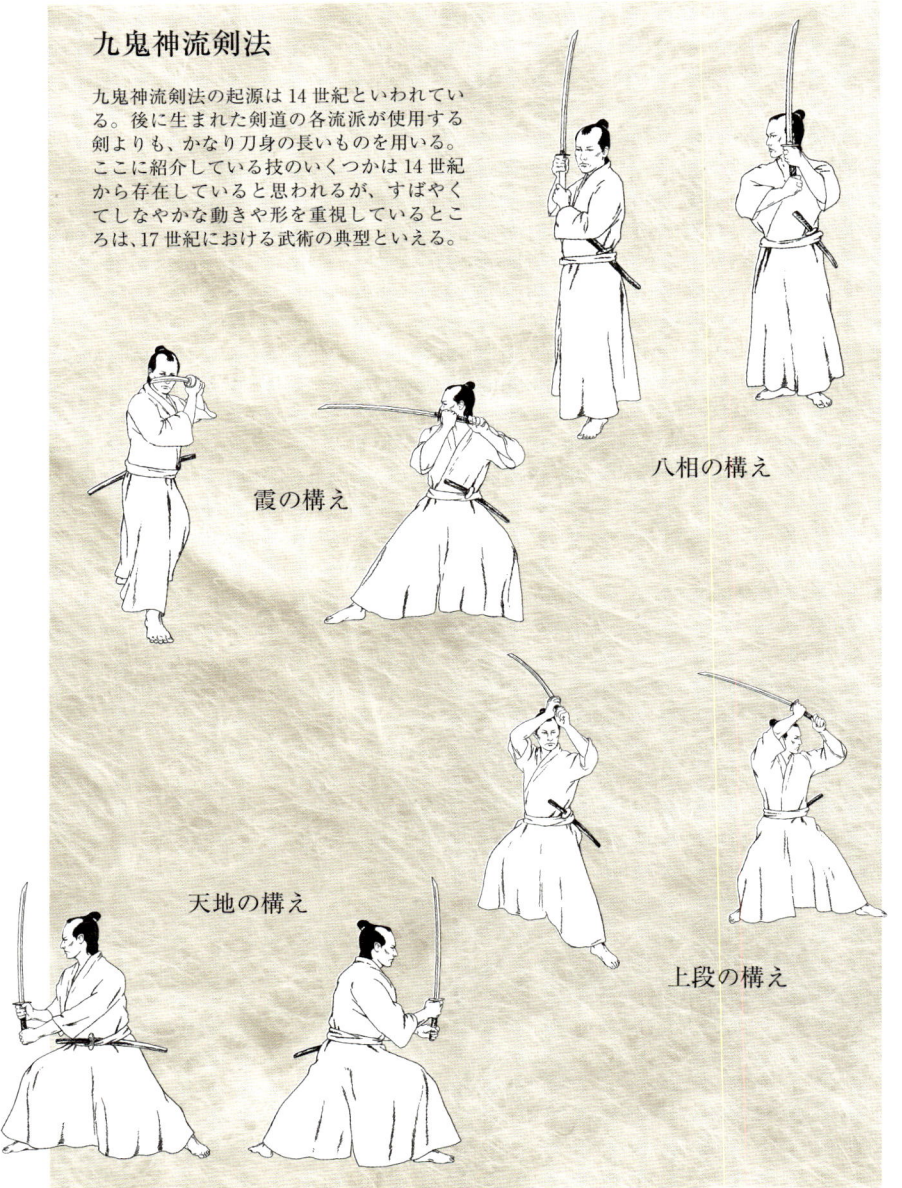

二刀流の戦い方

浪人たちがおのれの腕前を試すために決闘に勤しんだ17世紀初期、二刀流の使い手である宮本武蔵は、その無敵ぶりを誇っていた。武蔵は2本の刀を同時に振りかざし、相手の攻撃を両手で防いだ。そして右手の刀と敵の刀を交差させながら、左手の刀で敵をたやすく切り倒した。

この歴史の事実を忘れてしまったことが、二十世紀初頭になって日本軍の軍国主義に影響を与え、悲惨な結果を招くことになる。刀を振り回しながらの玉砕攻撃は、高性能の小銃や大砲を前にして多くの死者を出した。かつての土持宣栄のように、多大な犠牲者を出すのを嫌って手勢とともに敗走するような戦の仕方は見向きもされなかった。その代わりに帝国軍は「死ぬこと」を作戦の原理とし、積極的に兵士たちの命を守ろうとはせず、それどころか、捕虜や占領下の市民の命をもおろそかにした。

幻想の過去

それほど軍人たちが刀にこだわったのは、実際の過去とはかけ離れた理想の武士のイメージを信じ込んでいたからだ。近代の戦争にはまったくそぐわないにもかかわらず、かつて武士の身分を象徴した刀が、軍人の一般的な装備となった。小隊の隊長は刀を振り回すたびにことごとく敵の標的にされ、なんの役にも立たない刀が戦闘機のコックピットをふさいだ。そして手持ちぶさたになると、刀を残虐でばかげた実験に使う者もあらわれ、捕虜を処刑したり、占領国の住民を脅したり、機関銃の銃身を切り落とすことができるかどうかを試したりした（切り落とせたが、刃がこぼれた）。山本常朝の観念は、土

1877年、明治維新の立役者である西郷隆盛は、明治新政府の中央集権化・独裁化に対抗し、大規模な反乱を起こした。西郷と彼の部下はもっぱら銃で戦い、弾薬が尽きてから最後の手段として剣を用いた。西郷軍は大敗を喫し、生き残った数人は明治政府に降伏する。敗北の後、西南戦争は時代錯誤的な武士の「最後のあがき」として描かれた。だが実際はそんな単純なものではなかった。反乱軍のなかには、フランスの啓蒙思想家、ルソーの著作に触発された民権運動家もいたからだ。

1942年4月、フィリピン陥落に沸き立つ日本軍。刀を掲げる兵士の多さに注目してほしい。これらの刀は、19世紀から20世紀初頭にかけてすたれていたが、1930年代と1940年代には広く用いられた。しかし実戦用というよりは、装飾用というべきものだった。

持宣栄の現実主義よりも長く生き残ったことになる。結果として何万人もの人々が、生き残って再び戦いに挑めばいいと悟るまもなく死んでいったのだから。

一一八〇年（平氏に対する源氏の挙兵）から一六一五年（大坂の陣）にかけて多くの内乱が起こったが、そのときの武士たちの戦いぶりをみると、死ぬことに取り憑かれていたとはとうてい思えない。本書は、理想化された過去ではなく、武士たちの実際の戦いぶりに焦点をあてる。そのため、これまでに書かれた武士の本とは内容がかなり異なってくるだろう。たいていの本は、理想化された後年の武士像を暗黙のうちに支持しているか、あるいは武器をことさらに取り上げて武術の形式にばかり関心を向けがちだからだ。

弓矢は十六世紀の武士にとって必須の武器だった。武士自らが「弓馬の道」をたしなむ者と名乗っていたほどだ。

最も達者な弓の使い手は馬上から矢を射ることができ、それ以外の者は散兵《さんぺい》として徒歩で戦った。彼らが集団で白兵戦にのぞむことはめったになかった。

一四六七年以前は、兵が組織化された陣形で戦うことはほとんどなく、その代わりに、歩兵が少数の騎馬兵の前に分散して並んだ。戦の采配をふるうのは騎馬武者隊で、ひとりで彼らに囲まれればどんな剣豪でも逃げるしか道がなかった。人数が少なく、まとまりのないこの集団を軍団とは呼べない。指揮や統制といったものは無に等しく、好機とみれば騎馬武者隊が前進する戦法だった。中世前期では、戦場で目立って恩賞に値する働きをしたという印象を与えることが大事で、そのためなら大将の命令をいちいち聞いてはいられなかった。たとえば蒙古軍と戦った竹崎季長《たけざきすえなが》（一二四六―？）は、援軍を待てと命じられたがそれを無視してしゃにむに突進し、馬から射落とされた。それにもかかわらず、季長は一番駆けの恩賞を求め、紆余曲折を経たものの最終的には希望をかなえた。

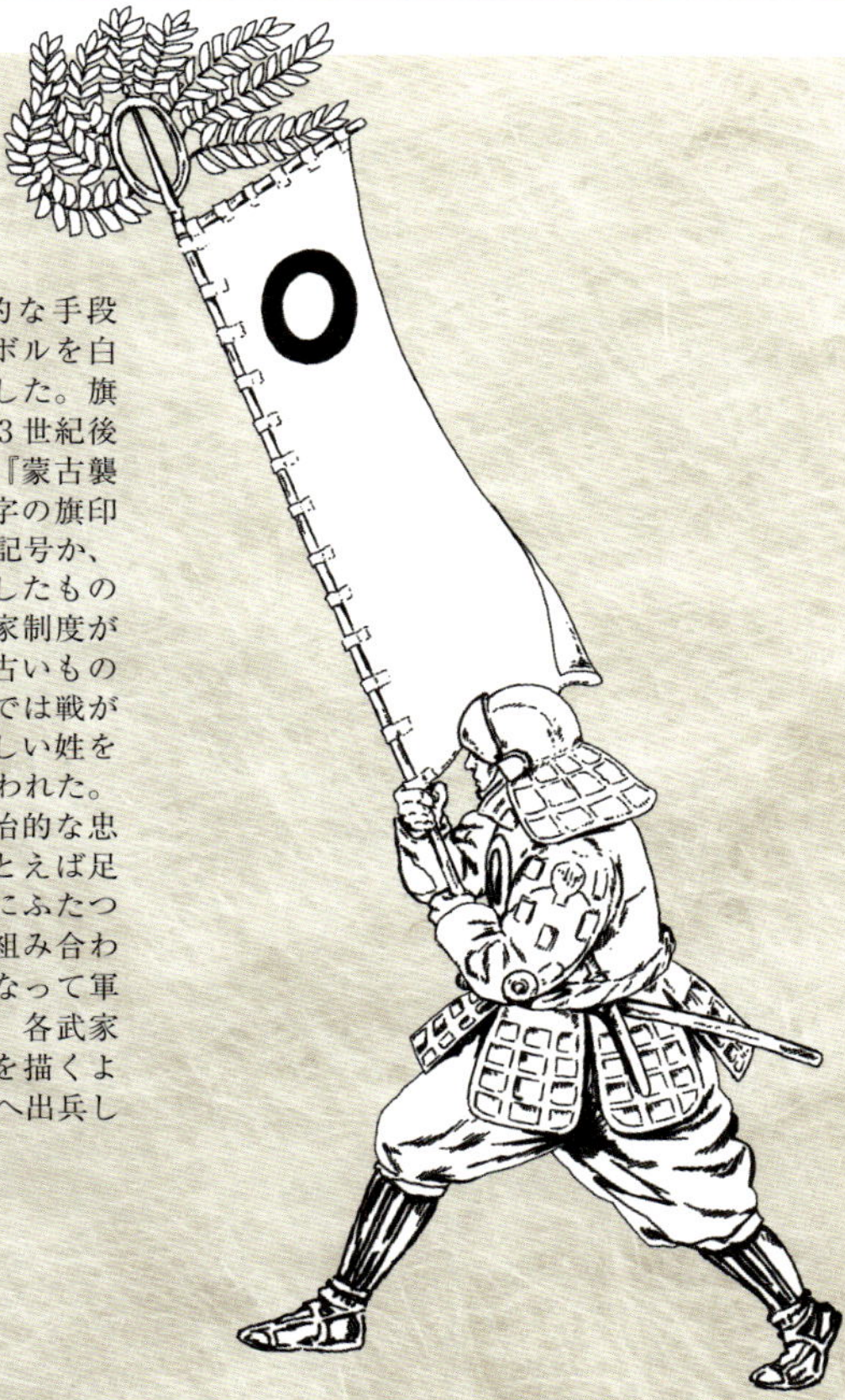

旗持

旗は敵味方を識別する一般的な手段だった。それぞれの家のシンボルを白旗に描いたり、取り付けたりした。旗が描かれた最も古い史料は、13 世紀後半以降に竹崎季長が描かせた『蒙古襲来絵詞』である。なかには文字の旗印もあるが、たいていは抽象的な記号か、あるいは植物や動物を図案化したものが旗印となった。13 世紀には家制度が確立し、この頃の家紋が最も古いものになる。14 世紀になると地方では戦が蔓延して、武家のなかには新しい姓を名乗り、家紋をつくる者もあらわれた。これらの新しい家紋には、政治的な忠誠関係があらわれていた。たとえば足利氏の家臣は、足利の紋（円にふたつ引両）とおのれの一族の印を組み合わせることがあった。16 世紀になって軍の規模が大きくなるにつれて、各武家の目印だった旗には大名の紋を描くようになる。図は 1592 年に朝鮮へ出兵した加藤清正の旗持。

旗のかたちは、おおまかに左図の 3 種類に分けられる。大将旗とみなせるほど大きなものは、馬印（大将の馬がいるという印）と呼ばれた。

武家はそれぞれ武士団を形成していた。甲冑には家紋がほどこされ、誰がどの家に属しているのかがわかるようになっていたが、さらにわかりやすくするために布や絹の旗を用いることもあった。ひとりの旗持が背中に自軍の旗を差して馬に乗れば、遠くからでもどの軍かがひと目でわかる。だが旗は格好の標的になったため、旗持は勇敢でなければつとまらなかった。実際、彼らからは理不尽なほど多くの犠牲者が出た。たいていは弓で射られたり、城攻めの際に岩を落とされたりした。旗を奪われるのは屈辱であり、奪った側は、その旗を使って敵の生き残りを嘲弄した。はずかしめに耐えられず、旗を取り戻そうとして無謀な反撃に出ることもままあった。

十四世紀の戦においては、一族で忠義を分かつことも珍しくなかった。家を守るためにあえてそうすることもあった。鎌倉幕府の御家人であった右田《みぎた》氏は仮病を使い、一三三三年に倒幕を謀った後醍醐《ごだいご》天皇（一二八八―一三三九）の加勢に息子を走らせた。そして右田氏は幕府方についた。結局、鎌倉幕府は敗北して滅んだが、右田家にはなんのおとがめもなかった。それというのも鎌倉幕府と結びついていた父親はあっさりと隠居し、後醍醐天皇方で戦った息子に家督を継がせたからだ。他にも、領地の少ない庶子たちが独立を目指して惣領の権威にそむき、他の武将を支援するということもあった。こうした資力の乏しい者たちは、内乱の際に最も活躍した。血族から自立を宣言する良い機会だからである。しかし、自分が欲するもの――とりわけ自分の権威を守ることに関しては、誰よりも抜け目ないのが惣領というものだった。

あるとき、対立している一族の一方が敵方の援軍として戦うことになり、深刻な問題が生じた。どちらの軍装にも同じ家紋がついていたからだ。同族同士の戦は敵と味方の区別がつかなくなるので、悲惨な結果に

1185年、源頼朝は初めての武家政権となる鎌倉幕府を開く。頼朝の存命中は全国支配にはおよばず、御家人同士の争いごとを裁き、地方に守護・地頭を置いて警察力を強めることに重きを置いた。頼朝は優れた支配者で戦略家であったが、戦はそれほど得意ではなかった。ふたつの戦を戦ったのだが、平氏を相手にした1180年の石橋山の戦いでは大敗を喫し、1189年の戦は敵が格下すぎた。この『大日本名将鑑』は、源頼朝による鶴の放生会（ほうじょうえ）を描き、頼朝の穏やかな面を強調している。

終わることがある。結城《ゆうき》氏は右袖を裂いて兜の鍬形《くわがた》に巻きつけるという方法を使い、同じ状況に陥った別の武家は小さな笹の葉で武具を飾ったという。十三世紀から十四世紀にかけて、分家として独立する武士ができたため、当然ながら新しい家紋も多くつくられた。

戦で用いる武器

兵が分散して戦っていた時代に、武士が頼みとしたのはもっぱら弓矢である。刀は防衛のための武器で、強盗などをすばやく撃退できるように床《とこ》の上に吊り下げられていた。わざわざ危険を冒して近寄ってくる敵がいれば刀を振るうこともあっただろうが、ふつう戦では使わなかった。だが、一三三三年から一三九二年にかけて内乱が日本列島をのみこむと、状況は変わり始める。徒武者《かちむしゃ》は騎馬武者の攻撃から身を守ることを考え、馬が走れない湿地や山岳地帯を占領するようになった。敵の馬の足を切り裂くために太刀を使うこともあった。しかし、騎馬武者ひとりと対決するのであれば太刀は効果的だが、どんな剣豪でも取り囲み弓で射殺《いころ》してしまう弓騎馬隊にはとてもかなうものではない。歩兵が戦況を左右するには組織化された陣形と訓練が必要で、それが可能になるのは十五世紀に入ってから

基本的な弓の姿勢。左手は弓の中央より下側を握っている。弓の握り方と、人差し指と中指の矢の支え方に注目してほしい。

のことだ。

密集隊形の訓練が行われるようになると、集団の戦に最も効果を発揮し、なおかつ安上がりな槍が主流になった。密集隊形は軽武装の歩兵で成り立っていた。彼らは戦場を占拠し、槍ぶすまと盾を用いて馬に最適な平坦な土地でも騎馬隊を破ることができた。この戦術の革新によって、一四六七年、戦の進め方が様変わりする。弓騎兵よりも歩兵のほうが戦況を左右するようになったのだ。

革新

応仁・文明の乱(一四六七―七七)は一〇年にわたって続き、多大な犠牲者をだして京都を荒廃させた。とどまるところのない破壊を招いた戦だったが、軍事的な観点からいえば、それ以上に戦術や兵站《へいたん》能力に革新をもたらした戦でもあった。一〇年間、わずかな土地をめぐって戦いは続き、兵や物資がどんどん送り込まれた。騎馬武者

上皇の牛車を取り囲みながら進む武士たち。『平治物語絵巻』より。左に描かれているのは、衣冠を身につけ牛車を先導する公家の藤原信頼。平治の乱が起きた 1159 年頃はまだ、武士は朝廷に従っていた。

兵站《へいたん》

兵力増強には兵站の問題がつきまとった。長く戦場にとどまればとどまるほど、武器の修理や馬の世話や兵糧の確保に出費がかさむため、武士の間に不満がつのるのが常だった。彼らの多くは、いつ終わるともしれない兵役の費用がまかなえなくて陣を離れ、所領地に戻ることもしょっちゅうだった。

だが、蓄財に長けた武士は富を誇り、馬の毛を鮮やかな色に染め、深紅の陣羽織を身につけ、金銀の刀装をほどこして豊かさをひけらかした。1352年、軍費調達のため守護に年貢の半分を徴収する権利を認める半済令が発布され、守護は荘園領主たちをしのぐ力を持つようになった。いわゆる守護大名の誕生である。彼らは、城や鋳物工場の建設や兵の徴収に年貢を用いた。何世紀か年月はかかったが、守護大名たちは領国の支配権を確立し、領国内の武士を支配・統制した。そして富と力を手に入れると、常備軍を養成し始めるようになった。

弘前城は、1611年、現青森県弘前市に築城。五層五階の天守は落雷により焼失し、1810年に三層三階の構造に建て直された。すでに何世紀も戦は行われなかったにもかかわらず、この城は攻撃に備えたつくりになっている。窓がなく、代わりに狭間があるのに注目してほしい。石垣に張り出した下の階には岩を備えておき、登ってくる敵に向かって落とせるようになっている。

が進軍するための平地をつくろうとして京都の町は大半が焼き払われたが、槍を持った歩兵が密集隊形を組むようになっていたので、いくら町を焼き払ったところで騎馬武者では歯が立たなかった。この状況は第一次世界大戦中の西部戦線の状況に似ている。西部戦線では、大規模な塹壕がつくられ、監視塔が敵の要塞を見張っていた。槍兵と歩兵が多くの死傷者を出しながらも要地を占拠していった一方で、騎馬武者隊は瑣末《さまつ》な襲撃を指揮するにとどまり、もはや戦場の主役ではなくなっていた。

防衛戦術に重きが置かれるようになったことと、京都の壊滅を目の当たりにして、武将たちはできるだけ自軍を拡大しようとやっきになった。応仁・文明の乱以後、地方の大名は所領地の大半の男性を効率よく動員し、日本の兵力は一〇倍になった。あるいは一〇〇倍になったという説もある。軍の拡大にともなって、軍装や旗、とりわけ槍のサイズも大きくなった。最終的に槍の長さは四倍になっている。

それでも弓は最強の投射兵器という地位を守り続けたが、十六世紀後半、ついにその地位を譲りわたすときがくる。それまでに銃のブームは二度あった。最初は一四六六年の応仁・文明の乱が起こる直前で、持ち込まれたのは貫通力がなく音がうるさいだけの原始的な三連銃だった。二度目は一五四三年。ポルトガル人が持ち込んだアルケビュース銃は、三連銃に比べれば格段に性能がよかった。根来寺《ねごろでら》の僧侶たちはいち早くアルケビュース銃を手に入れ、瞬く間に強力な鉄砲隊をつくりあげている。一方で足利将軍家も、火縄銃と火薬の知識を有力な大名たちに教え、次第に鉄砲は弓矢に取って代わるようになった。一五七五年の長篠《ながしの》・設楽原《したらがはら》の戦いでは鉄砲のために甚大な人的被害が生じた。しかし一五八〇年代までは、鉄砲と弓による負傷者の割合は同じ程度だった。一六〇〇年になると、投射兵器による負傷者のほとんど（八〇パーセント）が鉄砲によるものになった。

一六〇〇年の関ケ原、一六一五年の大坂夏の陣の後、徳川家による中央集権化と武士の身分の確立によって、日本にいっときの平和と安定が訪れた。武士は俸禄を金ではなく米で受け取り、国の生産力が劇的に増したおかげで世の中は豊かになるが、同時に武士は購買力が落ちて貧窮にあえぐ生活を送るようになった。そして、富を誇ることが理想だった中世とは正反対に、貧困と倹約を良しとする美学が武士を支えた。貧窮のあまり、刀や鎧兜を質入し、内職につかなくてはならない者もあらわれた。

泰平の世になっても徳川政権は鉄砲を手放さず、その生産と普及を独占した。同じく大砲の生産も厳重に管理した。日本は鎖国政策をとっていたが、国の発展には気を配っていた。

個人で蘭学を学ぶ者もあらわれ、高島秋帆《たかしましゅうはん》は一八四一年に西洋式大砲、銃、溶鉱炉の実験を行った。また佐賀藩では、一八五〇年に一三〇〇度の熱を必要とする反射炉を建設して鉄の精錬を可能にし、一八五二年には電信機および蒸気船の実用模型を制作した。

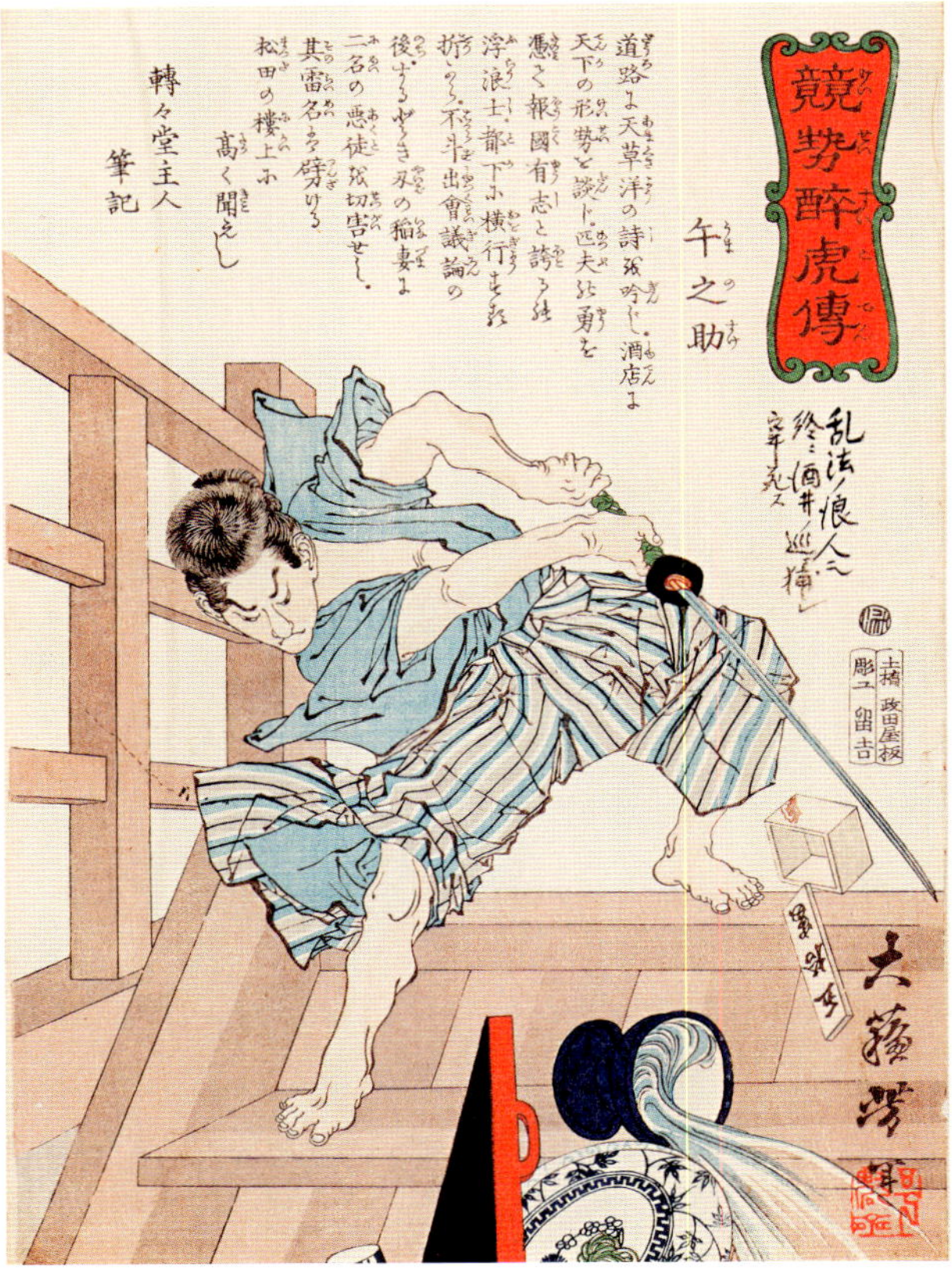

月岡芳年の錦絵（版画）『競勢酔虎伝（きょうせいすいこでん）』。幕末の幕府方勇士を描いたシリーズ。武術の影響で剣が最強の武器と信じられていたが、このシリーズに描かれている人物はほとんど殺されている。これは、喧嘩に駆けつけようとした剣客が食膳を真っ二つに切り、皿を宙に飛ばしている図。

武士の終わり

文化や技術の変化を受け入れる武士もいれば、勤皇《きんのう》の志士、江藤新平のように人一倍変化に抗う武士もいた。日本の近代化にもかかわらず、幕府から禄を支払われている職のない人々は人口の六パーセントにおよび（一八五〇年の調査では三〇〇〇万人中一八〇万人）、行き場も与えられなかった。禄は公債と交換され、裕福な武士は新しい時代の資本家になり、貧しい武士はさまざまな種類の職業についた。教師、新聞記者、編集者、あるいは刃物を平和的に使用するために髪結いになる者もいた。

刀は武士の象徴だったが、槍には武士の地位を示すような含みはなかった。ここに描かれているのは、刀を振りかざす役者が槍を持つ役者を打ち負かしている歌舞伎の一場面。16 世紀における実際の戦では、槍のほうが好まれていた。

西郷隆盛が起こした最後の内乱はある意味で民権のための戦いだったが、同時に、過去に戻るための戦いでもあった。結局、武士は消滅した。だが彼らの理想は、国民精神という教育理念に身を隠し、一九四五年まで生き延びた。国民の多くが武士の価値観を賞賛していたが、戦争に大敗すると、その武士の理想はあっという間に失墜した。今日の日本では、武士が実際に使用した武器や戦の仕方を知っている者はほとんどいない。

黒澤明監督の映画『乱』(1985)の戦闘場面で、槍を持った騎馬武者が身元を識別できるように特徴のある旗指物(小旗)を立てている。甲冑と武器は16世紀後半のスタイルを反映したものだ。

第一章

騎馬武者

一二〇〇年には、全国すべてとまではいかないまでも、ほとんどが騎馬武者からなる明確な軍備体制が生まれていた。それまで数世紀の間、こうした地方社会のエリートたちは国司の補佐役の郡司として働き、この結びつきから荘園・公領などを舞台に次第に土地管理の手腕をふるいはじめた。領地を管理する権利は権力者の気まぐれに左右されたので、その地位は依然として不安定だった。

この状況は不満の種となり、やがて朝廷とその代理の国司に対して多くの武士が反感を抱くようになった。源頼朝《みなもとのよりとも》（一一四七―九九）は申し分ない武士の一族の棟梁であったが、十三歳のときから配流の身だった。一一八〇年に中央政権に対して挙兵し、土地に対する武士の権利を強めるかたちで、ある意味保守的ともいえる革命を起こした。特に、自分の側についた武士を土地の管理を行う地頭に任命して職務を与えるようになり、地頭職はそれから五〇〇年にわたって武士の主体性と行動に大きな影響をおよぼした。

一一八三年、反乱分子だった頼朝が朝廷の命を正式に受けた。頼朝は一一八〇年以降、手に入れた権利で一方的に自分の家臣を地頭職に任命し、そして自分の権限で地方の武士を朝廷の勅令に従わせ、他に略奪や不法行為をおかさないようにした。自分が任命していないのに地頭と名乗っている者の職をすべて無効にした。この法の後ろ盾を得た頼朝は、

13世紀の絵巻で、源義朝と藤原信頼が1159年に起こした平治の乱を描いている。騎馬武者は箱形の大鎧、徒武者は簡素なかたちの腹巻を身につけている。特に下級武士の場合、旧式の甲冑では、下半身をほとんど守れなかった。武士はだいたい半首（はつむり）という顔面を守る武具をつけていた。騎馬武者がもっぱら弓矢に頼っていたのに対し、徒武者は敵方の捕虜の首を斬るために刀と薙刀を使っていた。

ときから一一九九年に亡くなるまで、頼朝は反乱を鎮めたり、命令に背く者や一一八九年の奥州合戦で自分に仕えるのを拒んだ者の役職を取り上げたりしながら残りの人生の大半を過ごした。

最近まで源頼朝像と考えられていた有名な肖像画。束帯姿で、刀の柄は武官であることを示している。しかし近年、研究者の指摘によってこの肖像画は初代足利将軍の弟足利直義のものとされている。

訴訟と土地

争いに裁定を下し、相続の型を決めて合法化する必要性によって、日本初の武家政権である鎌倉幕府の特色が明らかになっていった。鎌倉幕府は何をおいてもまず裁判を行う政府で、訴訟全般に対応した。十三世紀の武士は世界でも指折りの訴訟好きだったからだ。数十年も続く争いもあったが、総じて公正な判決が下され、武士もこの制度をじゅうぶん信頼していたのでめったに流血沙汰などは起こらなかった。法律は武家政府の鎌倉幕府が残したなかで最も優れたもののひとつで、一二三二年に制定された貞永式目《じょうえいしきもく》(御成敗式目《ごせいばい》)には土地の権利を保護する規定があるが、これは一二一五年に制定されたイングランドの大憲章《マグナ・カルタ》よりも広く社会のさまざまな範囲にわたり、保護の度合いもはるかに大きかった。

争いの裁定に加え、鎌倉幕府は首都と地方の治安に対しても責任を負っていた。地方ごとに任命される行政官の守護を通じ、幕府は「御家人」(従者となった武士をあらわす「家人」に敬称の「御」をつけた)として知られる武士に対し、警備の任務である番役と、必要なときには軍役につくよう求めた。武士は男女とも奉公する資格があった。女性の例では法阿弥陀仏こと山代固後家尼《やましろかたしのごけあま》がある。また奉公は地頭職にある者に限らなかった。警備の任務は長期にわたったし、御家人には壊れた水路の修理といった労働など、他にも果たさねばならない仕事もあったため、重い負担となった。身分に課される負担のために御家人の名を捨てる方を望む武士もあったが、十三世紀末に鎌倉幕府は徳政令《とくせいれい》を発令して御家人の借り入れを帳消しにした。

有利な地位

武士が地頭の地位に補任されるのは有利なことだった。税はいまだ荘園領主に流れ、農民が土地を耕していたが、地頭は土地の管理人として働き、地域の治安維持をはかったり、特別の取り立てをしたりして、次第に豊かになっていった。反乱にかかわらない限り土地を管理でき、自分が認めれば誰にでも渡してよかった。長子相続より能力の有無が一般的に相続の原則的な方針となり、ひとりの相続人だけに受け継がれる土地もあったが、複数の娘や息子に譲渡される土地もあった。ある武士など、他に跡継ぎがいなかったので、「大黒」と「小黒」という忠実な猟犬二頭に土地をやってしまったという。土地の一区画を所有する、つまり特定の区域の農民を管理できるようになったことは、武士世界に大きな影響を与えた。住んでいた場所にちなんで自身の名をつけた者も多く、自分の土地との結びつきの強さがあらわれている。兄弟が姓を変え、それぞれが自分の所有地の名を取ることもあった。こうして名乗ることで自分たちの自立性をはっきり示し、兄弟やおじからの恩義を受けないためである。この変化と時を同じくして新しい家柄が多く生まれ、それぞれが自分たちの「家」と家紋を持つようになった。武士の衣服に家紋をあしらうようになってきたのは十三世紀の中頃である。

土地管理の能力、さらに地頭職への補任が、馬に乗る能力よりも大きな意味を持つようになった。馬に乗れる者はたくさんいたのだ。武家の男女は相続人に土地を残すために遺書を書く必要があったので、識字率

北条氏の家紋入り直垂（ひたたれ）を着た鎌倉幕府の役人。13世紀末あるいは14世紀初頭につくられた『蒙古襲来絵詞』より。このような家紋が描かれた最古の絵で、13世紀後半には家柄をより明確に示すようになってきたことがわかる。

も高かった。とはいえ乗馬の能力も社会的にやはり大事には違いなかった。馬に乗れる者が地方のエリート社会を構成していたからだ。馬を育て、維持するのにじゅうぶんな資産があれば、必要なときに農民を自分の思い通りにできた。たとえ少人数でも、速足で矢を射られるような相手に馬でやって来られたら、立ち向かえる者はあまりいなかった。

領主と家臣

馬は一四六七年まで武士団には欠かせない存在で、軍勢は常に騎数で数えるほ

蒙古襲来時に備えて 1281 年までに築かれた石築地の前で、竹崎季長の旗指（はたさし）が馬上で季長の旗を持っている。石垣に座っている武士たちと違って旗指は上腕を覆う袖をつけておらず、簡素な腹巻姿である。

価値ある生き物

侍は自分の馬を大事にした。馬はとても重要だったため、全国に馬用の牧場（牧）がつくられ、関東・東北は名馬の産地だった。馬は貴重な存在で、鎧一式の半分くらいの値がついた。14 世紀には４分の３貫という記録がある。馬は財産だったが、必要があれば売りに出されることもあった。

また、馬自慢の持ち主は鞍を深紅、紫、黄緑、空色などに塗ったり縞模様にして自分の馬の立派さを強調した。武将のなかには、アジア大陸からの輸入でしか手に入らない高価な虎皮の鞍敷きをあてがって馬を見せびらかす者もいた。

虎皮の鞍敷きをつけた日本在来馬の絵。実際にはポニーほどの大きさだが、絵では大きく堂々と描かれていたことがうかがえる。

どだったが、歩兵は十四世紀半ば過ぎまで数のうちに入っていなかった。馬に乗ってよい者と乗れない者の間には大きな隔たりがあった。例をあげれば一二八四年、武家政府である鎌倉幕府は僧と「下人」が馬に乗ることを禁じた。僧や庶民は法律で馬に乗れなかったというのに、地頭職と認められなかった者たちはまだ自分たちは武士と対等だと考えており、それが一三三三年に起こった大きな対立を招いた。

馬に乗れた者のうち、最も華々しかったのは家柄がよく土地もある武士だった。最も体格のよい馬に乗り、豪勢な箱型の甲冑（大鎧）を着ていたからすぐにどこの誰かわかった。広大な土地と屋敷を所有し従者を養う責任もあり、いわば大地主のような存在で、従者の数は三人から三五人にのぼった。この従者たちは現代の言葉でいうと侍である。侍は御家人の領主から馬と甲冑を与えられ、戦いで怪我をしたり殺された場合にもその分の補償は領主が受け取った。侍がどんなにすばらしい功績をなしとげても、個々の功労は認められず、名誉と恩賞はすべて領主に与えられた。

武士としての正統な身分がなかったり、鎌倉政権から認められていない者もいた。畿内、西国方面に住んでいた場合も地頭の権限がなく、警護の任務にも召集されなかった。彼らは名主《みょうしゅ》（「名」は名田を指す）と呼ばれたが、自分たちと同等とみなしていた御家人に仕えたがらなかった。一二八一年、蒙古襲来の警護に人手が必要になり、一時的に人員不足の事態が起こった。そこで鎌倉幕府のなかに名主を兵力に組み入れようとする動きがあったが、この方針はすぐに断念された。

一三三〇年代に国内各地で内乱が起こり、御家人や名主も鎮圧に駆り出された。一三三三年に鎌倉幕府が滅亡し、動乱が六〇年にわたって続くと、御家人と名主が一体化して大きな社会集団となり、そして侍は国の人すなわち「国人」あるいは外の者「外様」として知られるようになった。外様という言葉は彼らの独立性を強調している。一部の地域では、少数の騎馬武者が集まり、自立していくには貧しすぎたため集合体を結成した。これが「百姓」である。この語は農民をあらわす言葉として考えられているが誤りである。名前もあり、社会の周縁に位置していたので、その下の階層よりはかなり裕福だった。その下は社会における最も一般的な「下人」の階層だった。意外にも、百姓は馬にも乗ったし、戦闘にも参加して独自の隊として認められてもいた。十五世紀中に武闘勢力の蜂起が大きくなると、この自治は不可能になり、地侍として武力組織に加わった者も多かったが、耕作にもっと力を入れる者もあった。地侍はすぐに見分けがついたが、馬に乗るというのに簡素な鎧しか身につけず、腹当《はらあて》だけのことも多かった。

武士社会の概要を述べたところで、今度は十三、十四世紀の武士の戦い方について見ていきたい。武士の戦闘技術の理解には、人と馬の昔ながらの結びつきを見るのがいちばんである。

日本在来馬の特徴

聡明で自立心が強く、頑固な日本の在来馬は乗り手の武士によく似て自主性を重んじた。主人の命令を無条件に聞くようなことはしないので、もっと従順な動物に慣れている人間からは日本馬は気の短い獣扱いをされた。しかし侍はたいがいこの自立心を大目に見ていたようである。

馬の原種で現在は絶滅したターパンは、侍の時代の日本馬と似ている。

馬に大きく頼って生活する場合は馬を去勢することが多いが、日本では珍しく去勢の習慣は存在しなかった。このため戦いが始まると馬のおかげで混乱が起こったりもした。牡馬は接近戦になると喧嘩をはじめ、発情期の牝馬がいれば馬同士の緊張がさらにつのるばかりだった。発情期の牝馬がいる敵陣では、運悪く興奮した牡馬に乗った侍がいようものなら惨憺たる成り行きが待っていた。馬を降りるか、さもなければ敵のまっただなかで、心ここにあらずの牡馬にただひとり乗るはめになる。

日本の馬はモウコウマの亜種だが、現在は絶滅したターパンのような馬の原種に最も近いと考える専門家もいる。ただ馬と呼ぶのは適当ではないかもしれな

早駆けする馬に乗って脇の板的を射る流鏑馬（やぶさめ）の競技。写真のように、現在使われている馬は元来の日本馬よりはるかに体高があるが、これは19世紀に日本軍の方針で日本馬を欧州種とかけ合わせて大きさと強さを改良したからである。

13 世紀頃完成した『平家物語』に登場する有名な女武者、巴御前。実在したかは定かでない。

い。現代の分類では最も大きいものでも体高（肩までの高さ）一四〇センチで、それでも分類上はポニーである。源頼朝が乗っていたのは体高一四二センチあり、現在ではかろうじてポニーではなく馬の区分に入るくらいだが、それでも頼朝の馬は特別に大きかった。十四世紀の馬の埋葬地を発掘したところ、ほとんどの馬の体高は一三〇センチ強程度で、最も小さい馬は一〇九センチと、普通のロバと変わらなかった。それにひきかえアラブ種の大半は鬐甲《きこう》（肩甲骨間の隆起）まで約一五二・四センチあり、サラブレッド種の平均は一六二・五六センチだ。

日本馬の背丈が低いことで、ヨーロッパのように馬に板金甲冑で重装備する伝統がなかったことの説明もつく。ただし十四世紀にはときどき鎖帷子《くさりかたびら》状のものが使われたり、十六世紀には後北条《ごほうじょう》氏のように大名のなかで配下の騎馬武者に馬にも鎧をつけるように決めたことはあった。馬上槍試合を試みたり、馬で相手を打ちのめしたり突っこんでいくようなことは誰もしなかったが、そんな芸当は実際無理だった。蹄《ひづめ》もそのままで、蹄鉄をはかせるようになったのは、十八世紀中頃に蘭学書の影響でヨーロッパの慣習についての知識が広まってからである。そのかわり、武士が履くのとよく似た専用の馬沓《うまぐつ》（草鞋）をはかせ、かろうじて蹄を保護していた。

大男を乗せた小型馬は戦場で不利だった。藤原国衡《ふじわらのくにひら》はたいへんな大男で、その体のせいで「奥州一の駿馬」と名高い馬を乗りこなせなかった。国衡は平泉から四代にわたって出羽・陸奥地方を制した奥州藤原氏の御曹司である。国衡の身長は不明だが、ミイラ化した親族の身長は一・八メートル以上あったという。それに比べて国衡の馬は体高一四一センチで確かに小型馬であった。国衡は戦場で馬を乗りこなせず、一一八九年八月十日にかなり不名誉なかたちで命を落とした。

それにひきかえ女武者は馬乗りとして有利だった。体重も概して男性より軽く、身のこなしも敏捷だったからだ。武家の女性は馬の乗り方を習っており、馬に乗って男性と肩を並べて戦ったという記述も見られる。

『平家物語』では最も有名な女武者、巴御前《ともえごぜん》の活躍が語られている。巴御前は架空の人物とも考えられているが、女性が戦った事実はもっと信頼性の高い史料に載っている。一三五一年に西日本での戦いにおいて女騎馬武者の数が優勢な隊があるという記述があるし、女性の体に合うようにつくられた鎧の一部が現在にも残っている。戦場で戦う女性はあまり多くはなかったが、その一方で女性が戦闘に参加するのはそれほど驚くにはあたらなかった。

戦闘でのスピード

背が低く足の短い日本馬は速く走れなかった。NHKが一九八〇年に行った検証では、戦闘用のポニーが完全装備の人間を乗せると時速九キロ以上では走れない。このテストには体高一三〇センチ、体重三五〇キロのポニーが選ばれ、全部で九五キロの重量がかかった。鞍と甲冑で四五キロ、乗り手の体重が五〇キロだ。不

モンゴルの歴史協会による大草原でのチンギス・ハーン軍早駆けの再現。侍が乗っていた馬の大きさにかなり近く、驚くほど小さい。小型ではあるがすいすいと早駆けできる。この特性を見ると蒙古の射手の腕がよかった理由がわかる。

『平治物語絵巻』に登場する武士。黒漆塗りの小札板を赤・黄・黒の紐で綴じた見事な鎧を着ている。金色の刀、兜と脛当の金箔の装飾が目を引く。着ているものは豪華だが、武将の頭当てをつけていないので武将と勘違いしてはいけない。

慣なポニーは最も早い駈歩《かけあし》で走ったが、速歩《はやあし》に落としたときにはとっくにペースも落ちていた。実際、駈歩という言葉は戦いで馬を描写するとき最もよく使われる言葉だが、疾駆（襲歩）についてはかなりまれにしか出てこない。現代の日本のポニーは祖先と身体的な条件が違うにしても、戦闘を再現するうえでは馬の遅さも頭に入れておくべきだろう。疾駆は短距離での全力疾走や、死にもの狂いで走るときのために取っておかれたが、それ以外の場合、侍の集団は戦場を速歩や駈歩で行く。そんなにのんびりしていると戦場の劇的な興奮がなくなってしまいそうな反面、より正確に弓を射られるようになる。

　また、遅い馬にも利点があった。不斉地越えに強く、国土の八〇パーセントが山地の日本でこれは重要だった。一一八四年に源義経《よしつね》（一一五九―八九）が少人数の部隊を連れて一ノ谷の断崖絶壁を下り、敵を奇襲で打ち負かしたのは有名な話だが、足の長い馬であれば急斜面を降りるような芸当はできなかった。

もうひとつの利点は、仲間のモウコウマのようにきわめてスムーズに走れて乗り手を揺らさないため、正確に弓を射られる点だ。駈歩は疾駆より確かに遅いけれども、同じ速度をずっと長く持続できることから、やはり揺れがより大きくなる速歩より射手に向いていた。ペースが遅いとぬかるんだ水田など足場の悪い道であまり苦労することもなかった。しかし馬も完璧ではないので、冬場の従軍では雪の下に張っている氷を踏み抜いて、沼や水田や川などにはまってしまうこともあった。

藤原信実は後嵯峨上皇の護衛の随身たちをたいへん正確に描いた（『随身庭騎絵巻』1247年）。精緻な腹帯や胸繫（むながい）、尻繫などの馬の装具と、鐙や馬銜（はみ）、端綱を細心の注意を払って写実的に描写している。

鞍と馬具

馬具を分析すると、武士は速度よりむしろ鞍の安定性に最も重きをおいていたことがわかる。馬、さらに鞍は射手が敵を射るためのしっかりした足場となっていた。鞍は乗り手の胴の下半分を保護するようにもつくられていたが、こんな重たい大きな箱のようなものを背中に載せる馬の気持ちは考えられていなかった。鞍の多くは木に漆を塗ったもので、ツタウルシのような害のある植物からとられた樹脂を木に塗っていた。この樹脂は木の硬度を増し、防水効果や防腐効果があった。このため鞍や多くの鎧の板の部分は木製で漆塗りだった。漆塗りは見ばえがよく、乾くとつやが出てなめらかな黒になり、金銀の装飾をほどこすこともできた。

鞍の構造は複雑で、馬の背に取りつけるにはかなりの時間を必要とした。まず、最初に鞍の下敷きになる「下鞍《したぐら》」という布を置く。この下鞍は詰め物をした革を使ったり、また朝鮮や中国からの輸入でしか手に入らない虎皮のように珍しい毛皮を使うこともあった。

下鞍の上に、木で枠組みができた「鞍骨《くらぼね》」を麻紐でしっかりとつないで取りつける。木の鞍はまずふたつの帯状の木でできた「居木《いぎ》」、これは馬の背骨の両側に平行に乗る部分で、それと居木の前後に取りつける板、前橋の部分は前輪《まえわ》、鞍尾は後輪《しずわ》と呼ばれるこの二枚の板とで鞍を構成している。

前橋と鞍尾の部分には「軍人鞍」ならではの特徴がある。非常に深さがあって重く、乗り手の胴の下半分を覆うかたちになっている。前橋は鬐甲と呼ばれる肩甲骨間の隆起にまたがって置かれ、鞍尾の部分は腰の盛り上がったところにかかり、乗り手の背面を守っている。この二枚の木の板は居木に合わせて切った上に紐で結ばれてもいるので、きっちり固定したつくりになっている。この枠組みは鞍が滑ったりしないようしっ

鞍

鞍は馬に安定して乗れるように設計された。馬はあまりよく身動きがとれず、正確に弓を射る助けにはなったが、遅さに定評のある日本の小型馬の足をさらに引っ張る存在だった。居木の板が鞍敷の上に置かれ、前には鞍頭となる前輪があり、後ろの板は後輪という。

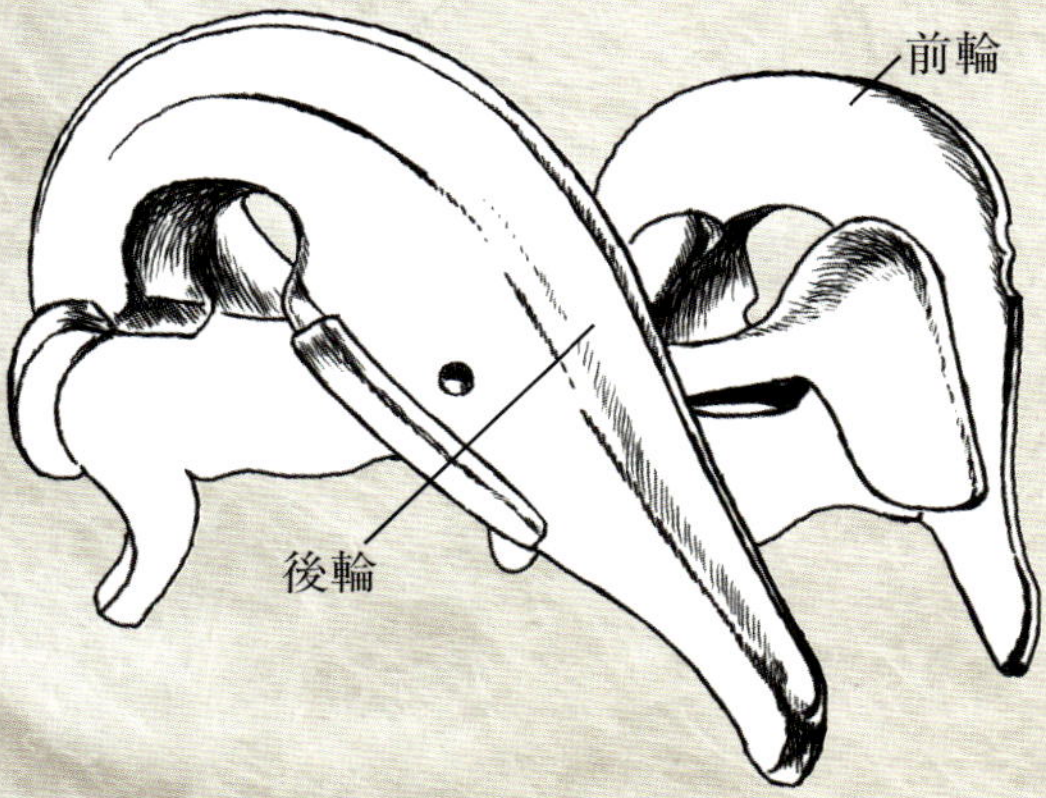

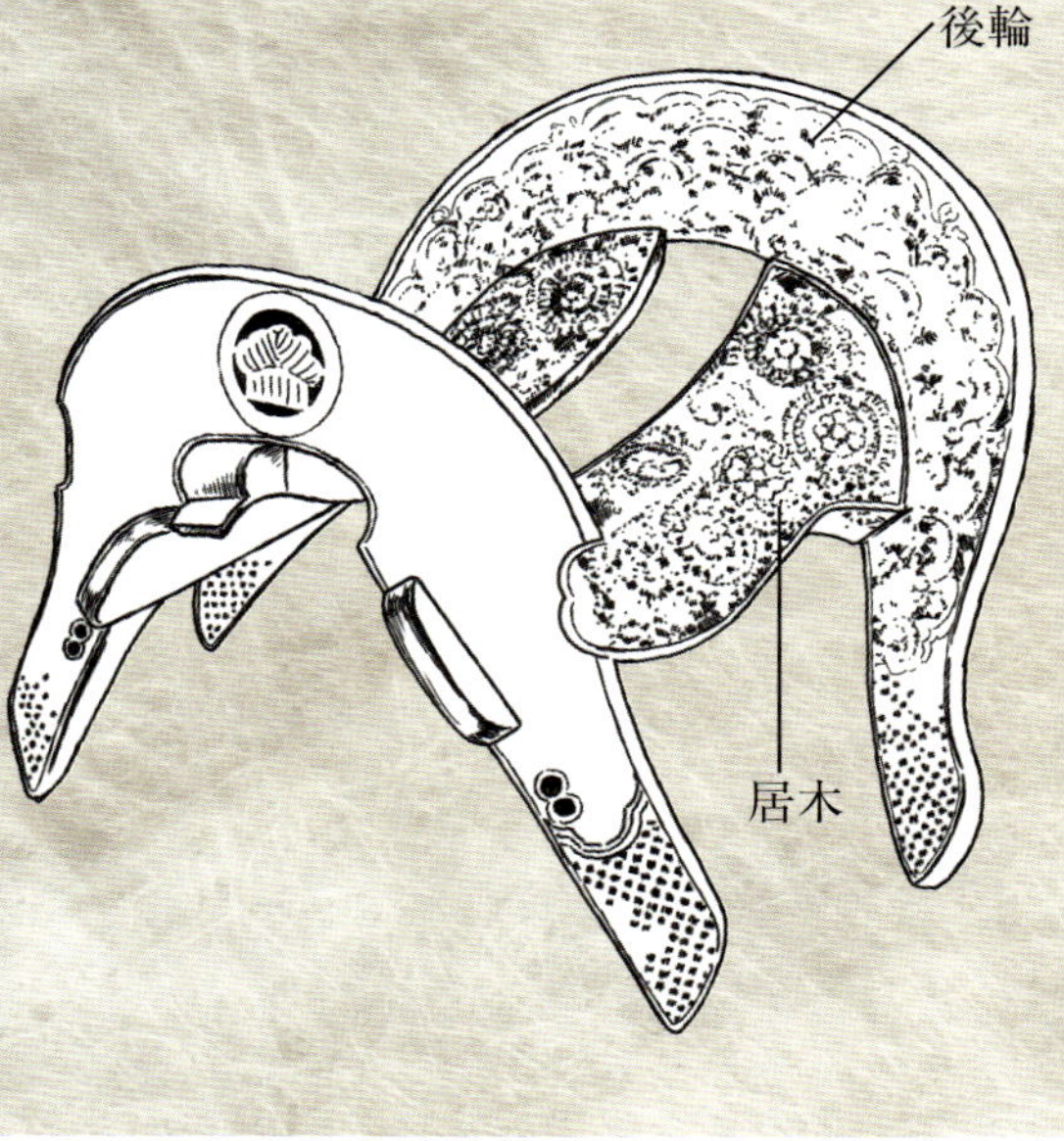

鐙《あぶみ》

馬の装備でもうひとつ特徴的なのが鐙である。鐙は日本で長い伝統を持ち、4世紀にはすでに簡単な金属の輪の鐙が使われていた。戦闘用の鐙はカップのようなかたちをした木に漆が塗ってあり、下の方が細長くなっているので足が全部かからなくてもしっかりはまるようになっていた。この鐙は立つのも容易で、馬を降りるときに足をとられ、逆上した馬にひきずられたりしないようになっていた。鐙の前方には鳩胸という部分があり、つま先と足の前面の怪我を防いだ。乗り手は甲冑でしっかり上半身を守り、深い鞍と厚い木の鐙が下半身を守っていた。

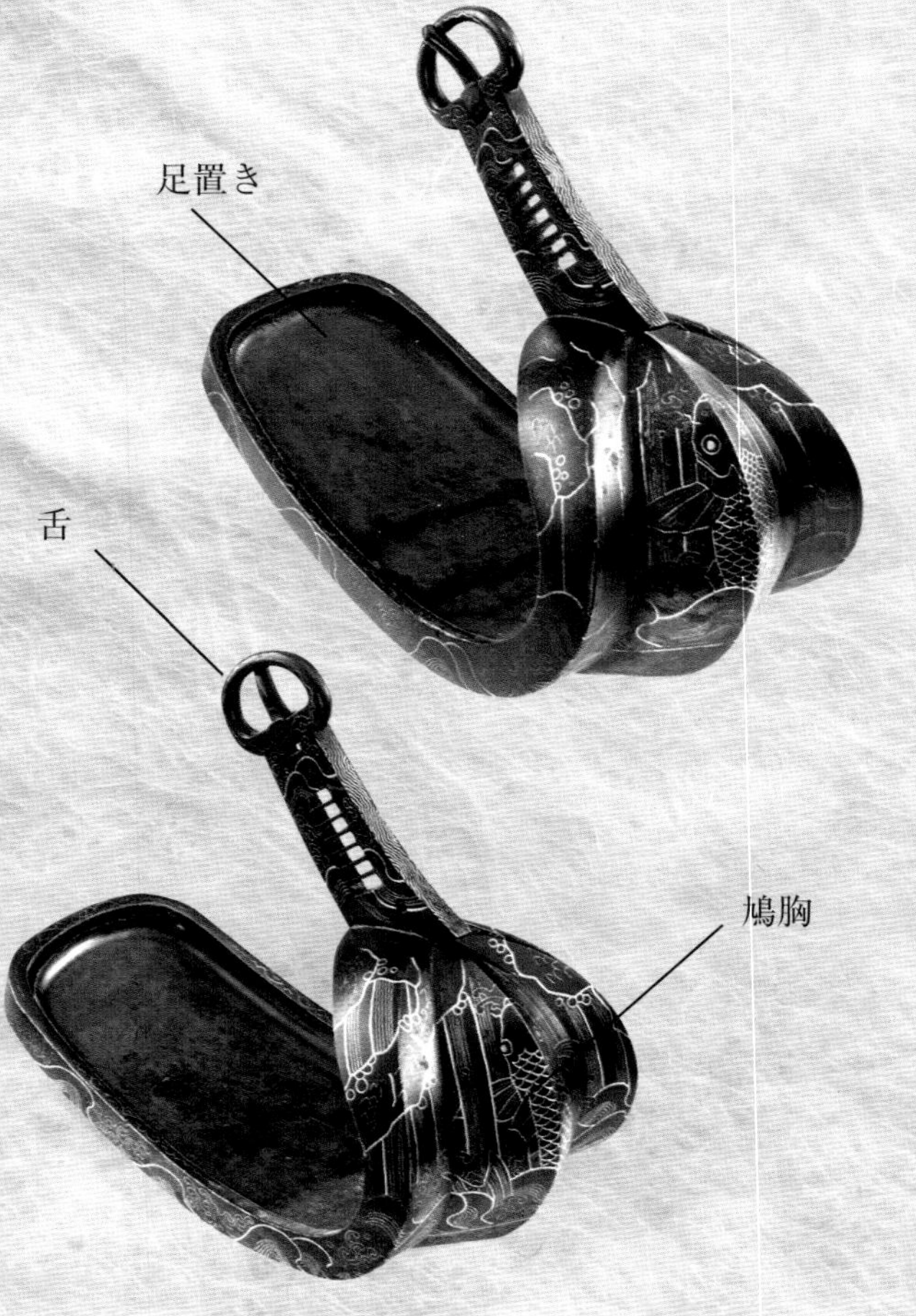

かり縛ってある。

下鞍を鞍骨に結びつけるだけでなく、鞍帯か腹帯も馬の腹に巻きつけて、鞍の下と木の帯の溝穴に通して縛る。この腹帯の結び目の上、木の枠組みのいちばん上のところに、「馬氈《ばせん》」という詰め物の入った座部が載り、鐙《あぶみ》でちょうどよい位置に保たれている。鐙は革紐で結び、居木の溝穴と鞍の下側にある穴に通してある。前橋は絹や細くたたんだ布で馬の胸に結びつける。この「胸繋《むながい》」は後ろ側の「尻繋《しりがい》」と組になっており、尻繋は馬の臀部と尾の心部（しっぽの中心の肉がついている部分）に巻かれて鞍尾に留めてある。

紐類は手綱も含め、折りたたんだ布地か絹でできている。ヨーロッパでは革がよく使われたが、日本ではめったに使われなかった。手綱は二本使い、そのうちの一本は端綱につながっていて、乗っていないとき馬を引くのに使う。もう一本は馬を操るためのもので、轡《くつわ》につながっている。馬は口にはめた馬銜《はみ》で御すようになっていて、馬銜は鋼鉄製で両頬の留め具につながり、そこから手綱につけられた鋼鉄の輪へとつながっている。軍馬に乗ると、乗り手は必ず端綱と前橋に取りつけられた手綱をしっかり引いて、馬を導いた。二本目の手綱は馬の進路を定めたり止めたりするのに使われたが、戦いのときに馬上で弓を射る必要があると、手綱は前橋に結んでおくかゆるく留めるかして、射手が馬に乗ったまま狙いを定められるようにした。馬上で弓を射るのは見た目ほど不安定ではない。それは先に述べたとおり馬が想像するより遅い速度で進むからである。

弓を射るときは馬の側面か後ろの方向に射ることが最も多く、馬の頭の近くで何かを振り回さないように注意を払う必要があった。乗り手の経験が浅かったり、あわてていたりすると、剣を抜いたときなどに落馬する可能性がある。十四世紀の『春日権現験記絵巻《かすがごんげんけんきえまき》』などの絵巻物には、長い柄に反った刃がついた薙刀《なぎなた》や、鉤がついた熊手といった長い武器を持って馬に乗る武士が描かれており、熟練していれば手で武器を振り回すこともできたことがわかる。

騎馬武者の甲冑

最も初期の甲冑は特に矢から体を守るのに都合よくできていた。十三、十四世紀以後、戦いでは矢を使う割合が高かった。甲冑は馬の乗り手を守るのにぴったりだった。かさがあり、箱のようなゆったりしたこの甲冑はスカートのように垂れ下がった部分があって、鞍にもかぶさるかたちで騎馬武者の体をさらに守っていた。そのため馬に乗っている間は足元を保護する必要はあまりなかった。先に見たように、鞍が甲冑を補って下半身を保護していたからである。

どんな甲冑にも柔軟で軽いこと、そして完璧な保護機能という相反する制約がある。時代背景、文化の違いによって求められるものも変わり、武器が変われば違うタイプの甲冑が必要になった。体を守る方を重視すれば、よけいに金属を背負いこまなくてはならず、そうすると軽さと柔軟性が犠牲になる。中世ヨーロッパでは、たとえば十字軍の時代（十二―十三世紀）には鎖帷子が広まったが、この柔軟な鎧にも欠点があった。フリードリヒ一世（神聖ローマ皇帝、一一二三―九〇）がアナトリアで兵を率いているとき、腰までの高さもないサレフ河でその重みから溺死するはめになって気がついたとおりだ。フリードリヒ一世が不面目な最期をとげたにもかかわらず、ヨーロッパの人間はしっかり体を守りたがり、結局鎖の輪より動きづらくて重い鎧を好んで身につけた。

一四一五年のアジャンクールの戦いで多く見られたように、落馬したフランス軍の騎士がぬかるみから立ち上がれなかったり、即座に身を守れずに仰向けになったまま鎧の合わせ目から幅広の短剣で刺されて致命傷を受けたりしたため、十五世紀にはこうした欠点も重視されるようになった。

大鎧

徳川慶喜から 1860 年に英国のヴィクトリア女王へ贈られた大鎧の複製。明珍宗春作。宗春作の鎧は大昔の鎧と変わらず漆塗りの小札（こざね）を紐で綴じたものがよく使われ、胸を守る角ばった部分があり、栴檀（せんだん）の板・脇盾（わいだて）・鳩尾の板といった昔ながらの装備がついている。兜には際立つ角の鍬形があり、顔の両側の吹返（ふきかえし）も顕著だ。にもかかわらず、宗春は歴史的に正確な複製をつくることはできなかった。昔は目立つ面がなく、首を覆う喉輪もなかった。肩と上腕を守る袖は、この鎧では柔軟性があるがもともと固いつくりでむしろ盾のように使われた。また、織物製で下肢を守る草摺（くさずり）はかなり長さがあり、本来のかたちほど箱型ではない。

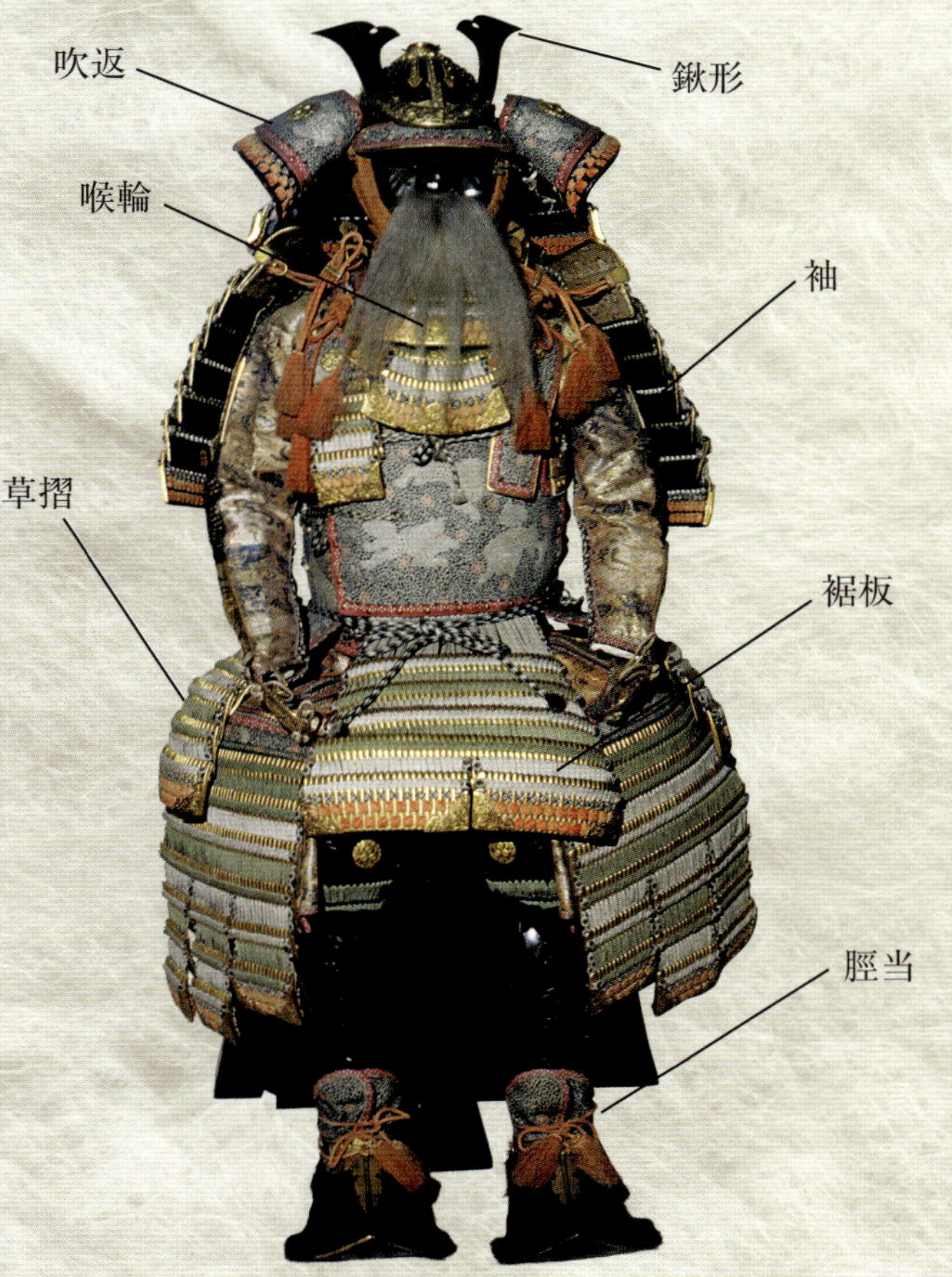

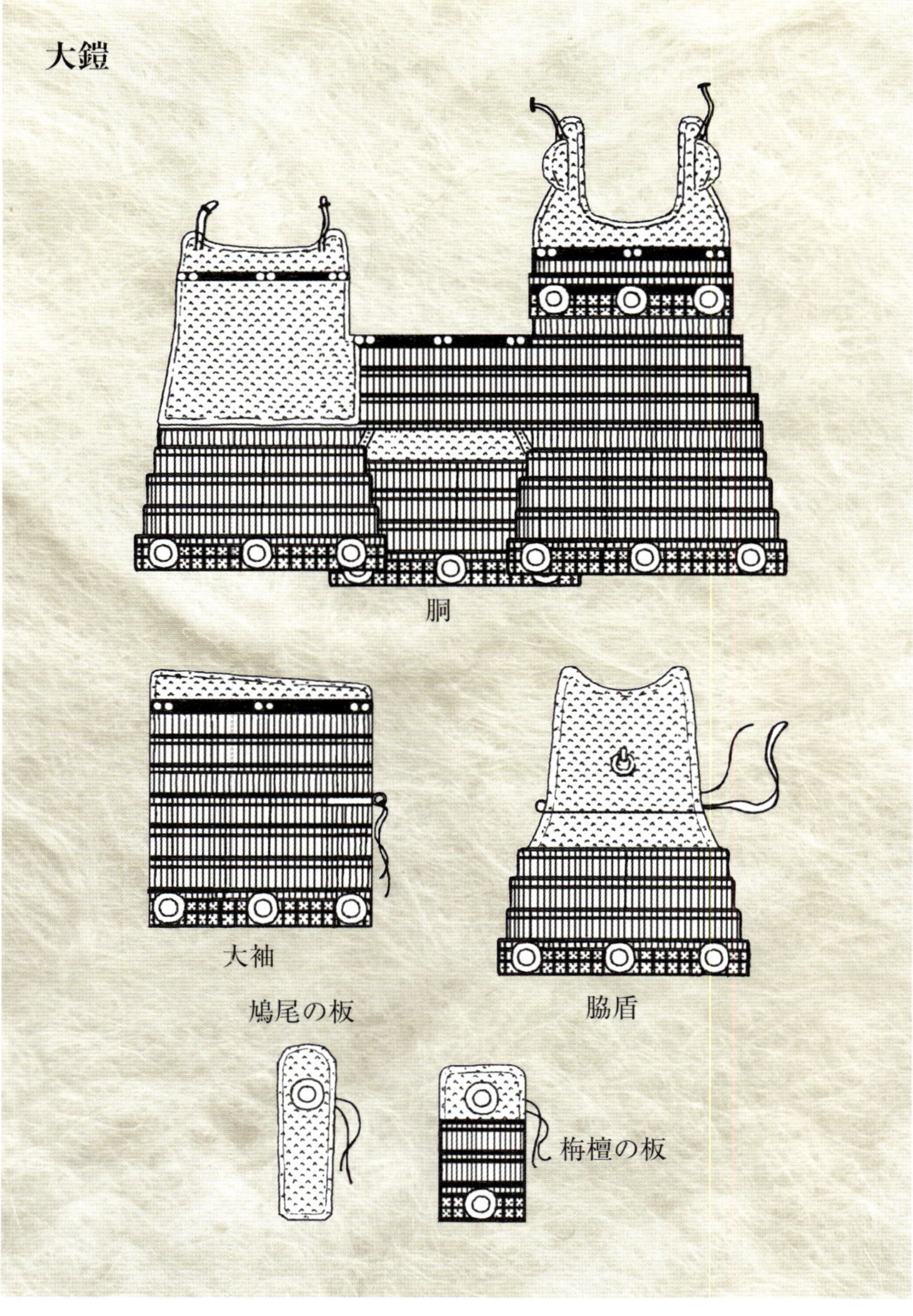
大鎧
胴
大袖
脇盾
鳩尾の板
栴檀の板

気候との関係

日本は熱帯以外の地域のなかでは最も湿気が高い気候である。長い梅雨、台風の襲来も重なって、年間の降水量は平均一七〇センチと世界平均の倍の量だ。九州の一部では二三〇センチ近くに達する。これほど多湿の気候だと鉄はすぐ錆《さ》びてしまう。四、五世紀頃に使われたごく初期の鎧で残っているのは、墓場に埋葬されて錆びついた残骸か、または上から樹脂を塗って美術館で復元されたものしかない。武士の鎧は「大鎧」として知られる。箱型で、「袖」つまり肩の部分が突き出している。鎧は小《こ》札《ざね》という革に漆を塗った数千枚の小さな板でできている。小札は明

胴丸鎧《どうまるよろい》

胴丸は背中で合わせる簡素なかたちの鎧である。旧式の鎧のように、漆塗りの小札板が綴りあわせられているが、かたちはそれほど箱型になっていない。この型は14世紀の典型的なものだ。喉を守る喉輪にも注目。兜にも装飾があり、当時よく見られるようになったこの写真のような前立は、武将以外の兜にも使われていた。

るい色の布地で綴りあわせられる。胸の部分は致命傷を受けるのを防ぐため、漆塗りの革製小札を金属の札で補強することも多かった。

鎧の小札板を綴りあわせるのに使う布はさまざまな色に染められたが、最もよく使われたのは紅白で、綴り方も特定の武家をあらわすのに使われた。鎖帷子や金属板の鎧と違って、傷のついた部分は戦場で比較的簡単に直せた。また、必要であれば小札を追加した。この鎧はほとんどが木や漆でできているので雨でいたむことはなかったが、紐の部分は腐ったり、ノミやシラミがわいたりもした。

最もよい鎧は幕府のある鎌倉でつくられたと執権の北《ほう》条《じょう》（金沢《かねさわ》）貞顕《さだあき》は書状に記している。その価値を比べると、簡素な鎧の四倍、刀の八倍の価格だった。鎧ひと揃いをつくりあげるのには二〇〇〇から三〇〇〇枚の小札を綴りあわせて二年もの歳月がかかったが、緊急の場合には一年ほどの短期間でつくることも可能だった。十四世紀など需要の多かった時代には、ほとんど革でつくられた鎧もあった。

袖は鎧のなかで際立つ存在だった。袖の部分はそのま

『蒙古襲来絵詞』の一場面。兜のなかに烏帽子をかぶるのが普通だったが、そうでない武士もいたのがわかる。ただし中央の人物は、戦いのときはかぶり物をつけないのが家の伝統であると述べている。左の男は略装で、左手に籠手（こて）をつけているだけだ。３人とも毛皮の貫（つらぬき）という浅沓（あさぐつ）をはいている。

烏帽子《えぼし》

烏帽子は大人には欠かせないかぶり物で、烏帽子を着用するのが成人の証だった。

貴族も武士も庶民も烏帽子をつけていた。染色した絹でつくられ、薄く漆を塗ってあるものも多かった。12 世紀に始まり、貴族以外は柔らかい烏帽子をかぶっていたが、15 世紀以降は非常に硬く立つかたちの烏帽子が流行るようになった。後に、折・立両方の烏帽子に似せた烏帽子形（えぼしなり）の兜も考案された。

服

紐で締める膝下丈の大口袴を履き、袴のなかに直垂という丈の長い簡素な着物を入れて着て、足袋の上から草鞋を履く。草鞋は取り替えも簡単で貫のようにノミやシラミもつかなかったので 14 世紀に広まった。最後に脛当をつけた。

鎧

脚を守る草摺をつけ、それから籠手をはめる。上腕に当て物をつけて鎧で肩を覆い、紐を複雑に巻きつけて固定した。

武器

最後に袖と刀をつけ、顔の下半分を守る喉輪をつけて頭に鉢巻をかぶり、面をつけてから兜をかぶった。ここに描かれている鎧と装具は 15、16 世紀に使われていたものである。

ま盾として機能し、弓を射るときに脇を守った。箱のようなつくりの袖のなかに矢をしまってあった様子がよく絵巻物に描かれている。武士は馬に乗ってこのすばらしい鎧を着ていればよかった。馬から降りると、大きな袖は戦場では邪魔になってあまり役に立たなかった。

頭部の保護

兜は基本的に鉄製で、鎧と同様に小札が重なって首の横と後ろを保護していた。文学作品を信じるならば、兜についている平たい部分は取れることになっていたが、たいていはちゃんと頭を守り、特に後頭部と首の後ろをカバーしていた。兜の正面には小さな眉庇《まびさし》がついていた。兜もやはり重すぎるため、大将は戦に向かうときまで兜をつけていないことも多かった。兜持ちが主人の後ろに従い、いざ突撃というところで兜を手渡してくれる。また、武士は兜を仲間内で交換しあって自分たちの動きが戦場でよくわかるようにもした。

兜の裏当てが登場したのは十四世紀になってからである。それまでは、先の尖った柔らかい烏帽子をかぶっていて、人によっては兜の上に小さな穴をあけてそこから先を出していた。兜にもいろいろな種類があった。『蒙古《もうこ》襲来絵詞《しゅうらいえことば》』によると、河野家の武士は合戦が続いている間は正装の烏帽子をつけないと豪語していたし、代わりに裏打ちのある帽子を兜のなかにつける武士もいた。きちんと衝撃を遮断する必要があったからだ。さもないと頭に鋭い一撃を受けて意識を失い、戦場で敵の格好の餌食になりかねない。

「鍬形」は二本の大きな角で、かぶる者に神秘的な力を与えると考えられており、このため大将たちも兜に鍬形をつけた。見ばえがする以外に物理的な機能はないようだ。大将たちは時に、より手のこんだ兜をつけることもあった。十三世紀の『平治物語絵巻《へいじものがたりえまき》』に描かれた源義朝は、鍬形の下から獅子が頭を出していたりする。角は主に装飾用で、金や銅製でさまざまに装飾がほどこされていた。

「半首《はつむり》」と呼ばれる原始的なかたちのかぶり物は額と頬を覆うもので、兜をつけたくない武士などが使っていたが、喉の大事な部分はむき出しだったので一部を保護する効果しかなかった。しかし、十四世紀になり、戦争が局地的になると、喉を保護する「頬当」（半頬）ができ、喉もとの怪我がめざましく減少した。頬当は十四世紀まではなかったもので、これは古い鎧にも役立った。三浦《みうら》氏など一部の武士は、頭と頬と喉もとを覆い、顔と目の部分が小さく開いているだけの一枚板でできた金属の兜を使っていたが、このような金属の板を使うやり方は広まらなかった。新しい武具が生まれると顔の負傷が少なくなった。これは十四世紀に武士が恩賞を請求するために提出した軍忠状《ぐんちゅうじょう》に記載されている負傷数を数えれば証明できる。一三三三―三八年の負傷のうち一〇パーセントが顔の負傷だったが、一三五六―九二年になると二パーセントに減少して大きく改善している。

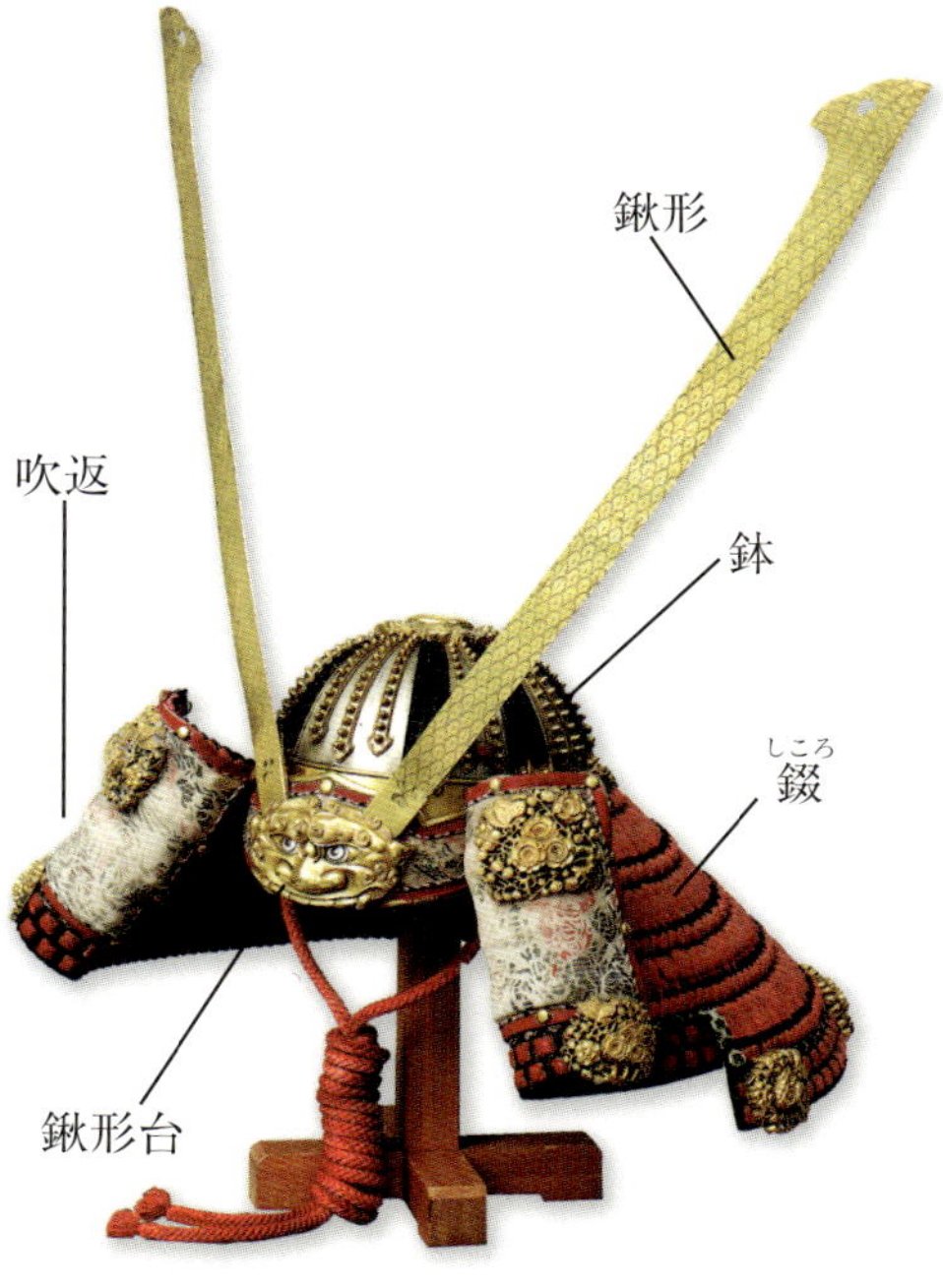

12-13 世紀の武将が使った型の兜。大きな鍬形と、鍬形台と吹返には豪華な装飾がほどこされている。もっとも大きな鍬形のついた兜は神社に奉納するためによくつくられた。しかし、19 世紀に複製されたこの兜にみられるような長い鍬形の兜を武将がつけることはなかった。

兜のもうひとつの弱点は衝撃からあまり頭を守れない点だ。戦いにおける戦略のひとつに、敵の兜を石や、十四世紀以降では大太刀で力の限り殴りつけ、相手の足元がおぼつかなくなるほどにしてたやすく殺せるようにするやり方があった。やがて詰め物入りの革の裏打ちが多く使われるようになり、武士は戦場で殴られて気絶しなくてすむようになった。

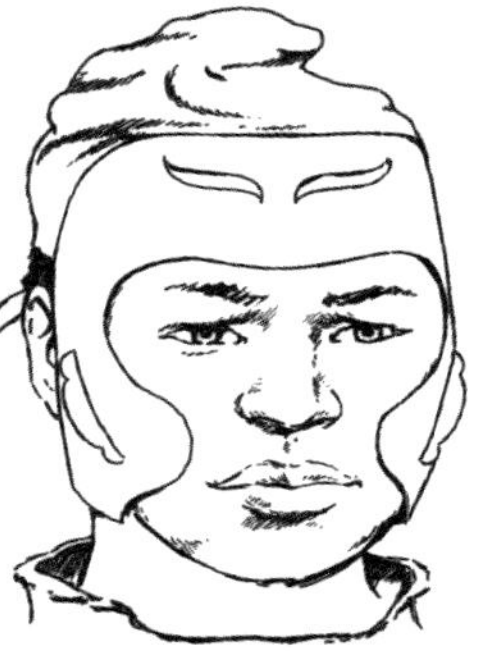

半首は 13 世紀に額と頬を守る方法として好まれた。しかし顎と首がまったく無防備になってしまうのが大きな弱点だった。14 世紀になると、顔の下半分だけを守るかたちの喉輪と頬当が使われるようになった。

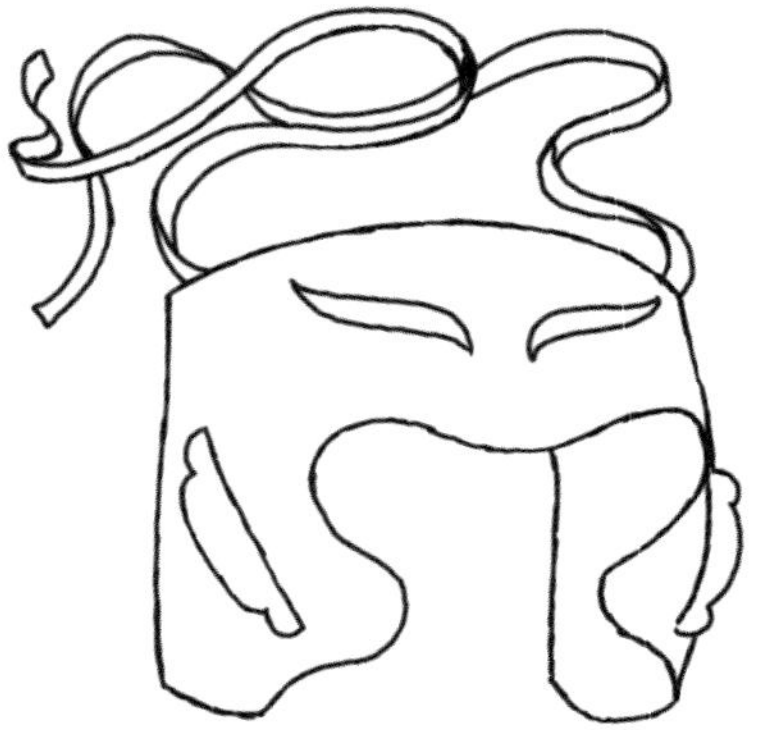

甲冑と気候

鎧では手足の怪我をあまり防げなかった。十四世紀中、負傷の六四パーセントは手足の怪我だった。しかし徐々に鎧も進化して脚は以前より保護できるようになったが、腕に関してはそれほど特筆すべき改良点は見られなかった。本来は必要がなかったため、鎧で脚を保護することはできなかったのだ。もともと馬上で戦う武士は、鞍や鐙で足を守っていたから、長い鎧で脚を保護しなくてよかった。『蒙古襲来絵詞』では毛皮の「貫《つらぬき》」を履いている絵があるが、十四世紀には草鞋に代わっていった。徒武者も草鞋は好んだが、素足で戦う者もいた。多くの場合、簡素な服を着ていただけでほとんど足元は保護していなかった。鞍や鐙と鎧の垂れた部分があればじゅうぶんに体を守れた。

侍の兜と頭部の怪我

侍の兜は顔を除いて頭全体をよく保護していた。顔は弓でうまく照準を合わせられると弱かった。戦記物には顔や首に受けた傷が命取りになった話がいくつも出てくる。顔の怪我は出血が多いので、それで衰弱する者も多く、額や頬のひっかき傷程度でもかなり出血することがあった。顔に傷を負った武士が戦場から送られていく様子は絵巻物でも描かれている。目を負傷すれば死は間違いなく、鏃（やじり）が浅くかすめた程度でも盲目になった。喉や首を射られるとさらに危険だった。

手足の保護

十四世紀の間、特に一三五五年以降になると脚の武具が改良された。一三三一年から五五年における侍の負傷数の平均三七パーセントが足の怪我だったが、武具の改良によって十四世紀後半には二七パーセントに下がった。なかでも武将や裕福な兵は鎖帷子や、漆塗りの鎧を綴りあわせたものを使って大腿部を保護するようになった。その例を十四世紀の武士、高師詮《こうのもろあきら》の肖像画に見ることができる。これは「佩楯《はいだて》」と呼ばれ、柔軟性があって十五、十六世紀に広く使われるようになり、太腿を守るのに役立った。

「脛当《すねあて》」はより一般的で、鎖帷子よりも普及していた。十三世紀には早くも出回り始めているが、ただ脛の部分だけではなくてふくらはぎの後ろを覆うように大きく改良されたことがわかる。もともとは脛を守る金属の細い帯があり、両側に蝶番《ちょうつがい》がついて横も守れる仕組みだった。時とともに、脚の武具はより目立つものになっていった。十五世紀には堅牢な金属でつくられ、継ぎ合わせて両足とも前後を守れるようになった。さらに後になると脛当はほぼ丸いかたちの金属の一枚板になり、なかでも普及していたのは四つの蝶番がついて脚の前後をすっぽり覆うかたちだった。

　腕や手に矢傷を負っても武士は意外に気にかけなかったので、手足の武具は比較的最小限にとどまっ

脛当は 13、14 世紀にさらに広まった。もともと保護するのは脛の正面だけだった。頭をちょっと守る兜のように使われることもあった。この絵では竹崎季長の脛当兼兜が頭から落ちているのが見える。季長は籠手もつけず手がむき出しである。

ていた。鎖帷子のついた詰め物入りの服と、小さな鉄の板の「籠手《こて》」が手と腕の後ろ側を守った。腕や手、指に矢を受けた武士がわずか数日で戦場に戻る例など山のように出てくる。鎖帷子の籠手を左手（「弓手《ゆんで》」）にしかつけない射手もいた。また、もし袖を片側だけつけるとしたらそれはやはり左手で、弓を射るときに最も無防備になる方だった。これと対照的に徒武者は上腕に袖をつけず、鎖帷子のついた籠手を前腕につけていることも多かった。日本の甲冑の型は矢から体を守る必要性のために型が決まっていたが、なぜその

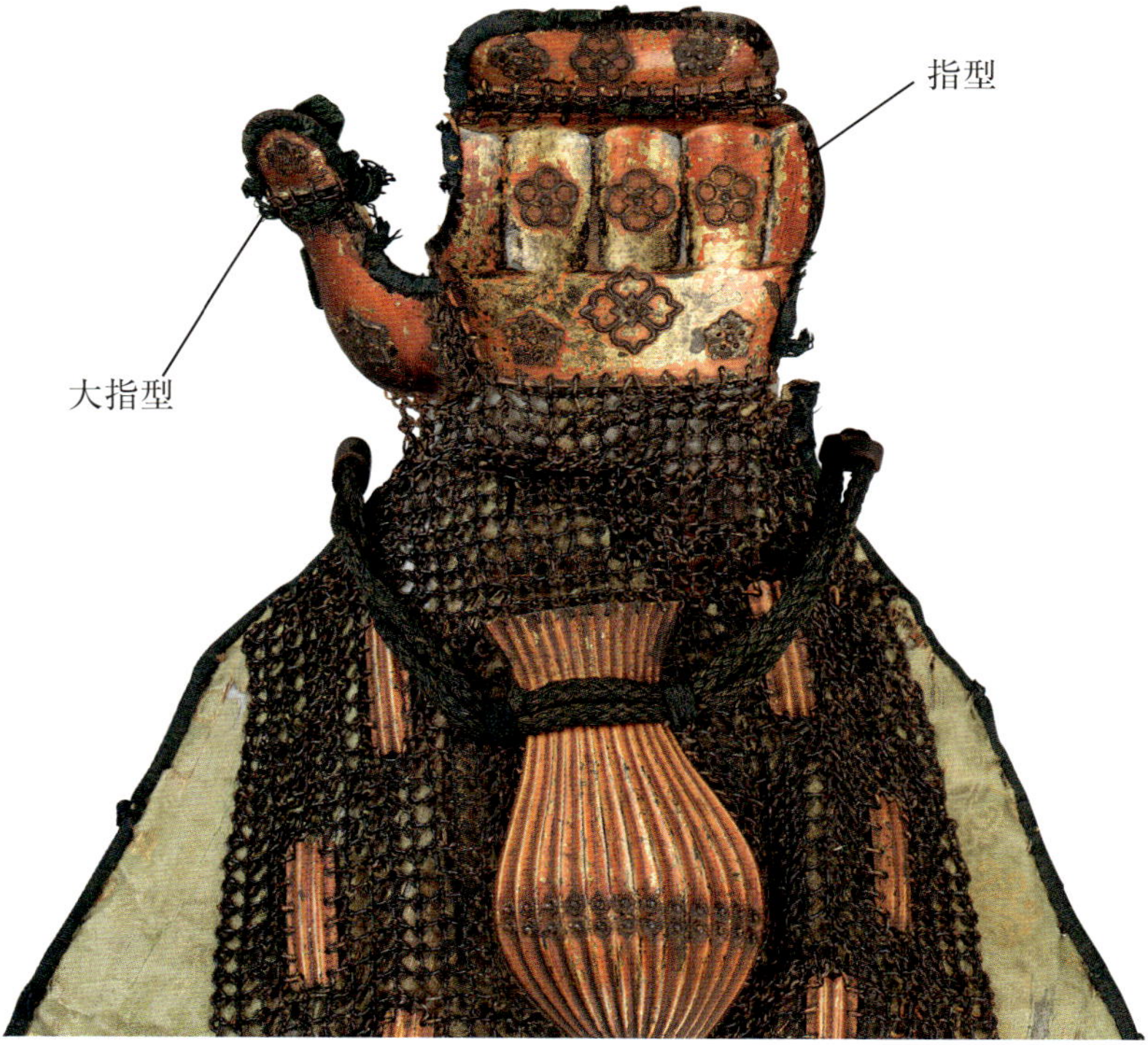

籠手は布地に鉄の鎖帷子を合わせてつくられている。鎧が簡素になって肩を覆う板があまり使われなくなると籠手が必要になり、また手のこんだものになった。最も古い型では手の甲しか保護しなかったが、16世紀後半には腕も守るようになり、上の小田籠手のようにさらに精巧につくられた。指型は16世紀後半によく見られる特徴で、大指型は親指を保護する。初期の籠手は見た目からナマズの頭にたとえられ、このように細かい部分はなかった。金のひょうたん（ふくべ）のような装飾は小田籠手の特徴をあらわしている。

籠手

「義経籠手」は古い型にかなり近く、ナマズの頭のようなシンプルな手甲金で覆っていた。これは紐でつけられ、手首に巻いた紐と中指の輪につながっている。16 世紀後半の籠手はもっと精巧なかたちで、上腕も含めて腕全体をカバーし、初期のものよりさらに手のこんだ装飾がしてある。ここに描かれているのは 16 世紀のさまざまな型の籠手である。

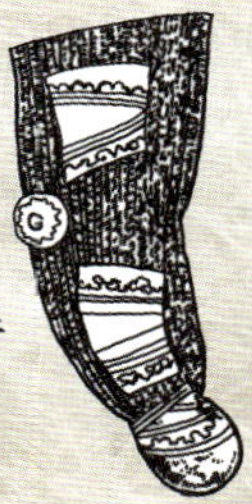

義経籠手

篠籠手

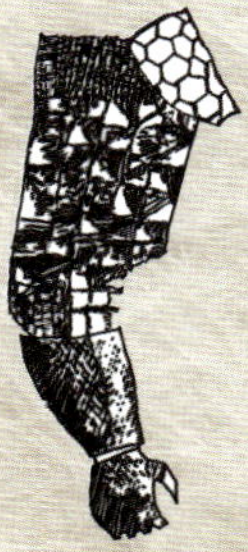

筒籠手

毘沙門籠手

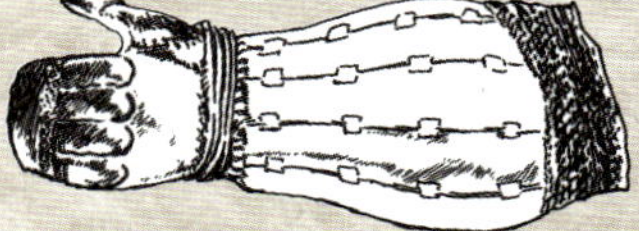

籠手（左）

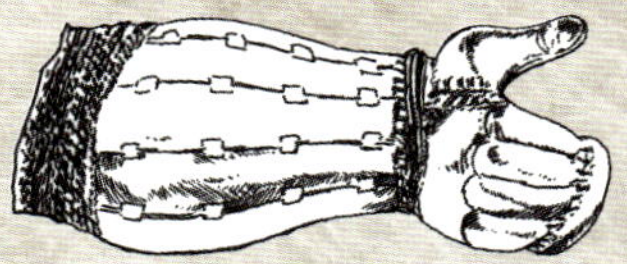

籠手（右）

必要性があったのかよく理解するために、今度は弓に目を向けてみることにしたい。

馬上での弓術

弓は侍の最大の武器だった。十三、十四世紀の武士は自らを「武士道」すなわち「弓馬《きゅうば》の道」に従っているとしていた。このなかには馬に乗った射手が馬上から弓を射るという概念も含まれていた。

日本の弓は長く、現存するものでは春日大社にある弓が一八七センチである。最も長い弓は全長約二メートルにもおよんだという。その長さにもかかわらず馬上から射ることができたのは、弓の真ん中を持つのではなく、かなり下に近い方を持つからであった。木の部分があまり傷まないという以外その理由は明らかではない。現存する最古の最も簡素な弓は、しなやかな木の枝や若木からつくられる（「丸木弓」として知られている）か、大きな木を切ってつくる（「木弓」）。後に、木と竹を貼りあわせた複合弓（「伏竹弓《ふせだけゆみ》」）がつくられた。この竹は矢が放たれるとすぐに跳ね返り、その威力を増した。こうした弓に長く柔軟な竹を切ったものを腹側にも膠《にかわ》でつけてより強力にしたのが「三枚内弓《さんまいうちゆみ》」である。

少弐経資（上）と島津久親（下）の軍船が蒙古軍と戦っている。船のへりにある漕ぎ手用の台とそれぞれの船の指揮官が掲げている旗に注目。兜をつけているのは武士の半数だけで、残りは烏帽子姿だ。

弓は竹を使ってつくったので、弓師は竹の生育する畿内や西国に多かった。いちばんよいのは中日本の竹だった。暖かい気候の九州南西部より寒い畿内地方で取れる竹の方が強かったからだ。竹は秋に切られ、弓師によれば春と秋が弓を貼りあわせるのに最適な時期だったという。

矢は三年目の竹の軸でできていた。鏃《やじり》には鉄や鋼を使い、竹の洞に合う長い軸がついていた。矢を遠くまで正確に飛ばすために、さまざまな鳥の羽根が使われ、そのほとんどが獲物の鳥から取ったものだった。三枚、ときには四枚の羽根を竹の軸につけた。鷲の羽根がいちばんよく目立って最も評判がよかったが、鷹の羽根も使われた。猛禽類の尾羽根が好まれてはいたものの、翼の羽根を

一ノ谷の戦いの逆落としで勝利した武将、源義経は小柄な男だったが、この絵のように後世の絵では義経をたくましい馬に乗った力強い武将として描いた。甲冑は大鎧だが、袖、それに脚の武具は違う時代の型で描かれている。

1347 年に完成した『後三年合戦絵詞』に登場する武士の絵。絵詞は 11 世紀の源義家の戦いを描いている。足利将軍家に高く評価されたこの絵詞では、珍しいことに古い時代の甲冑の型を正確にとらえようとしている。例をあげると、ここに描かれているのは大星兜だ。初期の兜は 8-10 個の鉄板を大きな鋲ではぎ合わせてつくられており、それが星に似ていると思われたことから、大星兜という名になった。14 世紀の頃には小さな鋲が使われるようになる。36 枚の鉄板をそれぞれ 15 個の鋲ではぎ合わせた兜もあった。この絵の長弓は複合弓で、11 世紀には存在しないものだ。

鏃

矢の先端にはさまざまなかたちのものが使われた。強化した鋼の鏃は甲冑を突き通すのに最もよく使われ、軍陣用の征矢（そや）として知られる。いっぽう、首や顔を射るのに使われたらしいのが二又になっている狩俣で、相手にできる限りひどい傷を負わせるようにできており、抜くとさらに傷が広がるようになっていた。鏃の後ろの矢柄のすぐ手前の部分にカブのようなかたちの玉がついた狩俣（かりまた）もあった。これは鏑矢（かぶらや）として知られ、低くうなるような音を立てるので、戦いが始まるときによく使われた。他にもさまざまな種類の鏃が普及していた。下はその例。

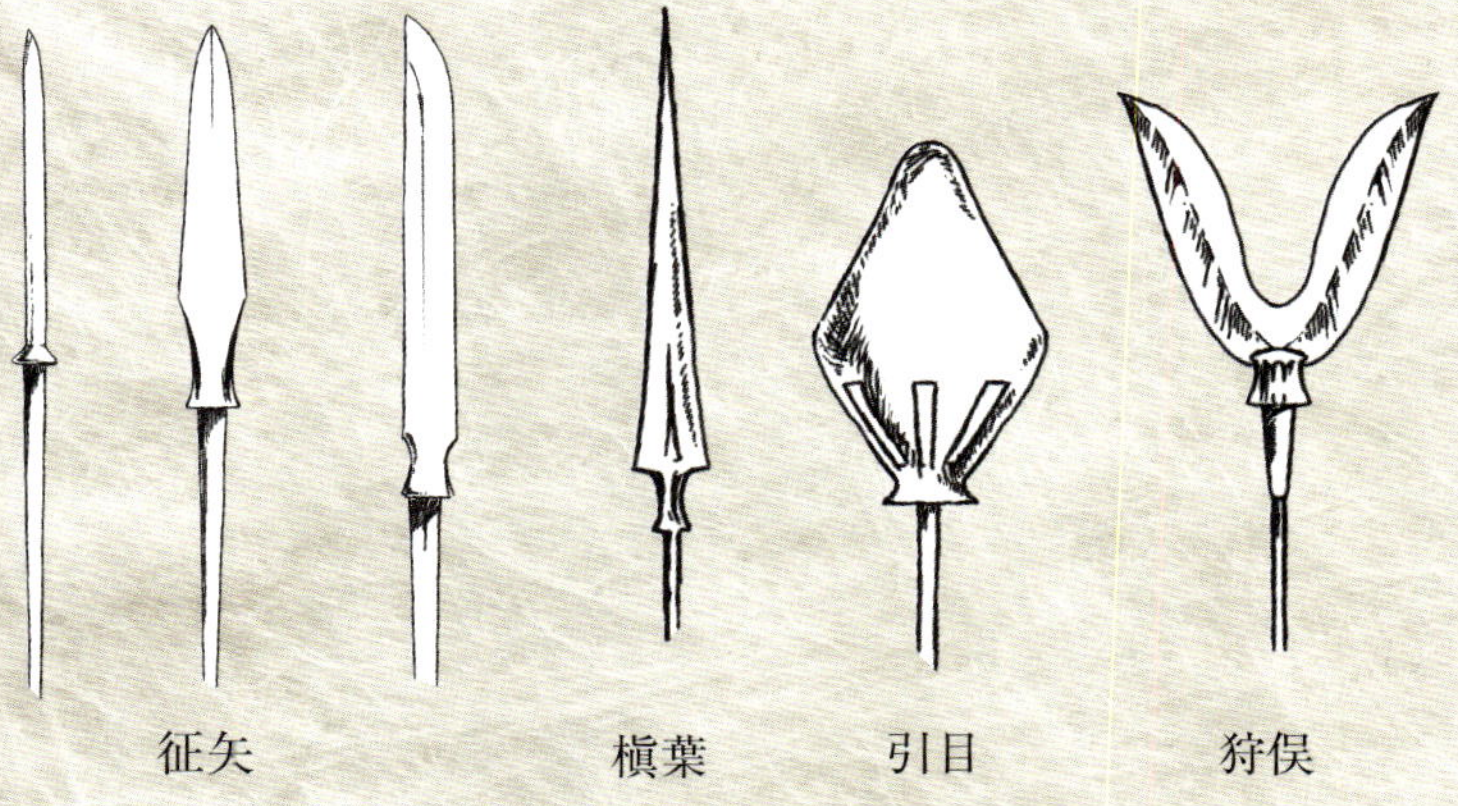

弓のつくり

それぞれの断面図。木弓（大きな木を切り出してつくる、古い型の弓）、伏竹弓（複合弓、膠を使い、木の表面に竹を貼ってつくる）。13世紀から14世紀の間には竹を両側に貼った三枚内弓がつくられた。15世紀には木の部分をすっぽりと覆う四方竹弓ができた。

矢羽根がついた２種類の矢。下は狩俣の鏃がついた鏑矢（鳴り矢ともいう）。上はもっと一般的な征矢。戦いでは短く細い鏃を使った。

矢筒の型：箙《えびら》（左側）、矢母衣《やほろ》（右側）

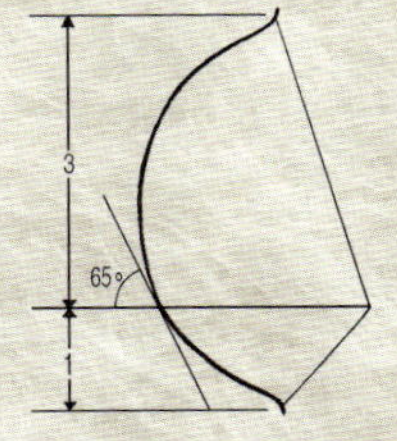

矢を射る

弓のなかでは珍しく、和弓は中心を持たず弓の下の方を持つ。理由は不明である。おそらくもっとも古い弓は木製で柔軟性に欠けたため中心を持てなかったか、またはこの位置で弓を射れば大きな矢が使えたからかもしれない。この方法だと手の緊張が少なくなるので跳ね返りが大きくなり、他の方法より力強く射ることができる。

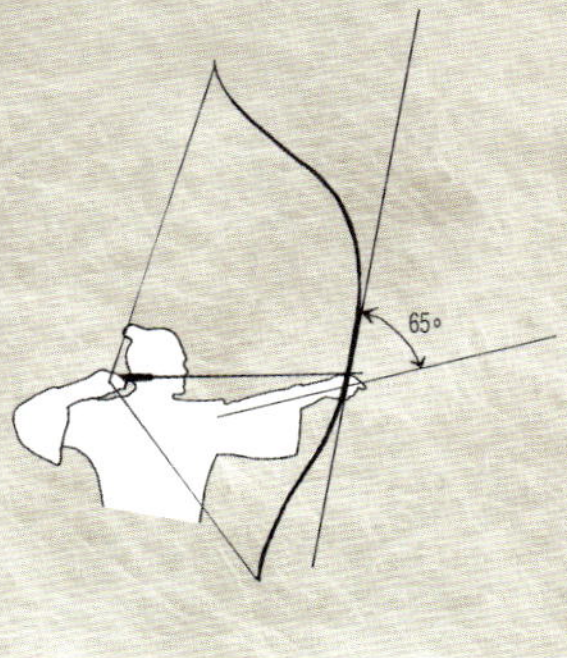

使ってもよかった。矢羽根はとても大切だったので侍はこれを五つの等級に分け、尾羽根のいちばん外側が最も価値が高いとされた。それ以外の鳥の羽根、たとえばハクチョウの翼なども使われた。またハトも使われたが、フクロウやニワトリ、アオサギは使われなかった。装飾性の高い鏃は神社に奉納されることも多く、武家の家紋が刻まれていた。それ以外は筆者が所蔵している二又の鏃のように、もっと素朴なつくりだった。鏃(軸の部分は除く)の大きさには幅があり、長さ二―四センチであるが、軸を含めて一〇―一一センチのものもいくつか残っている(これも春日大社所蔵)。

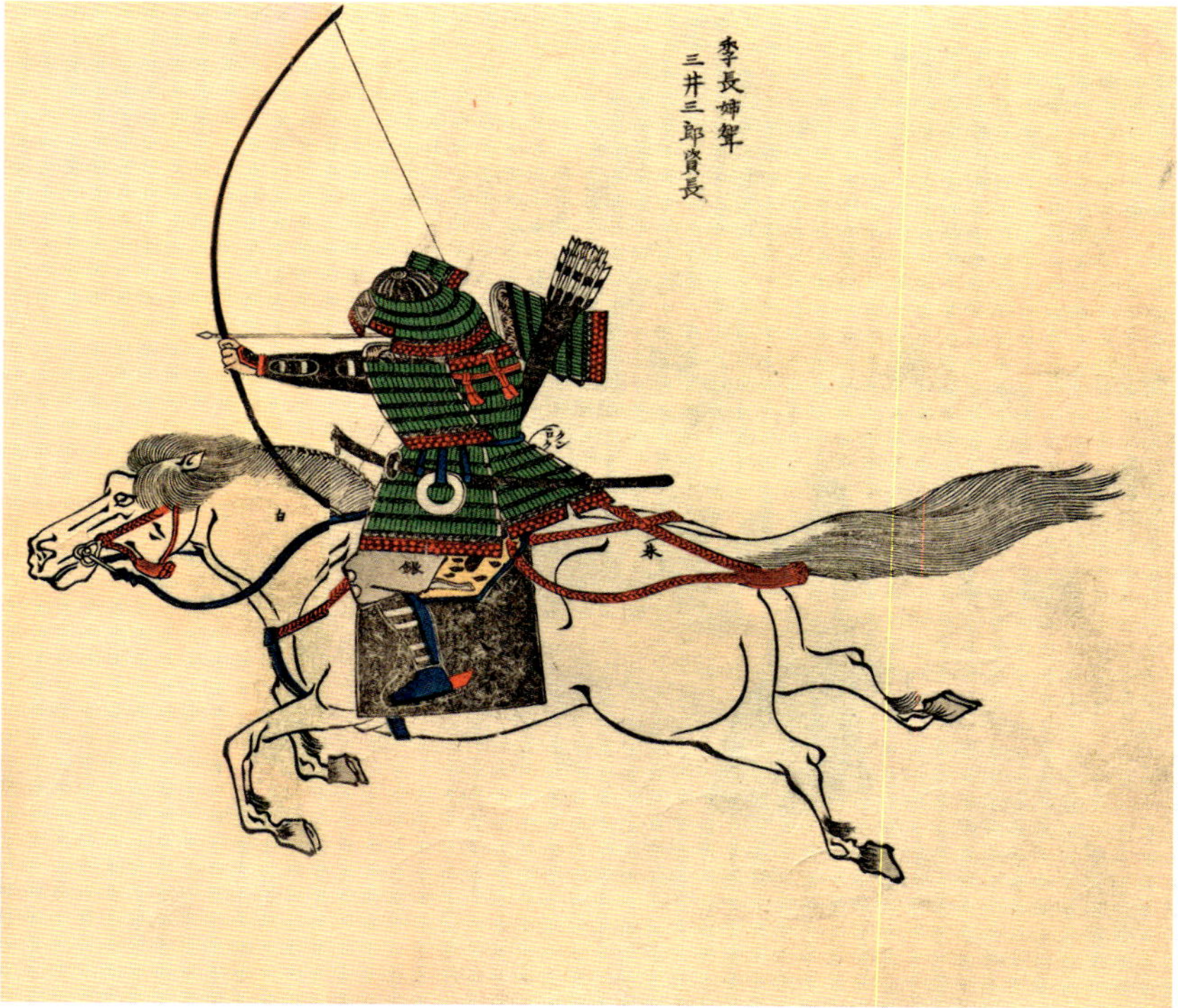

『蒙古襲来絵詞』より、武士が突擊していく様子。手綱を鞍の前輪にゆわえ、両手で矢を射ようとしている。侍は先を争って敵に向かった。戦場で目立てば主人からの恩賞も多く期待できたからである。

ときどき、鍛冶屋が鏃の軸に署名をすることもあった（筆者もひとつ所蔵している）。しかし鍛えあげた刀のように神秘的な雰囲気を生み出すことはなかった。鏃の軸は矢の本体である空洞になった竹のなかに挿入した。現存する矢では、春日大社の所蔵品で全長七九・四センチというものがある。侍は特別な矢には名前をつけ、位の高い敵を射るときだけ使い、武功をあげられるようにしていた。しかし下級武士が持っていた矢には射手がわかるような印はつけられなかった。

弓の強さ

弓の強さは何人の力で張るかで決まった。三、四人、五人張の弓まであった。こうした強弓が実際どれだけ普及していたのか、文学作品のなかでの誇張などではなく本当に存在していたのか知るのは難しい。弦は切れやすく、雨でもいたむことがあったので、武士は予備の弦を円型の「弦巻《つるまき》」に入れて持っていた。

四角い「箙《えびら》」には矢が二〇

日本の射手は正確さで定評があった。襲来した蒙古軍も弓の名手を自軍に加えたがった。菊池武房は蒙古軍の武将の顔を射てその腕を証明し、1274年の文永の役で蒙古軍の撤退に一役買った。

船の上で日本の射手が馬に乗っているときと同じように戦っている。このような小舟は矢を射る台としてはふさわしくなかった。ここでは射手の箙がよく見えるが、戦う際には矢を 16 本あまり持っていくことが多かった。やたらに射掛けたり、遠くから射るのは効果的に敵を倒せないため、損なやり方だった。

本入った。予備の矢のほか握り飯など食糧を入れたり、酒を入れておくのにも使われた。酒は人気があり、特に戦いの始まる前には好まれた。しかし時がたつにつれ、籠型の箙の代わりに「空穂《うつぼ》」という毛皮の覆いがついた矢筒が使われるようになっていった。高師詮の有名な肖像画にこれが見られる。これらにかぶせる袋状の「矢母衣《やほろ》」も好まれた。十五世紀の『結城合戦絵詞《ゆうきかっせんえことば》』に矢母衣が描かれている。

馬に乗る者は手綱を握るとき手を保護するため手袋をはめた。射手も特に右手に「弓懸《ゆがけ》」という手袋をはめる必要があった。右手は弓の弦を引く方の手で、手袋の親指と人差し指の内側は強化した革で保護されており、弦をおさえるのに使う人差し指から薬指までの三本指の手袋もあった。

馬上で刀はそれほど使われなかった。その分析は次章で騎馬武者と徒武者がどう戦ったかについての解説とともに行うことにして、ここでは戦いの本質をよりよく理解するため、ふたりの騎馬武者が対峙する戦いを再現する。

騎馬武者対決

騎馬武者は戦いの場所として開けた場所を好んだ。特に平坦で乾いた土地が好まれたが、川床も馬が歩き回るのにはよい場所として、とりわけ人の密集している場所ではまだ人気があった。文学作品では武士が名乗りをあげて一対一で敵に向かっていくが、こうした言葉のかけ合いは、戦いの場で現実に行うというより、話を先に進めて登場人物の身元を明らかにするための文学作品における慣習のように思われる。実際、身元の確認は非常に難しかったので、面識のある者を指名して証人とすることもあった。竹崎季長など、一二七四年の文永の役で突撃するにあたり、誰かすぐわかるように自分と仲間の兜を交換したほどだ。

外国の敵と戦うときでも武士は自分の矢に名を入れた。菊《きく》池《ち》武房《たけふさ》は、文永の役で蒙古の武将の顔を射て、蒙古軍の撤退を早めた。蒙古軍は武房の名を判読し、蒙古の歴史書にも武房は指揮官に怪我をさせた男として触れられており、菊池家の家系譜とも一致している。

戦闘の前に互いが顔を合わせると、いわゆる鬨《かちどき》の声をあげるのがならわしだった。最初に大将が大声で「エイ、エイ」

この『蒙古襲来絵詞』の絵では手ごわい騎馬武者の軍勢の様子がよくわかる。白石通泰（しらいしみちやす）とその従者は蒙古軍の布陣を突破することができた。散り散りになった歩兵たちはこんな軍勢の突撃には対抗できなかった。

と叫び、総勢がそれにこたえて「オー」と一段と大きな声で叫びをあげた。双方が大声で叫び合い、声の大きい方は人数が多いことを示すため精神的な利点があった。そこで鳴り矢が一本か二本放たれて両軍が進み始める。

こうした小さな軍勢は馬に乗り慣れており、遅い馬ならば乗り手の身のこなしも軽かった。駈歩で敵に近づいていき、前に出すぎた者や、無防備な相手を探した。戦いには動きやすさが不可欠で、急襲をかけるような大事な瞬間には特にそうだった。襲撃には危険がともなったが、腕のよい射手は敵が進んでくるのを見ると馬の向きを変え、追ってくる相手から離れた。この「退却」は時間稼ぎにもなり、敵の馬の力を消耗させるのにも役立った。さらに、武士は馬の後ろか脇の方向に射ることが多かった。そうすれば自分の馬を驚かさずにすむ。また、とりわけ馬の体力を維持しようとつとめた。もし敵に追いついたときに相手の馬が消耗していたり、敵が矢を切らしていたら、相手を後ろから小刀で刺せるからだ。鉤のついた長い熊手を使う者もなかにはいた。熊手を使うとかなり離れた距離から相手を落馬させることができた。

騎馬部隊の白兵戦で矢を放つときは、だいたい二〇―三〇メートルほど距離があった。和弓は非常に長いので、短い弓で射るより矢の加速は遅くなる。蓄積された運動エネルギーが長い弓をゆるめるときに使われてしまうためだ。

とはいえ矢を遠くまで飛ばすことは可能だった。物語のなかでは四三六メートルを越えたという話もあるが、現在の和弓の飛距離の記録は三八五メートルである。このように長距離で矢を射ることを「遠矢《とおや》」といい、正確性と殺傷力はかなり低かった。それでも、長い弓から生まれる力によって五〇―七〇グラムの重い矢を飛ばすことができた。この矢は短距離で敵を殺傷するのに最も効果的である。一三―一四メートルという距離でも敵を傷つけたり、甲冑を射とおす力があった。この距離だと和弓はテフロン加工のフライパンを貫通できる。つまり、鉄で強化した胸当ても無力だったということだ。また、いちばんの急所である顔を正確に射るには、敵にかなり近づく必要があった。

敵を攻撃するためには相手に後ろから近づき、並走して前に出るか、あるいは後ろから斜めに近づいて矢を体の側面に射る必要があった。追われた方は射返せるように馬を横に向ける。小さな馬が速歩であちらこちらに向きを変えるさまが目に浮かぶ。

比較的結束力のある軍勢だと、いろいろな角度から射ることができるという強みがあった。しかし熟練した騎馬武者でも相手を倒そうとしたはずみに隊から離れてしまったり、うっかり馬をばてさせてしまう者もいた。

また、怪我や落馬をするとかなり無防備になった。落馬すると死の危険にさらされていることに気づく。敵に取り巻かれて矢を浴びせられかねないからだ。幸運にも渓谷や近づきにくい場所に落ちた場合、仲間が助けに来れば生き残れる可能性があった。武士は自分自身や馬に危険がおよばない限りは喜んで仲間に手を貸した。

検分の手続き。武士が敵の首をふたつ差し出している。蒙古襲来の直後、自分が戦った裏付けとなる証拠である。大鎧を傍らに座っている武将が証拠を検分して、兵に質問を行い、鎌倉幕府に報告書を作成して提出する。書記はその詳細を記録している。

騎馬隊の負傷

武士は自分の大切な馬を失うのを嫌がり、敵から数メートルという距離で突撃することはほとんどなかった。馬の多くは矢で怪我をするが、それほど命にかかわる傷は負わなかった。しかし長い刀や槍の場合は致命的だった。一三三三—三八年の馬の負傷に関する好資料が残っている。標本抽出した三一頭からは、全体の六一パーセントは矢傷、三五パーセントは刀傷で、残りの三パーセントが槍傷ということがわかった。矢で致命傷を負うことはほとんどなく、刀傷を負った馬は致命傷に至るケースが多かった。槍で刺された馬も死んだ。この統計結果は、戦闘の大半は矢の射掛け合いだったという事実と矛盾している。

人間の負傷に目を移すと、十四世紀中の全負傷のうち平均七三パーセントは投射兵器による怪我であり、その大部分は矢で、ほかの数件が石によるものだった。刀傷は二五パーセント、槍はわずか二パーセントだった。したがって、徒歩でも馬上でも戦闘はほとんどが小競り合いで、武士も自分や馬の命を危険にさらしたがらないのが普通だった。こうした傾向はかなり一般的だったので、戦闘で死ぬと埋め合わせのために大きな恩賞がつくことになっていた。

自治のために奮闘したり大きな危険を冒すこともいとわない者を除き、大方の武士は白兵戦などはしないで戦闘で目立とうとした。自分の功績は強調する一方、個人的な危険は最小限にとどめた。なかには野営にだけ顔を出し、自分の存在を大将に確認してもらってからまったく戦わずに帰ってしまう者もいた。だが、波多野景氏《はたのかげうじ》は一三三六年の争乱において、あまりに危険な状況におかれ、自害もやむなしと思われたほどの絶望的な状況ひとつを取っても戦死に等しく、これは恩賞を受けるに値すると語っている。

本章をまとめると、騎馬武者は馬上で小競り合いを行い、非常に巧みに動いたので死傷者は少なかった。精巧な甲冑により、投射兵器による戦いでもおおむね身を守れたが、甲冑と馬は高くついたため、自分と馬

『平治物語絵巻』で、軍の指揮官の源義朝が左上の騎馬武者のなかに描かれている。義朝は赤い甲冑姿で半首をつけ、ひときわ目立つ獅子の装飾から鍬形の角が２本延びた兜をかぶっている。左手に弓矢を持ち、矢には黒い鷲の羽がついているのがわかる。これは武士の指揮官は隊の先に立つのではなく、軍勢のなかにいたことが確認できる最古の肖像画のひとつだ。大将は大事な存在だったので戦闘には加わらなかった。甲冑の型は 13 世紀後半のものと一致している。

の命をかけてまで戦うのはとにかく絶望的な状況に置かれた場合か、あるいは野心のある者だけだった。

自分の土地が敵から脅かされたり、軍の襲撃に遭いそうになると状況は大きく異なった。土地を占領して敵を負かす必要があったため、危険な作戦や多大な犠牲を余儀なくされたからだ。この結果、携帯武器が多く用いられるようになり、徒歩での小競り合いの重要性が高まっていった。

『平治物語絵巻』より。弓兵の一団。

第二章

散兵

ひとたび戦が起これば、武士はいやおうなく危険にさらされる。だが、なかには喜んで危険に身を投じる者もいた。彼らは真っ先に戦場へ駆けつけ、傷を負い、その戦功を吹聴して多大な恩賞を期待した。しかし、勇敢に戦う武士がいるいっぽうで、どちらの勢力が勝っても自分の一族に害がおよばぬようにうまく立ち回る武士もいた。

元弘の乱が終わり建武の乱が起こった一三三三年から一三三八年の間と、応仁・文明の乱が起こった一四六七年から一四七七年の間の負傷者数を分析してみると、共通のパターンが見られる。一三三三―三八年のほうは、一三三九―九二年に比べると、白兵戦が増え、「打突武器」（主に刀剣を指し、ときには槍も含まれる）による負傷が三〇パーセントほど多い。いっぽう、一四六七―七七年では、この期間をのぞいた通常の十五、十六世紀に比べて、槍と刀剣の傷が四〇パーセントほど多い（ここでは、「投射兵器」と対比させるため、槍と太刀をひとつのカテゴリーとして考える）。このふたつの期間は、他に比べて死者もかなり多い。一三三三―九二年に記録された死者数の六〇パーセントは、一三三三―三八年の間のものだ。

しかしこれらの数字から、ほとんどの負傷は刀剣（のように刃のある武器）によるものだったと早合点してはいけない。なぜなら、刀と槍の負傷が最も多い期間で

刀を研ぐ刀鍛冶。刃がこぼれたり、刃文が目立たなくなって価値が落ちてしまうのを防ぐために、細心の注意を払って研いでいる。

腹巻

正面から見た腹巻

腹巻は簡素な防護具で、騎馬武者が身につけた大鎧に比べると体に密着し、箱のようなかたちをしている。作成費用は大鎧の４分の１だ。大鎧は右脇の引き合わせに脇盾を当てるが、腹巻にはそれがなく、重ねあわせをただ結ぶだけなのが両者の大きな違いである。袖はもともとついていない。だが自ら取り付ける武士も多かった。

しなやかなつくりの広袖は二の腕を防御する。大袖のように、持ち運びのできる楯として用いるのではなく、純粋に二の腕を守るためにつくられ、14、15 世紀に使用された。板に漆をぬって補強した札を組糸などでつなぎ合わせる手法は 15 世紀にも使われた。肩上（わたがみ）は胴鎧の前面と背面をつなぐもので、両肩にかけて全体を吊るす。草摺は腿を防御するためのもの。

も、全体からみれば三分の一をわずかに超える程度だからだ（一三三三―三八年、一四六七―七七年のどちらにおいても三五パーセントとなっている）。小規模な戦においては、ざっと四分の一程度にしかならない（十四世紀では二七パーセント、応仁・文明の乱以降は二五パーセント）。また、軍の内訳でいえば、中世以前は騎兵の数しか記述がないが、十四世紀半ばには歩兵の数も加えられ、少なくともひとつの軍隊は騎馬武者六〇人、徒武者五〇人で構成されていたという史料が残っている。

第一章でも述べたように、日本の戦における負傷は三分の二から四分の三が弓矢によるものだ。ドラマチックなのは騎馬武者同士の一騎打ちだが、それよりも大きな影響を与えたのは戦況に応じて動ける散兵だろう。散兵の一種である野伏《のぶし》は、険しい丘の中腹や人家の屋根に身を隠し、敵に矢を雨あられと射掛け、近寄る騎馬武者たちの不意をついた。

散兵は騎馬武者と徒武者の弓矢隊で成り立っていた。弓騎兵の戦い方はすでに述べたとおりなので、ここでは徒歩弓兵の散兵に焦点をあてる。彼らはもっぱら弓矢を用い、騎馬武者よりも軽装で戦にのぞんだ。大鎧ではなく、「胴丸」もしくは「腹巻」を身につけた。どちらも通常は袖をつけない。

簡素な武具

腹巻と呼ばれる簡素な鎧が登場したのは、大鎧とほとんど同時期だった。腹巻には、大鎧の胴部分にとりつける「脇盾《わいだて》」がなく、胴がひと続きになっていて、右脇で開閉（引き合わせ）する仕組みになっている。簡単な構造であり、体に密着させるつくりであるため、高価な大鎧に比べて四分の一程度の費用で作成できた。この鎧を好む倹約家の武士もいた。彼らは、「袖」と他の付属具——たとえば脛を守る「脛当」や、腕を守る「籠手」を加えて（若干劣りはするが）大鎧の機能をもたせようとした。このような安上がりの甲装

腹巻と腹当

腹巻（下図）は胴体周囲を覆い、右脇で引き合わせる。胸や腹だけを覆う腹当や、腹当を背中や腿に延長した胴丸に比べて防御性は高い。胴丸は引き合わせを重ねないので、そのぶん腹巻より防御性が低かった。おかしなことに、16世紀に入ると腹巻と胴丸は混同され、中世に腹巻と呼ばれたものは胴丸、胴丸と呼ばれたものは腹巻として現在に伝わっている。本書では中世の呼び名を使用する。

腹当（右図）は最も簡略化された鎧で、札をつなぎ合わせて胸の下と腹部を守る。肩から吊り下げて着用するが、この鎧は背中および両脇を覆わないので、下級兵卒用だった。

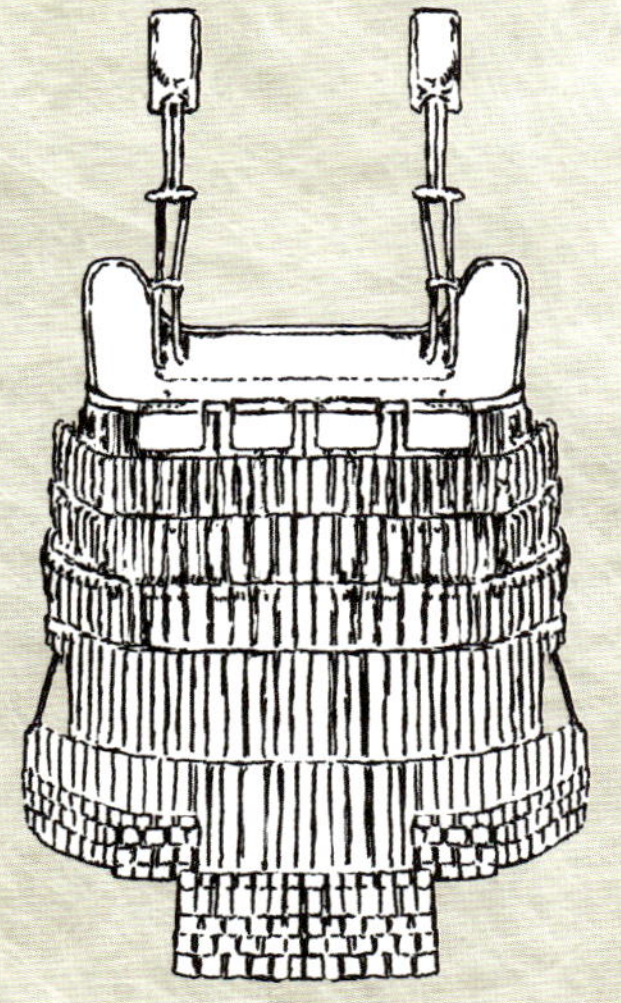

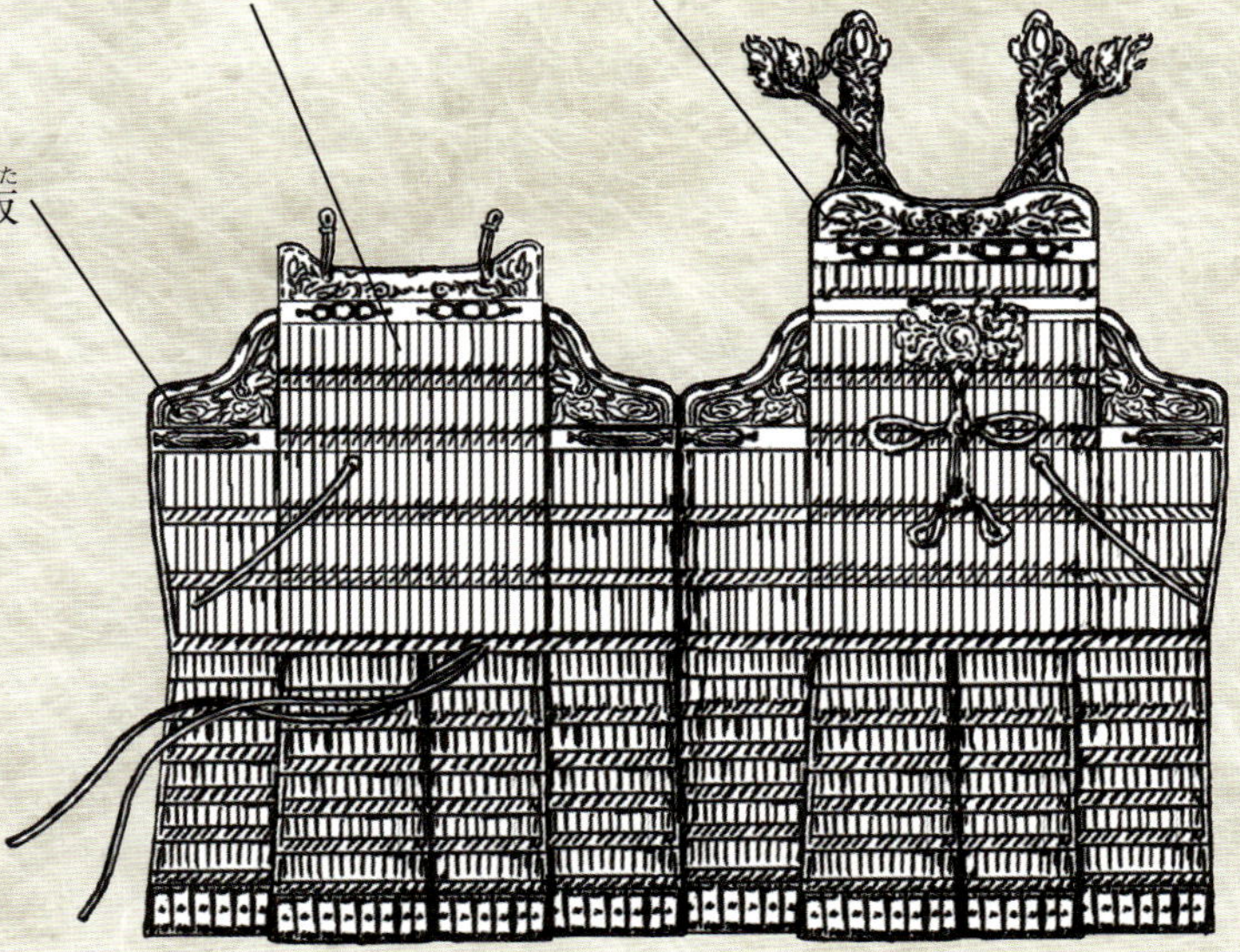

細川澄元（ほそかわすみもと、1489-1520）像。この時代の鎧がよくわかる。右脇の引き合わせが描かれているので、身に着けているのは腹巻である。ここに描かれているのは、少し古いタイプの甲冑ではあるが、この時代の武将が身に着けた典型的な一式である。中世初期の頃と比べ刀身の反りが強い。兜の形状は阿古陀鉢で、鍬形の代わりに前立が前面にとりつけられている。首にかけているのは喉輪という首周りの防具。澄元が手にしているのは大太刀だが、1メートルの長い柄に柄巻をほどこしたもので、この時代に広く使われ、長巻と呼ばれた。籠手は初期のものに比べて凝った装飾がほどこされ、脛当や馬の轡と同じく、足利将軍家と有力御家人の家紋がほどこされている。足の防具は従来の脛当よりもかなり優れている。大立挙（おおたてあげ）の脛当と呼ばれるこの脛当は、金属でできており、腿の下部分、膝、脛、ふくらはぎを防御する。最後に、馬の尻には3つの菱形を並べた三つ目結（みつめゆい）紋の焼印がある。

一式は、御家人の従者にうってつけだった。いっぽう、上級武士は豪華でゆったりとした大鎧を使い続けた。

しかし、徒武者にとって両袖は必要なかったため、さらに簡素な鎧が求められた。最も基本的な鎧の「腹当《はらあて》」は、ただ胴体を守るためだけのものだ。とても合理的な鎧だが、背中はまったくの無防備である。十四世紀の初頭になると、腹当をもとにした新しい鎧が生まれ、より防御力が強まった。この鎧は「胴丸《どうまる》」と呼ばれ、表面に漆を塗って胴の部分を強化している。当初は、大山祇《おおやまづみ》神社に現存している胴丸のように、両肩に大袖を取り付けることもあった（註・現在は胴丸と呼ばれているが、大山祇神社に残っているのは右引き合わせのため、中世でいうところの腹巻にあたると思われる）。これら最古の胴丸もやはり小札を縫い合わせてつくられているので、改良点は、脇ではなく背中で開閉するようになったというだけである。大鎧のような付属具もついていない（それは腹巻も同じ）。さらに、十四世紀の間に大

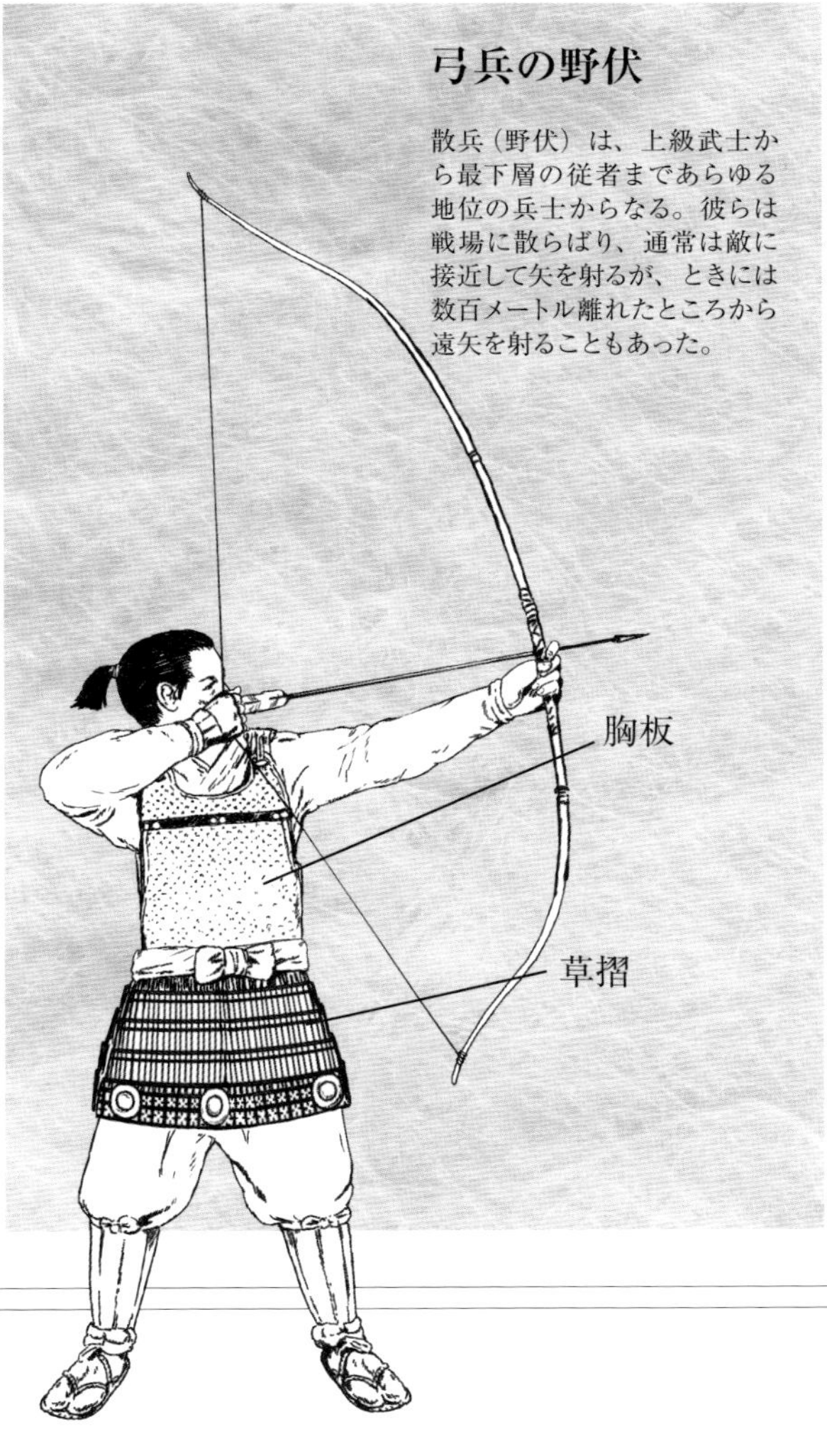

弓兵の野伏

散兵（野伏）は、上級武士から最下層の従者まであらゆる地位の兵士からなる。彼らは戦場に散らばり、通常は敵に接近して矢を射るが、ときには数百メートル離れたところから遠矢を射ることもあった。

刀の振るい方

基本的な抜き方

日本の刀は反りがあるので、鞘のなかで刃は上を向いているか、あるいは下を向いている。刃を下に向けて鞘を腰から吊るすのは太刀、刃を上に向けて鞘を帯に差すのは刀と呼ばれた。もともと太刀は特別な武器で下級武士はもっぱら刀を使用していたが、14 世紀になると、すばやく抜き打つことができる刀のほうが広く使われるようになった。下の図は、武士が刀を抜く姿。

防御の構え

刀を抜くと、武士はまず防御の構えをとって敵を接近させないようにする。このように刀を持つことで、敵の不意を突いて左右上段から刀を振るうことができる。左側は下段の構え、右側は中段の構え。

袖もほとんど使用されなくなった。もちろん、個人の好みとしての使用は別だ。現存している両袖完備の胴丸はいくつかあるが、革札のみでつくられている。資金の乏しい武士たちにはこのような鎧が好まれた。女性の体に合わせてつくられた鎧も残っており、一五四一年の大三島合戦で鶴姫が着用したものと伝わっている。

　一二七一年の書状によれば、上級武士が腹巻を身につけることはあっても、胴丸はもっぱら下級武士用の備えであったらしい。ただし、腹巻と胴丸の違いを誰もが理解していたわけではなかった。時代が下るにつれて、その傾向はますます強くなった。十六世紀以降には、背中引き合わせの鎧を腹巻と呼び、右引き合わせの鎧を胴丸と呼ぶようになる。しかし、どちらをどう呼んだとしても、腹巻や胴丸が歩兵に適していたという本質部分に変わりはない。

散兵戦術

散兵は深い藪に身を潜め、水田や山地の戦場を好んだ。馬が進めないような場所に寄り固まって、できるだけ多くの騎馬武者に矢を射掛けるのが仕事だった。彼らの身を守るのは木製の盾である。扉くらいの大きさがあり、片手では持てないため、地面に立てて使用した。徒武者の一隊には、武器を持たずに盾のみを支える従者（盾足軽）がひとりかふたりは必要だった。

　盾は、それほど戦闘状況が激しくないときに、支えの板を使って地面に立てる。寺院や建物の扉を盗んで盾にすることも珍しくなかった。これらの扉は分厚いので矢を防ぐのにうってつけだったからだ。十四世紀に描かれた『春日《かすが》権現《ごんげん》験《けん》記《き》絵巻《えまき》』を見ると、盾の使い方がよくわかる。向かい合う敵同士が矢を射掛け合っている図だが、どちらも敵方に向けて盾の壁をつくっている。

散兵として戦ったのは農民だけではない。武士も同じように散兵になった。ただし、上級武士は例外だろう。だが山地や険しい地形の土地を越えて攻撃するようなときには、ほぼ全員が馬を下りて戦った。時代が下ると、散兵戦は一般的になった。脛当が改良されたのもそのせいである。大鎧は大きめにつくられ、ゆったりとしているのが長所だが、歩兵にとっては重くて歩きにくい。だからこそ簡素なつくりで軽い革を使った鎧が普及した。脛当ては脛やふくらはぎを守るものだが、これはたいてい鉄製であった。歩兵はたいがい散兵のまま戦い続け、武器はほぼ弓矢を用いた。だが、ときには刀や薙刀《なぎなた》、稀に鉞《まさかり》や槍を好むものもいた。騎馬武者でこれらの武器を使いこなすにはかなりの腕前が必要であり、また使いこなせたとしても、実際に使用することはあまりなかった。むしろ、これらの武器は歩兵のほうが効果的に扱えた。なかでも、最も一般的に用いられていたのは刀だ。そして最も神秘に包まれているのも刀だった。そのため、まず刀から分析していこうと思う。

刀

十七世紀の武士にとって刀は自分たちの核となるものだった。当時、刀は武士の身分を象徴していたからだ。しかしそれ以前は弓のほうが重要視されていた。刀は貴重品ではあったが、甲冑や馬ほど高価ではなかった。

他の武器と違って刀には名前がつけられることが多かった。また、他の武士

（刃を上向きにして腰に差す）刀は、15世紀までに刀身の長さが30センチを超え、広く用いられるようになった。それにともなって刀特有の鞘や拵えも変化した。以前の太刀は刃を下向きにして腰から吊るしたが、刀の携帯形式にならうようになった。

刃の構造

刃の構造には多数の違いが存在している。均一な硬さの鋼をただ折り返し鍛錬するだけの「丸鍛え」、軟らかい刃に硬い刃先を打ちつけた「割刃鍛え」などだ。さらに精巧な手法は、軟らかい芯金の周りに硬い鋼を重ねた「捲り鍛え」や「本三枚鍛え」である。最も手の込んだつくりは、軟らかい芯金の四方に硬い鋼を重ねた「四方詰鍛え」だ。これほどつくりの種類があるにもかかわらず、刀背はどれも必ず厚い。いっぽう、刃文という境界線で分かれている刃側は刀背に比べて硬い。13 世紀以降、日本のあらゆる刀剣にはゆるやかな反りがあった。馬上から敵を切りつけるのに具合がよいからだといわれている。実際は、日本刀に特有のなだらかな反りは焼入れの過程で生じるものだ。熱した鋼を冷水に浸した際の膨張・収縮作用によって日本刀特有の反りがあらわれるのである。対照的に、平安時代(794-1185)の初期の刀は、刀身がほとんどまっすぐで、柄がわずかに反っている(蕨手)。これは見た目を計算したわけではなく、使用している金属の性質の違いから生じたものである。

丸鍛え

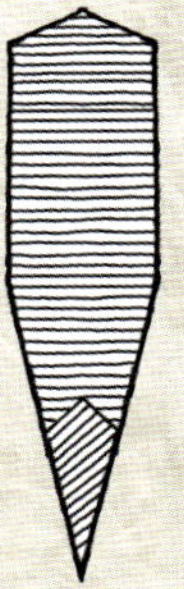
割刃鍛え

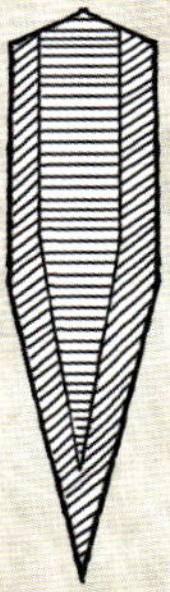
捲り鍛え

本三枚鍛え

四方詰鍛え

に寄贈されたり、寺や神社に奉納されたりしたため、さまざまな武具に比べて現存している数が圧倒的に多い。

作刀は十三世紀に最盛期を迎え、日本中の刀工たちが休むまもなく焼けた鋼を繰り返し叩いたり折り返したりして鍛え、強靭かつしなやかな刀をつくった。日本刀の刃側は硬いが、かといって槍などに比べて脆いといったことはない。そうはいっても全力で敵の兜に打ちつけたりすればたいていの刀は折れてしまう。打ちつけて敵の体に刺さったままになることもあった。そのため、武士たちはでき

鍔《つば》

鉄鍔は手を防護するために刃身と柄の間に取り付ける。古いものは、ちょっとした飾りが彫られた鉄片のような、比較的簡素なつくりだった。真ん中の穴は刀身（茎　なかご）を通すためのもの。その横の穴は、鞘に収める小柄（こづか、小刀）用である。後に、精巧な装飾がほどこされるようになり、くりぬき部分も多くなる。その良い例が、図の右下にある 16 世紀の鍔。

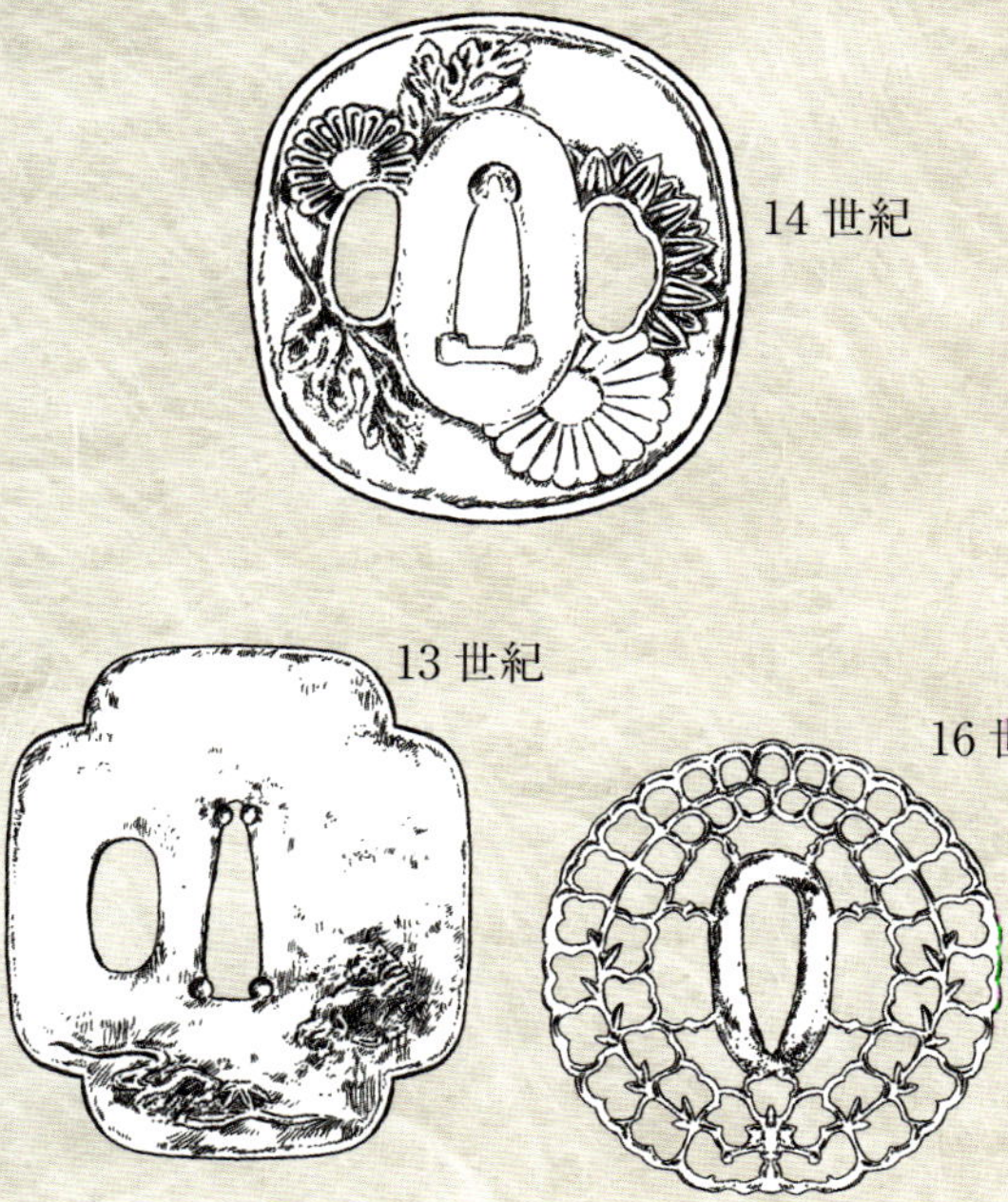

れば敵を刀で打ちつけるのではなく、突き刺して倒したいと考えた。

刀の刀身と柄などの外装は、別々につくられた。刀身はひと続きの鋼からなり、片端に穴が開けられ、そのそばには刀工の名前が彫られている。穴には竹釘を通して刀身と柄を固定する。柄には鮫皮を張り、通常は茶や青の細い紐を巻いた。さらに目貫《めぬき》と呼ばれる小さな飾り金物をほどこすのだが、そのかたちは稲穂から鬼瓦までさまざまなものがあった。柄の根元は縁《ふち》と呼ばれ、目貫と似たような金具（縁頭）を取り付けることもある。鍔《つば》は、手が刃のほうへ滑るのを防ぐためのものだが、ここにも創意あふれる装飾が加えられた。

鞘は革製の場合もあるが、たいていは木製で漆塗り仕上げであった。簡素な装飾のものが多いが、ときには豪華なものもある。鞘を差したときの内側に小柄《こづか》を装着することもあり、爪楊枝を削ったり、武器として使用したりした。

時とともに、刀剣の外装や、最適とされる刀身の長さは変わっていった。十四世紀には大太刀《おおだち》と呼ばれる長大な太刀が注目を浴び、二メートルほどの大太刀が人気を集めた。さらに時代が下ると、刀身の短いものが好まれるようになる。刀は柄のあたりで折れることがよくあったので、新たな目釘を打って柄を短くし、装飾も小さくして使用した。

刀は長さによって分類される。通常、刀身の長いものを「太刀《たち》」と呼ぶ。太刀は刃を下に向けて帯刀したが、時代が変わると、刃を上に向けて腰の帯に差すスタイルが広まった。最も刀身が短いも

図のように刀を抜くことを「鯉口を切る」という。鞘の口部分が、鯉の口に似ているからだといわれている。親指で鍔を押し、刃を少し引き出してすぐに刀が抜けるようにしている。これには熟練が必要で、一歩間違えば親指をざっくりと切ってしまうはめになる。

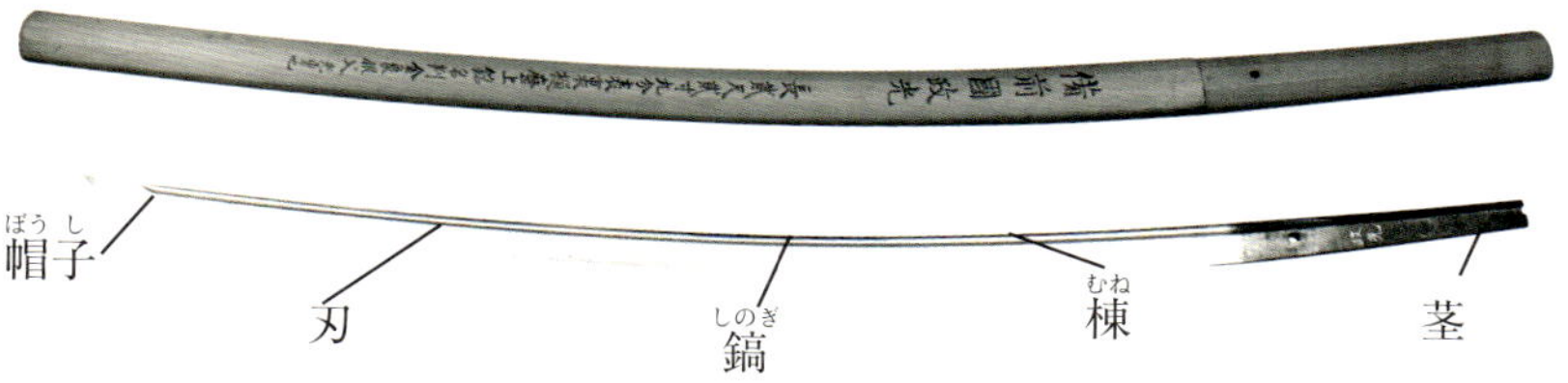

備前政光作の太刀（1370）。写真には保管用の木製の鞘がある。貴重な刀身はまずこのように鞘で保管され、後に、太刀あるいは刀用の鞘に収められた。

脇差と鞘・小柄の標準的な拵え。初期の頃は帯や着物に差し、自分の身を守るためのものだった。しかし16世紀になると、両手で振り回すことのできる小刀として広く普及した。

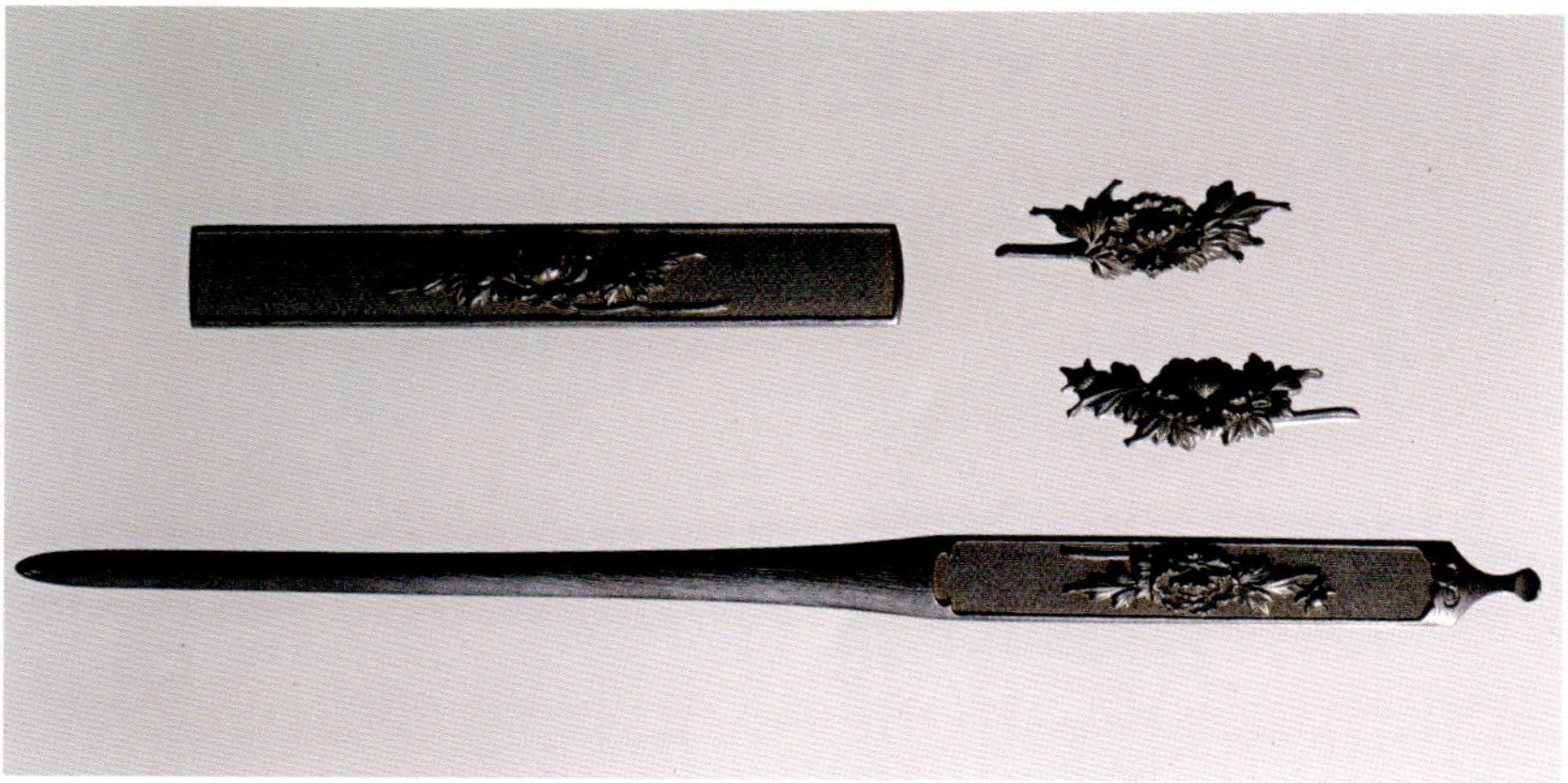

刀剣の付属品である笄（こうがい、髪掻き）、小柄（小刀）、ふたつの目貫（めぬき、柄糸の下に巻き込むもの）。どれも芍薬の花を揃いのモチーフとしている（三所物という）。

のは「短刀」と呼ばれ、刃長は三〇センチ以下である。刃長が三〇―六〇センチのものは「脇差」、六〇センチ以上のものは「太刀」「刀」と呼ぶ。太刀の切っ先は他と比べて鋭く尖り、膨らみがなく、形状の微妙な差によっていろいろな種類に分けられた。次第に太刀は刃先に膨らみをもった刀に取って代わるようになる。

刀剣は敵を切りつけるものとは限らなかった。重くて刃先がそれほど鋭くない刀は、敵の兜を打ちつけるためのものだ。従者でもとどめをさせるように、敵を気絶させておくことが目的である。一三三三年、鎌倉の戦いでは多くの死者が材木座に埋められた。刀による切り傷が多かったのは額や頭頂部だったが、男性だけではなく、女性や、子供の四肢の骨にも傷が見られた。刀で打ちつけられて破損した頭蓋骨がある一方で、平行した切り傷のある頭蓋骨もあった。これは、刀が頭蓋骨の上で跳ね返ったため、何回か打ちつけたことを物語っている。

何度か切りつけられても生き残った兵士や馬の記録もある。ある馬は七回切られ、ある兵士は一三回も切りつけられている。もちろん、これらは浅い傷だったのだろう。だから馬も兵士も死なずにす

柄の持ち方

刀をしっかりと持つためには、柄を両手で握り、刀身が25度から65度の角度になるように構える。こうすると上段にも下段にも柔軟に刀を動かせるし、手首をかすかに曲げれば攻撃あるいは防御の多彩な構えを操れる。

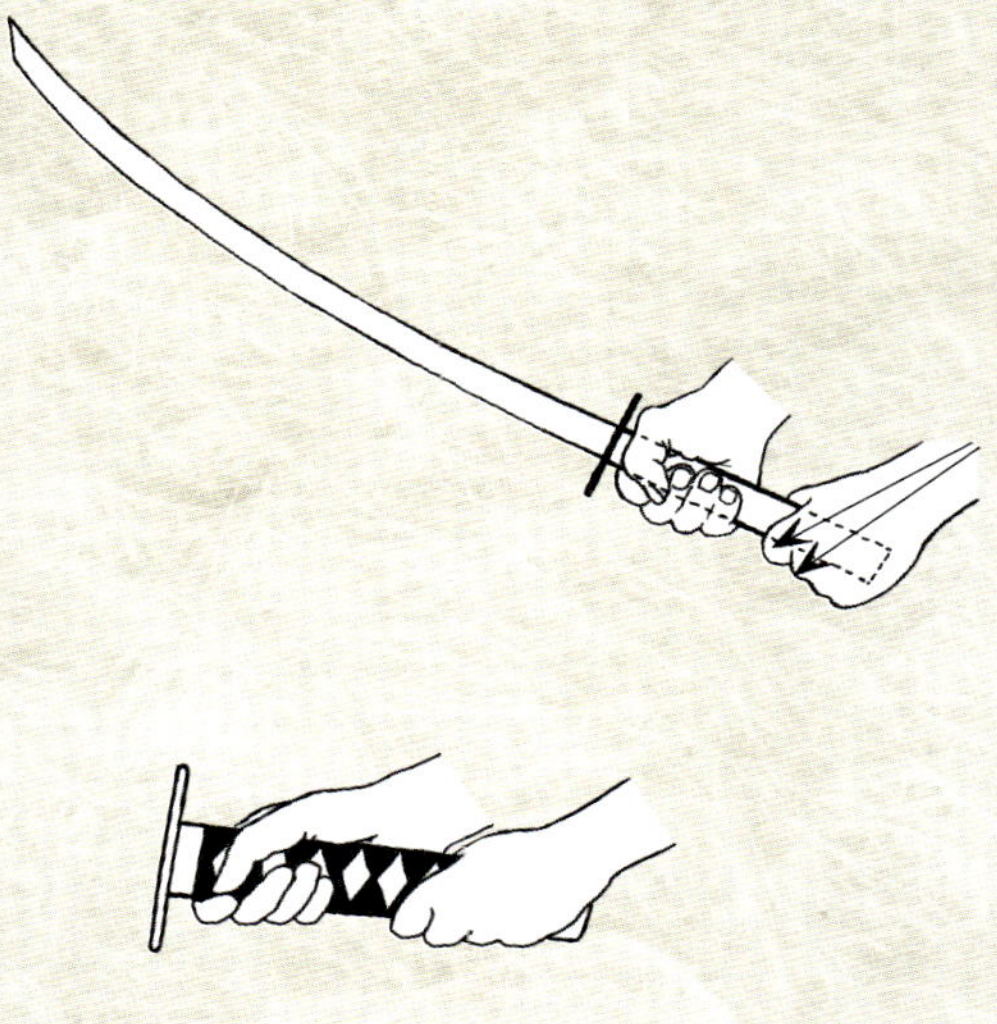

刀による攻撃

基本の振り方

刀は、とりわけ斬りつけることを目的につくられている。基本の振り方は、刀を頭上に振り上げ、それから手首をしならせて両腕をまっすぐに伸ばし、最終的には使い手の体と直角の位置にくるまで振り下ろす。

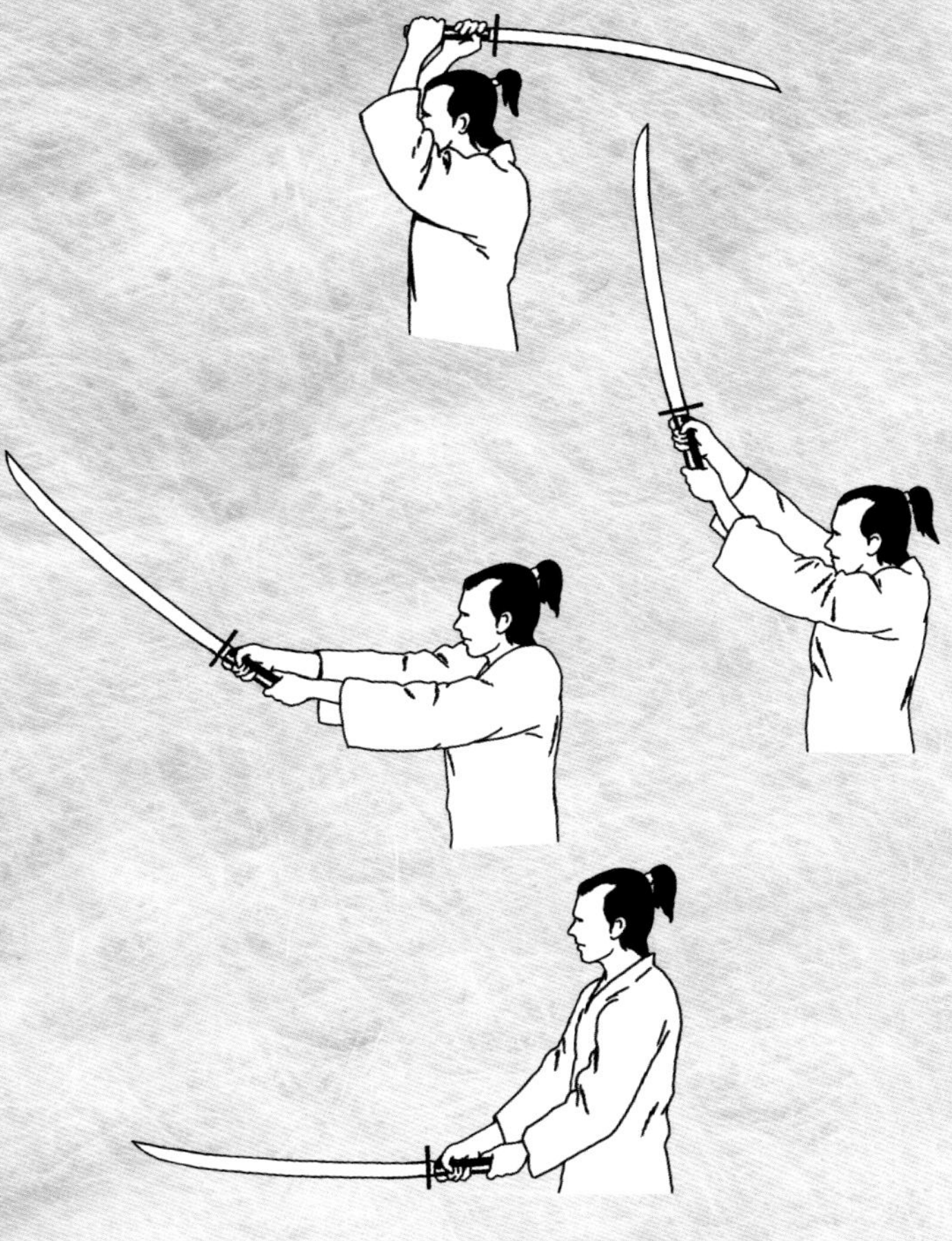

角度

刀を最も効果的に用いるには、刃をまっすぐに上げ、頭上の中心に振り上げること。斜めに振り上げると、正確度も威力も落ちる。(左が正しい角度、右が誤った角度)

斜め振り

斜め振りには相手の不意を突く効果がある。最後まで相手はそれを「基本の振り方」と勘違いするからだ。それに大きく弧を描けば描くほど、威力のある一撃を生む。

横振り
刀は左右に振っても威力がある。右に振るときは、右手で刀を前に押し出す動作をし、反対に左に振るときは、右手で刀を止める動作をする。中世の剣士には左利きの者もいて、刀の持ち方も普通の持ち方と違ったが、どちらの方向に、どの角度から刀を振るかが予測しづらいので使い手の有利に働いた。

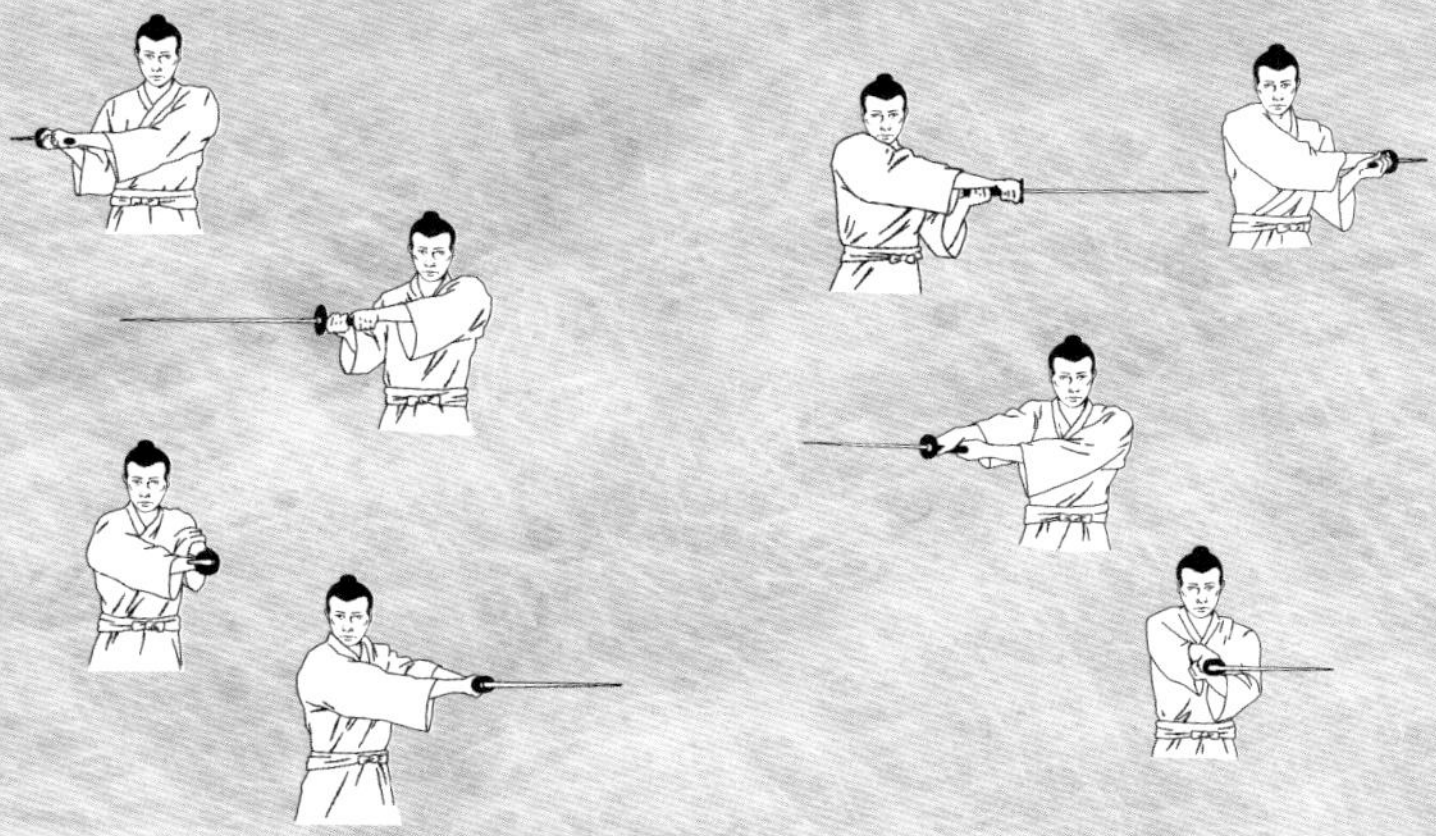

んだ。このことから、兵士たちは切っ先で浅い傷を残せる程度の距離で戦っていたことがわかる。兵は武器を持つ敵においそれと近づいたりはしなかった。たとえ白兵戦に頼ることになっても、できるだけ距離をとって、かすめるくらいの打撃を与えるのがせいぜいだったのだ。激しい一打に見舞われるのは、動けなくなったり、敵が近づいていることに気づかなかった場合だけである。

　中世、特に十二、十三世紀の頃の刀は、何度も敵を打ちすえるほど頑強なつくりをしているようには見えないが、刃が薄いのは何世紀にもわたって研ぎ続けてきたせいでもある。刀身の身幅は中世初期から後期にかけてほとんど変わらなかったが、十四世紀には著しく大振りな刀――大太刀がつくられた。

　十四世紀に大太刀の刃が改良され、刀身は二メートル一〇センチにもおよんだ。大太刀は武器として非常にバランスがとれており、長大にもかかわらず、驚くほど振るいやすかった。通常は腰に帯びず、肩にかついだりした。このような武器を馬上で振り回すことはできない。そのかわり、十四世紀の戦に独特の戦い方を与えてくれた。

　大太刀の刃先は鋭かったが、刃肉は厚く、その形式を蛤刃《はまぐりば》と呼んだ。これは、大太刀が主に突き刺したり打撃を与えたりするために使用されていたことを物語っている。馬の足を折ったり、敵の頭を打ちすえたりもしたようである。他の刀剣に比べて頑丈であることが利点だが、どんな大太刀でも鋼鉄製の兜にはかなわず、戦闘中に折れることもあった。

個人戦

　戦で長剣を用いたということは、歩兵が密集隊形を組んでいなかったということになる。歩兵はそれぞれ近づく者があればただ刀を振り回し、突き刺そうとした。そのような歩兵には敵であろうと味方であろうと周囲二メートル以内

差し添え

15 世紀以前、武士は刃を下に向けた太刀を鎧の腰から吊り下げた。しかし、刀を簡素な鞘に収め刃を上に向けて腰に差すという下級武士の慣習が広まり、次第に一般的になっていった。図は、刀と共に脇差を腰に差している。また、太刀を吊り下げているのはあくまでも比較のためだ。通常、武士が刀と太刀を同時に身につけることはない。

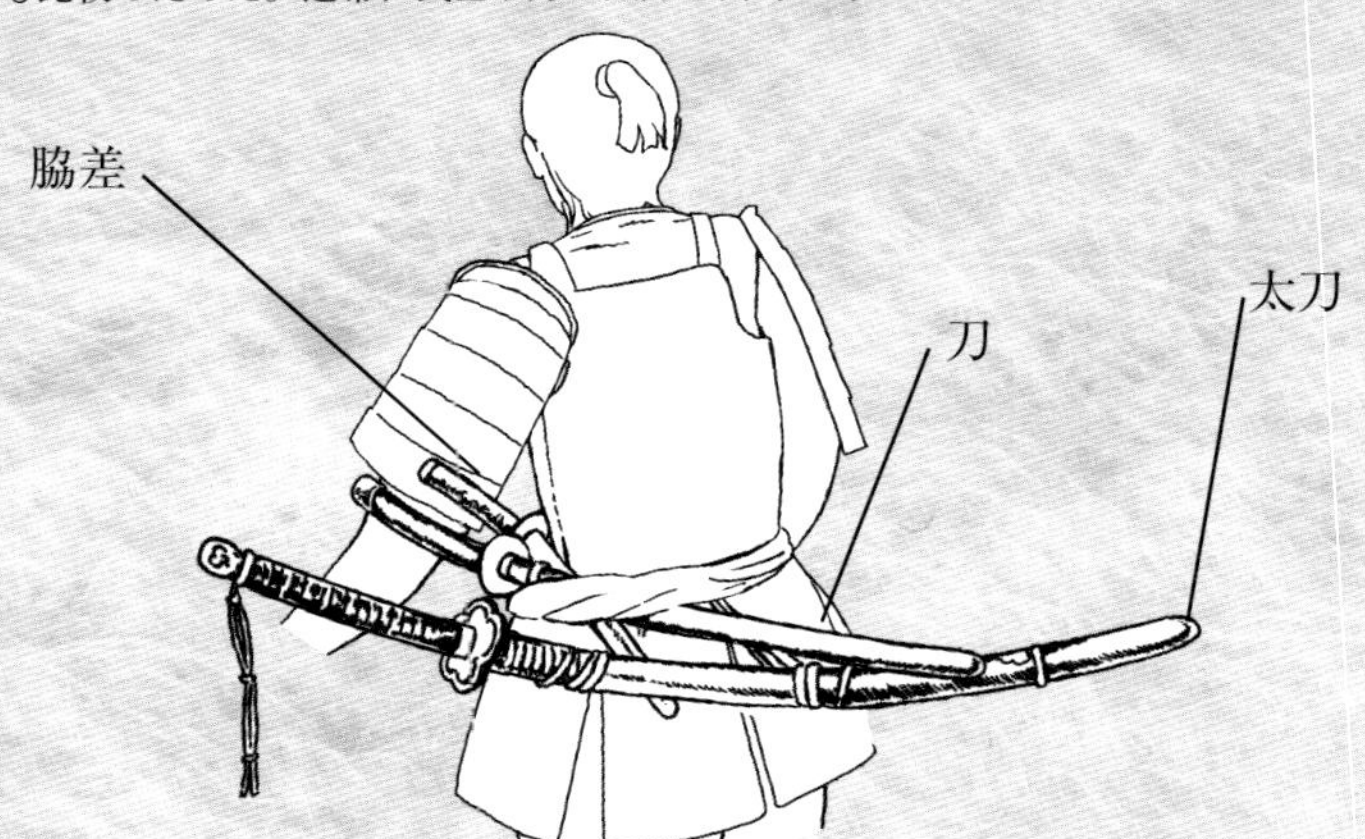

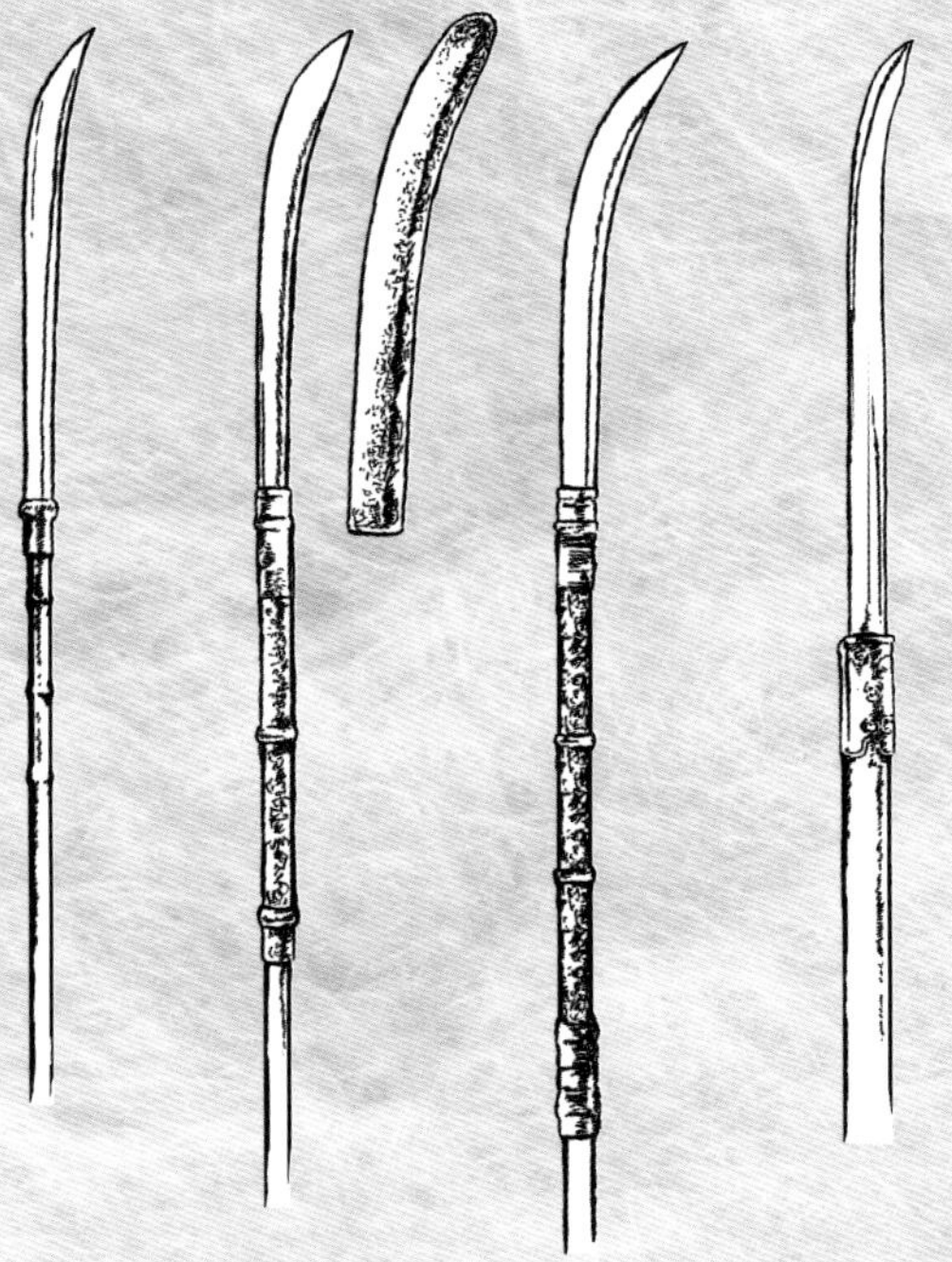

薙刀の刃

薙刀は、反りのある刀身と長い茎を持ち、それを木製の棒状の柄に装着した武器である。形状はいろいろあり、刀身がほとんどまっすぐで刃先だけが反っているもの、刀身全体に反りがはいっているものなどがある。切りつけるためにも、突き刺すためにも使用された。その点、槍よりは用途が広い。

には近寄れなかった。となれば反撃の方法はふたつしかない。より簡単なのは、開けた土地に歩兵をおびき寄せるかあるいは罠を仕掛け、一斉に矢を射掛ける方法だ。これは一三三三年に秀でた騎馬武者だった島津氏がとった戦略で、常に一定の距離を保ちながら歩兵をぐるりと取り巻き、腕の立つ兵が倒れるまで矢を雨あられと浴びせかけた。このとき参戦していた兵のひとりが、「どんなに屈強な武士でも、矢に射られたらひとたまりもなく、どんなに快足の者でも、馬には勝てない」と漏らしている。もうひとつはもっと切羽つまった段階で訴える手段だが、敵が刀を振り回した後、ここぞというタイミングを見計い、間合いを詰めて相手に飛びつき、短刀で突き刺す方法だ。というのも、これまで述べてきたように太刀の刃は鋭くないので、このような接近戦では役に立たないからだ。

13世紀の兵士

下級武士の兵士も、図のような必要最低限の武具を身に着けて戦に参加した。手には薙刀を持ち、腰には小刀を差して、胸と胴を守る簡素な腹当鎧を着用している。金属の脛当ての代わりに、脛巾（はばき）と呼ばれる布で足を防護している。図の兵士は草鞋を履いていて、それが次第に一般的になっていくが、裸足のままの兵士もいた。

薙刀の刀身。茎は刀身と同じくらいの長さがあり、木製の柄に装着する。茎が長いので、刀身がしっかりと柄に固定される。重量があり、そのためにバランスがとりやすく、また、柄が折れにくい。頑丈なので突くことにも、切りつけることにも向いている。刀よりも安価だった。やがて集団戦が主流となり、槍に取って代わった。

鉞

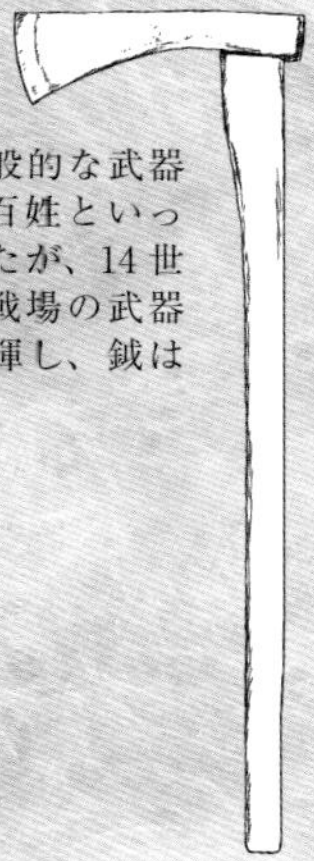

14世紀、鉞は一般的な武器だった。足軽や百姓といった歩兵が使用したが、14世紀後半には槍が戦場の武器として効力を発揮し、鉞はすたれていった。

慎重な戦

太刀を手にした剣豪といえども、安全な場所に隠れたり、扉のような盾の後ろに身をかがめたりして、騎馬武者隊が通り過ぎるのを待たなければならなかった。軽率な騎馬武者や不運にも落馬した者は狙いやすかったが、分別のある騎馬武者なら険しい場所や占領された土地に近寄ったりはしないものだ。『春日権現験記絵巻』の一場面を見ると、帯刀した兵たちがいかに注意深く戦ったかがわかる。彼らは少人数の集団で散らばり、敵に向かって盾を立て、前進した仲間のふたりが負傷した敵にとどめを刺すのを待っている。

太刀は他の歩兵と戦うときにも用いられた。その場合、相手との距離を考えると、最も長大な太刀を持つ兵が最も有利ということになる。ただし、長ければよいというわけではない。重さや扱いやすさを考えると、二・一メートルより少し上回るくらいが、最長の太刀の代表的な長さだろう。十四世紀後半の『秋《あき》の夜《よる》の長《なが》物語《ものがたり》』の絵巻には、そのような遭遇戦が巧みに描写されている。徒歩戦の場面が描かれているのだが、何人かの兵は敵に弓矢を射掛け、他の兵はお互いを突き刺そうとしている。

槍と鉞《まさかり》

十四世紀に使用された武器のなかでも、大太刀が最も長くて頑丈だったことははっきりしている。だが、他の携帯武器も同じくらいよく使われていた。一三三四年の文書には槍を用いたという記録が残っている。長さはおよそ一・五メートルしかなく、大太刀よりは短い。槍についての描写で最も古いものは、『春日権現験記絵巻』だ。袖も脛当てもつけず、胴丸のみ身につけて倒れている武士の体の下に、槍が見える。この絵巻物では、木か竹でできた柄に短刀を差した形式の槍が描かれている。太刀よりは安価で、威力も弱い。太刀ほど刀身が長くもなく、頑丈でもなく、敵を切りつける能力に長けているわけでもない。そのせいか、十四世紀の戦では槍による負傷者はたった一五人しか認められていない。これは全負傷者のわずか二パーセントである。

鉞を好む武士もいた。十四世紀半ばの『後《ご》三《さん》年《ねん》合《かっ》戦《せん》絵《え》詞《ことば》』には、文と絵巻物の両方に、鉞を持った武士が描かれている。鉞に似ている武器で、鉞よりも普及したのが薙刀だ。鉞も薙刀も、ただ突き刺すだけの槍に比べれば切りつける能力に長けているが、どちらにしても木製の柄は大太刀の柄ほど頑丈ではなかった。

中世の城

内乱が始まると、散兵は戦場でさらに活躍することになった。騎馬武者も市中や馬の近寄れない場所で戦わざるをえなかったからだ。京都の市街戦では、散兵が建物に隠れたり、屋根から馬に矢を射ったりしたため、騎馬武者隊は川床を進んだり、占領しようとしていた土地を焼き払ったりしなくてはならなかった。

歩兵たちが一定の土地を守ろうとする場合、要塞を築くことが欠かせない。普通は小さくて急ごしらえのものになる。十四世紀の城の様子がよくわかるのは『六《ろく》道《どう》絵《え》』だ。小集団の武士たちが丘を占拠して障害物で壁を築き、その前には大勢の弓兵が盾で身を隠している。これを城というのは言い過ぎかもしれない。だが城も簡単な構造で、人は五、六〇人しか入らず、最大でも百人程度のものだった。

多くの城は家の廃材などで建築された。土台がつくられてわずか一〇日ほどしか使われない城もあった。城の寿命は数週間あるいは数か月程度で、数年もつものはほとんどなかった。あるときは要塞化した館を城といい、あるときは山寺の延長のようなものを城といった。だが数は少ないものの、丁寧に築城されたものもある。たとえば東国の関城や大宝城だ。このふたつの城は沼地のなかにあったため、土塁の壁で補強もされている。関《せき》城と大宝《だいほう》城は東国における南朝方の拠点だった。南朝とは、後醍醐天皇が京都の南に位置する吉野に開き、その子孫が受け継いだ朝

僧兵

僧兵は悪僧と呼ばれ、寺院の利益を守るために暴力沙汰にかかわった。彼らは、寺院の利益を維持したり、政治的な支援者を助けるための暴力ならば悪とはみなさなかった。若い僧侶は戦い、年配の僧侶はもっぱら罵りの声をあげる役目をになった。それもまた戦う行為のひとつだった。図の僧侶は、僧兵がもっぱら好んで使用した薙刀を手にしている。

廷のことである。南朝には中央や西国の拠点が多く、反対に東国からは限られた支持しか集まらなかった。一三四一年、南朝方は両城で足利氏の大軍と戦い、一三四三年に落城した。ふたつの城は足利勢が掘った坑道にも耐えるほど堅固だったが、十四世紀においてその耐久力は例外といえる。

山城

山城には、進軍してくる敵の上に大岩を落とせるという利点があった。それによって頭をつぶされた旗持の記録も残っている。このような単純な仕掛けは別として、平衡錘投石器《トレビュシェット》のような高度な包囲攻撃兵器を使用した例は、十五世紀後半まであまり多く見られない。長引く攻城戦に耐えるにはかなりの兵糧がいる。米数百俵に麦などの穀物、そして馬の飼料として豆や糠も必要だった。水の入手先を確保することも不可欠である。水場のない場所に急きょ建てられた城は、比較的たやすく落とされることが多い。とはいえ、楽に落とせる城など存在しない。ひとつの城にふたつの分かれた郭があり、ひとつが落ちても、もうひとつが無事に残る場合もよくあった。

京都の東山にあった城は山頂のわずか三〇平方メートルを占めるにすぎないが、城に通じる道はすべて隆起しており、敵はじょうごのような狭い道を進まなくてはならなかった。そこには塹壕に似た穴が掘ってあり、じゅうぶんな武器を備えた少数の弓兵が身を隠して進軍してくる敵を次々としとめた。この城は十五世紀に使用され、半年ほど持ちこたえた。それは、山道が近くの寺院につながっていて物資の補給が容易だったためだ。実は大規模な防衛施設のなかでわざと敵に攻めさせているので、トーチカのような塹壕を備えたこのような山城は、とても高度な構造だったといえる。

どの山城も周辺地域とネットワークを築き、丘の頂上にあって大きな道を見渡せたため、物資の補給がたやすかった。このネットワークが防衛に役立つのであって、なにかひとつの構造が特別に重要だったというわけではない。

山城群はわずか数キロメートルしかへだたっていないことが多かった。丘の上にあるものや、平地にあるものもあり、それによって支配するエリアが決まった。

重厚な城のある土地を掌握するには、時間をかけた作戦が必要である。中心地を占拠するとともに周辺の城をひとつひとつ攻略していかなくてはならない。常陸国の関城・大宝城が落城するまで、二年以上もほぼ絶え間ない戦が続いた。ふたつの城は沼地にあって堅固な防御線を構築しており、兵士たちが小型の船で両城の間を行き来していたため、攻城は特に難しかった。

十四世紀の城

十四世紀の城は、それが関城や大宝城のような城であっても、主に土や木材が用いられていて豪壮な

13 世紀後半の『一遍聖絵（いっぺんひじりえ）』。小規模の宿場が描かれている。13 世紀の日本では人も物もスムーズに流れていた。宿場は軍にとって理想的な中継地で、物資の輸送のためにも必要だった。

つくりではなかった。また、手近にあっても築城の材料として適していない木造の建築物は、木材や食料が敵の手に渡らないようにするために燃やされたようだ。建築資材が手にはいりやすい場合には、山城群は互いに数キロメートル内に建てられ、少人数の兵士が守備についた。

石築地

防衛において弱点となる箇所を石で補強するようになったのは十六世紀の初頭だった。しかし、一二七五年には元軍襲来に備えて九州の博多湾沿岸に石の防塁が築かれた。最初は土塁が築かれたのだが、じゅうぶんではなかったため、沿岸を二〇キ

ロメートルにわたって、幅・高さがおよそ二―三メートルの石築地（石塁）で補強した。この防塁が功を奏し、一二八一年、元軍は博多への上陸を断念して周辺の小島に三か月の間停泊したが、台風によって壊滅状態に陥った。一二七六年の防塁築造の際には、所有する領地の大きさによって武士たちに役務が課されている。当時は統一した築造法がなかったので、石築地はその国ごとの違いを見せた。材料はもっぱら花崗岩か砂岩である。そのため、築造は地形の良し悪しや、石を近くで調達できるか、あるいは博多湾を渡って遠く能古島から持ち込むことができるかにかかっていた。さらに石築地は何十年も修理され続

武士が築いた広範囲におよぶ防塁。最初に土が盛られ、それから石で補強されている。1274 年の元寇の直後、港を守るために建築され、頑丈な防塁は 1281 年に蒙古軍上陸を防いだ。今日まで部分的に現存している。

けた。最も最新の修理記録は、防塁が築造されて六〇年以上経った一三三八年である。

会戦——概説

これまで、徒武者や騎馬武者の武具や城について概説してきたが、ここでは特定の戦を分析する。それは一三三六年、六月最後の日に起こった戦だ。この戦を選んだ訳は、二番目の武家政権の足利幕府が開かれるきっかけとなった戦だからだ。先に起こった元寇、さらにいえば一一八〇—八五年の源平合戦に比べて、この戦にはじゅうぶんな史料が残っている。この戦いで足利氏は圧倒的な勝利をおさめるも、敵を壊滅させるにはいたらなかった。

戦に参じた武士は恩賞を求め、従軍した合戦の場所や、被った損害、あるいは負傷の状況などを報告する書状を提出した。これらは合戦太刀打注文や軍忠状として知られている。そこに書かれている負傷の状況から、戦がどのように行われたかが推察できる。軍忠状が初見されるのは十三世紀後半の元寇直後で、元弘の乱のさなかの一三三三年に定型化した。初期の書状には武士たちがどのような戦いぶりであったかが物語形式で記述され、十四世紀の間だけでも一三〇〇もの記録が残っている。これらには八六三四人の参戦した場所と、戦による負傷の詳細が七二一例ほど記述さ

敵に向かって前進する旗持。『蒙古襲来絵詞』より。

れている。書状はどんな小戦《こぜりあい》でもすぐに提出された。そして、確実に補償してもらうために、損害や傷をもらさず書いた。満足な恩賞を得られないと、兵士が敵方にまわることもあり、それを繰り返す武家もあった。ときには、「満足な恩賞が得られない場合」敵方につくと宣言する書状もあって、そういった態度を「商人の態度」と罵る武将もいた。

一三三三年の日本は不安定な状況にあった。最初の武家政権である鎌倉幕府が唐突に倒されたからだ。後醍醐天皇は、かねてより自ら親政を敷くために画策していたが、再び幕府に反旗を翻し、鎌倉幕府の有力御家人である足利尊氏（一三〇五―五八）を味方につけて倒幕を果たした。勝利に酔いしれた尊氏は征夷大将軍（軍の最高司令官。形式的には天皇に次ぐ地位）の地位を望み、武力を一手に掌握しようとする。だが、天皇専制を目指す後醍醐天皇は、それに難色をしめしていた。そのとき外部で起こった出来事が事態を変える。一三三五年の秋、反乱を起こした旧幕府の残党が鎌倉に進軍したため、足利尊氏は天皇の許可を得ずに鎮圧に向かった。尊氏は反乱鎮圧後も鎌倉に居座り、勝手に家臣へ恩賞を与え始め、一方的に将軍を称した。

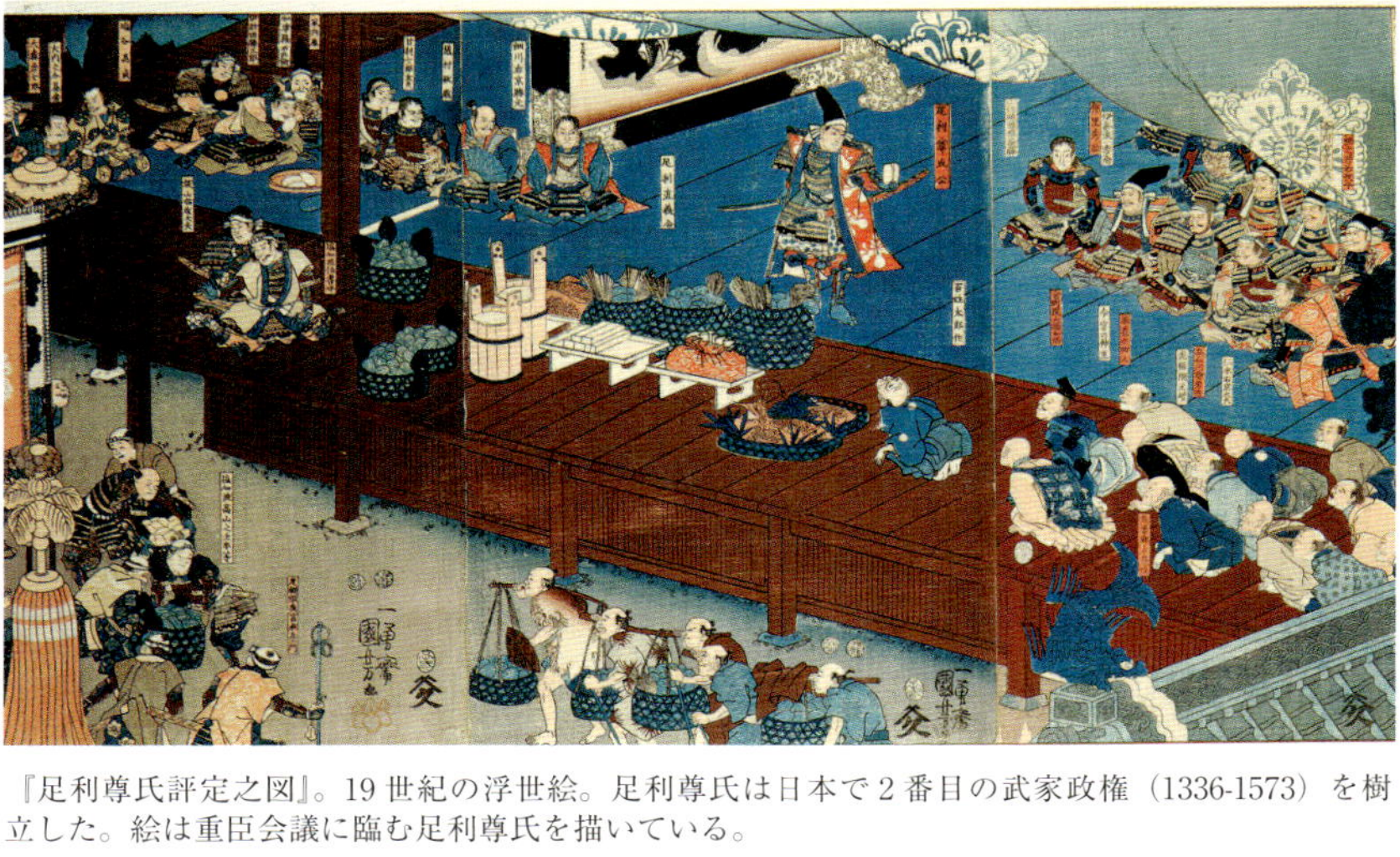

『足利尊氏評定之図』。19 世紀の浮世絵。足利尊氏は日本で 2 番目の武家政権（1336-1573）を樹立した。絵は重臣会議に臨む足利尊氏を描いている。

後醍醐天皇は尊氏の働きに報いるどころか、彼の傲慢な態度を激しく非難し、新田義貞《にったよしさだ》（一三〇一―三八）に尊氏討伐を命じた。しかし尊氏は新田軍を破って、一三三五年の十二月に京都へ進軍を始める。その後一三三六年一月、一時的に京都を占拠した尊氏は、後醍醐天皇の援軍が奥州から上洛してきたため九州の筑前へ逃れ、多々良浜《たたらはま》の戦いに勝利して勢力を立て直した。五月には再び京都に戻って、後醍醐天皇方の有力な武将、楠木正成《くすのきまさしげ》（一二九四―一三三六）を倒し、圧倒的な勝利をおさめる。その後は都を占拠して、現在の南区にある東寺に本陣を敷いた。いっぽう、後醍醐天皇は都の北東に位置する比叡山に籠った。一三三六年の八月の終わりまで一進一退の攻防が続いたが、ついに足利勢が後醍醐天皇勢を京都から追いだして二番目の武家政権である足利幕府を樹立した。

京都合戦（一三三六年六月三十日）の再現

足利家の伝によれば、足利尊氏の覇権は一三三六年六月三十日の戦で決まったという。敵の残党を警戒して東寺の本陣に用心深く居座っていたものの、もはや守りを固める必要はなくなったからだ。天下の行方を左右する戦には伝説がつきものだが、この京都合戦も例外ではない。たとえば、東寺の東大門は今日まで閉ざされたままである（註・二〇一〇年、修理のため約六七〇年ぶりに開門された）。新田義貞が東寺まで攻めあがってきたとき、尊氏はこの門を開かず難を逃れたといわれているからだ。また、東寺の鎮守八幡宮から何本もの鏑矢《かぶらや》が新田軍めがけて飛んできたのは神仏のご加護だと足利勢は信じていたという。しかし、他の伝説にまみれた戦とこの合戦の違いは、両陣営の武士が提出した書状が多く残っていて、きわめて詳細に戦の状況を再現できるところである。

東寺を舞台にした戦いは、三週間にわたった都の占拠をめぐる戦のクライマックスであった。六月八日、足利軍は後醍醐天皇が本陣を敷く比叡山を急襲しようとした。彼らは八四八メートルの比叡山を上る途中で、敵の武将・千種忠顕《ちぐさただあき》を倒したが、伏兵の攻撃を受けてかなりの犠牲者をだした。たとえば、片山高親《かたやまたかちか》の軍忠状には、旗持ひとりが右の太腿を矢で射られ、「家の子」のひとりが左手と左足と右膝頭を射られたという記述がある。

足利勢は、京都中心地の北側にある三条坊門通へ退却し、南の東寺に本陣を敷いた。そして周囲に防衛線を張る。後醍醐天皇と敵対する上皇らを奉じた尊氏は、東寺を皇居として使用し、厳重に守った。足利勢は数的不利に苦しんでいたが、なんとしても東寺は守り抜くようにというのが尊氏の命令だった。後醍醐方のふたりの武将、新田義貞と名和長年《なわながとし》（？―一三三六）による敵襲の噂に悩まされた足利方は、ふたつの前線基地を築かなくてはならなかった。ひとつは北側の内野にあり、細川氏が布陣した。もうひとつは京都の東側で比叡山の南にあたる法成寺河原にあり、高師直《こうのもろなお》（？―一三五一）が指揮を執った。

敵の攻撃は噂にとどまらなかった。後醍醐天皇方の偵察軍が六月二十七日の夜に側面攻撃を仕掛け、三条坊門の櫓《やぐら》に火を放つ。だがこれは足利氏の御家人が火消役をつとめた。櫓がどのくらいの高さ

足利尊氏の肖像画（14 世紀）。衣冠束帯姿で、六衛府に仕える武官の太刀（衛府の太刀）を身につけている。足利家は、武士の出自であることと同じくらい、いや、もしかしたらそれ以上に、朝廷での地位に重きを置いていた。

京都合戦（1336年）

1336年6月30日の戦いで、騎馬武者の機動力が明らかになった。新田義貞と名和長年率いる南朝軍（図では白色の部分）は北東の比叡山から都を急襲した。開戦の時点で、南朝軍は都の北部地域を占領し、すばやく足利軍を出し抜いて南の内野へ向かった。それから西へ方向を変え、さらに敵の本陣を壊滅するために南の東寺へ向かう。北の足利軍は一歩も引かず、南の足利軍は反撃に出て名和長年を討ち、新田義貞を撃退した。この勝利を機として、鴨川べりに陣を張っていた高師直は、北東の比叡山山頂を目指して前進した。南朝軍は南東の阿弥陀ヶ峰を占拠し続け、そのため最終的に足利軍は、比叡山から退かざるをえなくなる。

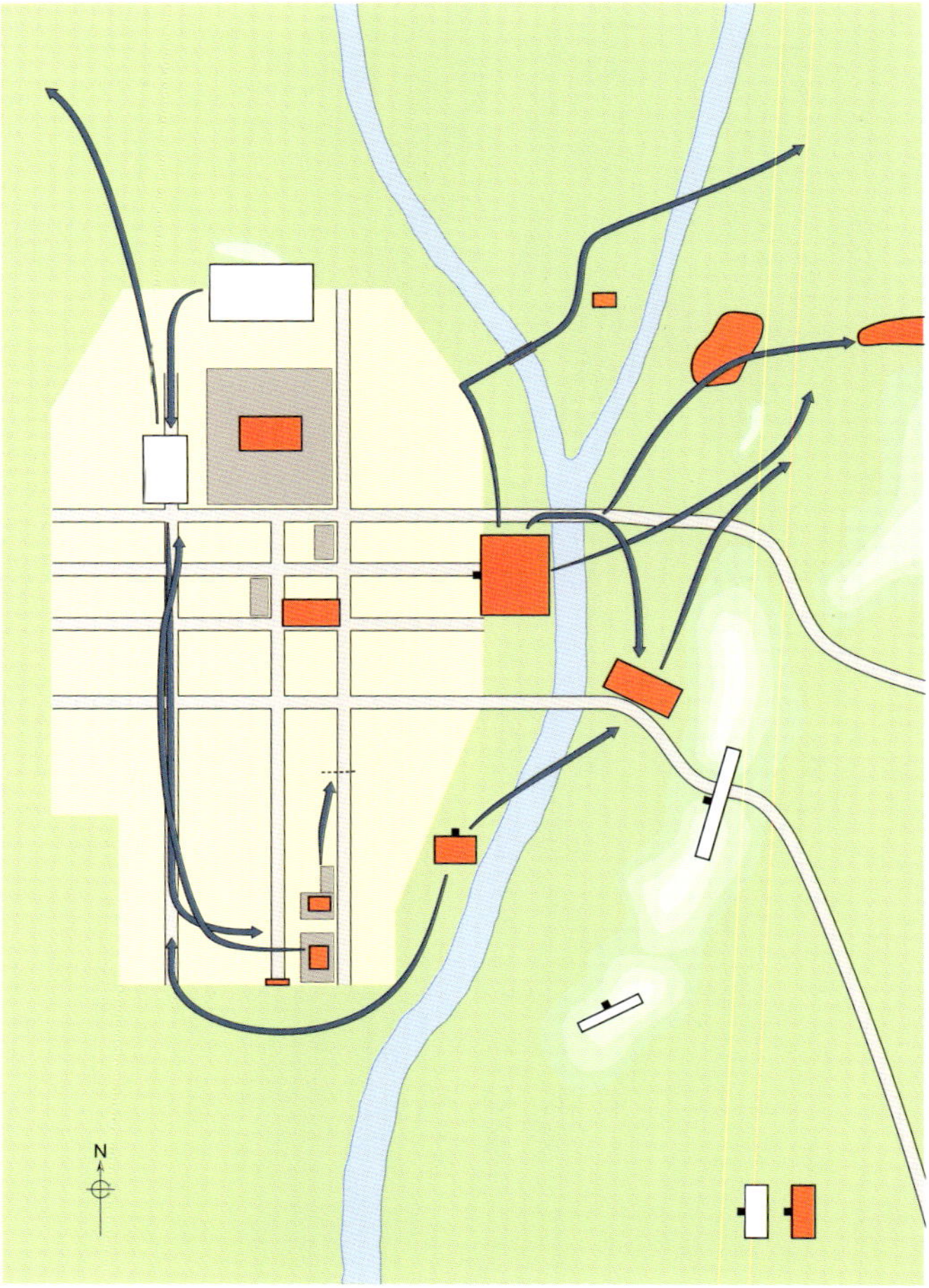

だったかは知るよしもない。しかし、三階建ての建物程度の高さがあれば、戦況を知るにはじゅうぶんだっただろう。足利勢が敵の動きに対応できていたことを考えると、櫓は焼け落ちずに、三日後の戦にも使われたようだ。

新田義貞と名和長年が率いる敵の主力軍は、夜明けに比叡山を下りて迂回《うかい》しつつ西を目指し、内野で手勢の少ない細川軍を軽々と破った後、平行する通りで二手に分かれ、新田義貞は大宮へ、そして名和長年は大宮のすぐ東にある猪熊へ軍を進めた。ここで重要なのは、少弐頼尚《しょうによりひさ》率いる足利勢の予備軍が、東寺に退いたり高師直の加勢に向かったりせず、その場にとどまることを選んだことだ。これが思いがけない効果を生んだ。義貞と長年の軍は、足利軍に囲まれるという不測の事態に脅かされることになった。

本隊と切り離されようとしていることに気づかず、義貞と長年は東寺の東大門へ向かう。そこで義貞は尊氏に一騎打ちを申し込んだが、東大門は閉ざされたままだった。その間、北門から上杉氏が猛烈な反撃に打って出たため、新田軍と名和軍は狭い洛中を逆戻りして、北へ引き上げざるをえなくなる。両軍がすばやく動けたのは、焼け落ちた建物がほとんどなかったからだ。裏を返せば、突進する騎馬武者たちは、家の陰や屋根に潜んだ弓兵の攻撃にさらされやすいということでもある。少弐軍は洛中の狭い道を逃走する名和軍を追った。名和軍は東よりの道を進んでいたが、そこで矢の攻撃にさらされ、多大な犠牲者を出した。

退却、そして敗北

少弐軍の本陣近く、猪熊と三条通が交差する場所で名和長年は討たれた。さらに押小路と猪熊で名和の郎党たちが殺された。小笠原氏のある武将は、名和軍が混乱に陥っていた内野で、自分がどのようにしてひとつの首級をあげ、ひとりの捕虜をとらえたかを記している。さらに西に退いていた義貞も撃退されかけたが、名和軍が矢面にたっている間に、長坂を通って京都の北西にあたる丹波へ逃れた。

いっぽう、散り散りになった兵たちは、本隊が西へ敗走するのを目の当たりにして、法成寺河原から下鴨神社にほど近い糺《ただす》河原に進軍した高師直軍に降った。周辺の丘——たとえば神楽岡から敵を追い払った後、足利勢は有利な展開を推し進め、敵に戦いを仕掛けながら比叡山を上る。そこで何人かの僧侶の首をとったにもかかわらず、足利軍は比叡山延暦寺を焼き討ちすることができなかった。しかも南からの新たな攻撃の噂と、延暦寺の祟りを恐れる気持ちが相まって、軍は退却してしまう。かたや南朝軍は最後の攻撃に打って出るために、鳥羽から東福寺のそばを通って北の六波羅まで前進した。だが、再び敗北し、いったん醍醐寺へ退却してさらに南へ撤退した。足利勢は深追いを避けて比叡山の占拠を解いたが、都から南へ数キロ離れた醍醐寺付近は支配し続けた。

京都合戦が分析に有用なのは、戦の後、武士たちが恩賞を求めて尊氏のところへ詰めかけたからだ。また、東寺も神仏の力を発揮してくれたお礼として、これまでに

1333年、鎌倉幕府を倒した将軍、新田義貞を描いた浮世絵。海岸を伝って鎌倉を攻め入ろうとした新田義貞が、神に太刀を捧げ、潮が引くことを祈る図である。この作戦は成功したが、後に、乗っていた馬が敵の矢に射られて田のなかに倒れ、起き上がろうとした義貞にも矢が当たり、あっけない最期を遂げた。

ないほどの援助を受けている。その後の後醍醐天皇は再び比叡山といくつかの山を占拠したが、あいかわらず足元はあやういままだった。南朝方の残党も中心地の南東にある阿弥陀ヶ峰を占領し続けていたが、一三三六年八月下旬に敗走する。実のところ、六月三十日には早くも南朝軍の撤退の噂が広がっていた。それは戦の五日後に足利尊氏が小笠原貞宗《おがさわらさだむね》に宛てた書状の内容からもうかがえる（右下囲み参照）。文書のなかには、一万からなる兵士の陣形が描写され、捕虜あるいは討ち取った敵の兵士を一〇〇〇〇人とするものもあった。前者の数字はあやしいが、後者の数字は現実味がある。また、醍醐寺からの書状には、富樫高家《とがしたかいえ》が「数十人の俘囚や捕虜」を捕らえたと記されている。東国や西国の武士も戦に参加したので、数千人の兵士がこの争いに巻き込まれたと思われる。

しかし、文書に記された兵士の数はもっと限られている。その戦いぶりがわかるのは、わずか四五人にすぎない。後醍醐天皇側は五人が捕虜になり、四人が死んでいる。戦に勝利した足利側は、四人の死傷者と、負傷がもとで瀕死の兵をふたりだしている。さらに、敵の首や武具を捕ってくる分捕《ぶんどり》と呼ばれる事例が五件あった。京都合戦の総統計を見ると、分捕などのあいまいな件を除けば、言及された全兵士のうち一一パーセントが捕虜になり、一三パーセントが命を落としている。かたや負傷したのはたった四パーセントにすぎなかった。捕虜と死者の割合は、それが決戦と呼べる戦であるかどうかの目安になる。散兵の損耗人員が通

「逆賊の新田は戦にことごとく勝利したが、六月の晦日、我々もまた数千の敵を捕虜とし、あるいは討ち取った。そのなかには（名和）長年もいた。かたや、比叡山の軍勢も弱まっていた。朝方、大半が逃走し、あるいは降伏した。義貞が東に逃れるという噂を聞いたので、東から近づいてくる軍は近江でとどまらせて敵の船や食料の供給を阻止するべきである。そして逃走する敵を一掃するのだ。これを都へ通じる道のいたるところに知らせるように」

京都市南区にある東寺。1336年、足利氏は自らが奉じた上皇とともに、ここへ本陣を敷いた。6月30日の戦で、新田義貞は作法に乗っ取り東門において足利尊氏へ一騎打ちを申し出る。だが尊氏はこれを無視した。代わりに尊氏の忠臣が東寺の北門から討って出て、義貞軍をしたたかに打ち負かす。写真に見られる門は「不開門（あかずのもん）」として知られている。

常よりかなり多くなるのが散兵戦の典型ではあるが、死亡率はどちらかというと低いままだった。

足利氏に加勢して名和長年と戦った一八人の武士の戦いぶりもわかっている。そのうちのひとりは負傷したが、他は無傷だった。彼らは三二人の敵を捕虜とし、ふたりの首を捕ってさらにひとりを殺した。それとは対称的に、名和長年側、ひいては新田義貞側の敗戦の規模を示す記録は残っていない。

南朝方が占拠し続けた阿弥陀ヶ峰には、両軍の記録が現存している。南で戦った足利勢一五人のうち三人が討ち死にした。文献では捕虜はひとりしか確認がとれていないので、北で戦った仲間に比べると、それほど戦果はあげられなかったようだ。

この戦は主に馬上で行われ、武器はもっぱら弓矢が使われた。一番駆けを争う武士もいれば、一日ではるか遠くから馬を走らせてやってくる武士もいた。たとえば法成寺で戦い、その後比叡山へ向かって一晩の守備にあたった者、また法成寺の東にある今熊野で戦った豊島家秀《としまいえひで》は、南の醍醐寺（都の中心地から南東）へ進み、そこで「かねてよりの怨敵数万人と戦い、矢尽き、とうとう刀で打ち合い、あまたの敵の首を討ち取った」という。九州豊後国出身で小弐軍に従軍した田原直貞《たはらなおさだ》は、この戦の性質をよく伝えている。法成寺から西にある吉田の河川敷で、彼の息子が「攻撃を指揮し、敵をひとり射落とし」て、さらに追跡を続けた。その間に、彼の郎党が後に続いて倒された不運な敵の首を掻いたという。

戦が終わって

一三三六年六月の晦日に迎えた決戦は、騎馬武者には不向きな地形での戦いだった。首尾よく足利軍が都を支配し、決定的な勝利が確実視されはじめると、及び腰だった多くの武士たちは足利氏の大儀に再びなびいた。なかには名和軍のように、猪熊小路を追われた際に多くの死傷者を出し、武将を失っ

足利尊氏の執事、高師直は不当にも後に悪役として描かれた。ここにあるのは、18 世紀の歌舞伎『仮名手本忠臣蔵』をもとにした浮世絵。高師直が登場するのは時代錯誤である。

鴨川から見渡す比叡山。ここに延暦寺がある。1336 年の合戦で騎馬武者は広くて浅い川床を進んだ。そこは馬が走るのにじゅうぶんな広さがあった。京都の狭い通りは野伏に向いていた。屋根の上から敵の騎馬武者に向けて矢を射ることができるからだ。

た隊もあった。新田義貞が生き残っていたことと、後醍醐軍が阿弥陀ヶ峰を固く守り続けたことが、その後も都を脅かした。一か月後に敵の大軍が押し寄せて退却せざるをえなくなったときでも、後醍醐軍は粛々と、隊を乱すことなく退却した。どちらかといえば捕虜や死者の数が多かったが、全軍が包囲され壊滅に追いやられるような戦――たとえば北畠《きたばたけ》顕家《あきいえ》（一三一八―一三三八）の軍勢七〇〇〇人が戦死した一三三八年の青野原《あおのがはら》の戦いのような戦ほどではなかった。後醍醐天皇軍は山々を南へ逃れ、一三三八年の新田義貞の死をなんとか乗り越えて権力にしがみつき、一三九二年、ついに足利勢に屈した。だが、一三三六年六月三十日にはすでに足利氏の覇権が決まっていた。戦術のことをいえば、この戦に特別目新しい点はない。そのかわり騎馬武者が戦場でかなりの距離を駆けることができ、馬上で粘り強く戦えることがわかった。ときには市街戦に苦しむこともあったが、たいていは機動力を発揮して重大な犠牲を避けていたこともわかった。その成功例が河原を守っていた高師直軍だった。彼らは機動性を利用して反撃に転じた。戦というのは敵を出し抜けるかどうかが問題だ。そして敵が調子にのって前に出すぎたり、敵の馬が疲弊したりすれば、すかさず大々的な反撃にうつることができた。ときに兵がまとめられ、戦略上の重要な地点に送り込まれる場面が多々あったのは、櫓に配備された少弐軍の予備隊が戦況を把握できていたからだ。この戦で多大な死者がでたが、壊滅的とまではいかなかった。武士たちは慎重に、そして勝つために戦った。それは人類学的な史料にばかり目をむけた一部の歴史家たちが指摘するような、女性にアピールしたり芝居がかったりしているような戦いぶりではなかった。

十四世紀には武具は改良されたが戦術にはそれほどの変化はなかった。一三三六年の戦はそれまでに比べて規模が大きいだけで、基本的には十二世紀の散兵戦となんら変わりはない。その後内乱が六〇年近くにもおよんだため、兵站や組織戦の改良が必要となり、それに応じて軍はより結束していった。同志として訓練を重ねることで、新しい戦術を生み出せた。足利氏が都で勝利をおさめてから一三一年後、戦い方は新しくなり、軽武装の槍兵が活躍して騎馬武者は戦場の主役の座から転落した。騎馬武者の機動力を生かした戦術は一四六七年を境に、防衛を主とした戦術に移行する。ここからは槍兵に注目し、新しい戦の様式を調べていく。

槍兵は1467年以降、特に日本の兵力の大黒柱であった。シェイクスピアの『リア王』を題材にした黒澤明監督の映画『乱』のこの場面にもその重要性があらわれている。

第三章

槍兵

十五世紀半ばを過ぎると槍兵が兵力の中心となっていったが、そこにいたるまでには時間がかかった。槍という新たな武器の登場によって戦場の様相が一変しても、それだけでは戦術の革新は起こらないからだ。過去の経験や習慣が戦法の転換の妨げとなり、変化が芽生えてから新しい方法で戦えるようになるのに数年、ときには十数年かかることもある。

前述の一例がフランス軍だ。機関銃の前身であるミトレイユーズ砲を有していたものの、一八七〇—七一年の普仏戦争では使いこなせずに惨敗を喫した。槍兵もまた、その力を発揮できるまでには何世紀もの歳月がかかった。まず兵站と組織力が改善すると十五世紀に常備軍ができた。そうなると兵はまとまって訓練をするようになり、やがて隊形を組んで槍を使えるようになっていった。この変化がもたらした影響について、槍の使用、統率力の改善、銃砲の導入に焦点をあて、それぞれ考察する。

槍は多くの点で、最も大切な戦術の変化を示している。槍が使われ出したことでいわゆる「密集隊形」が台頭し、白兵戦で結束して武器を使うようになったからだ。こうした行動は拡散して戦っていた十四世紀にはあまり目立たず、騎馬武者の部隊が中心の戦闘隊形となっていた。歴史家は密集隊形が銃によってもたらされたと考える傾向にあるが、実際は銃が広まるかなり前からこうした戦術が優勢になっていた。

槍や矛は何世紀も前から日本に存在していたし、アジア大陸でも特に中国で用いられていたが、好まれてはいなかった。また目につくようになるのは十四世紀になってからだ。菊池槍は一三三五年の箱根・竹ノ下の戦いの際に武士がつくった槍で、竹の棒に小刀をはめこんでつくられている。実は似たような武器が十三世紀からも使われていた。一・五メートルほどの長さの棒に小刀をはめたもので、『蒙古襲来絵詞』に初期のものが描かれている。効果的で値の張る装備を持てない兵はこうした武器に頼っていたと思われる。しかしそれほど殺傷能力は高くなく、十四世紀には死傷者数は一五例が記録されているのみだ。初期の槍はむしろ貧乏人の薙刀がわりとして使われ、それほど有効な武器ではなかった。

槍がもっと手ごわい存在になったのは、白兵戦で多人数が持って戦うようになってからである。槍で突き立った壁をつくると騎馬部隊では破ることができなかった。こうした軍を持つには武将にじゅうぶんな資金があり、野戦で軍を維持する物資を安定的に供給する必要があった。そうすれば隊形を組んで行軍したり揃って槍を動かせるように訓練できる。
組織力と兵站力が高まると、槍兵の部隊が立ち上がって騎馬の軍を打ち負かす可能性が生まれた。しかし最低限の鎧をつけただけで槍を振るう兵がその潜在能力を発揮できるようになるのは、目のきく武将が彼らなら戦場で騎馬部隊を打ち負かせると気づいてからのことである。

十五世紀になると、白兵戦のあり方に驚くべき変化がはっきりとあらわれる。一般的なイメージと違い、一四六七年以降、武士の魂といわれる刀はほとんど使われなくなった。十四世紀の白兵戦での刀傷は（すべての戦とは対照的に）全体の九二パーセントだったのに対し、一四六七年以後はわずか二〇パーセントであった。槍傷は十四世紀には二パーセントだったが、一四六七年から一六〇〇年にかけては八〇パーセントとなった。この傾向は次第に強まり、一四六七―七七年の投射兵器以外で生じた負傷の七四パーセント（一九人中一四人）、一六〇〇年にはそれが九八パーセント（七六八人中七五人）に達した。しかし、槍がこれほどよく使われるようになっても、武将が槍兵の部隊と遭遇すると「太刀打ち」など

15世紀の武士と家臣。位の高い武士は依然として馬上で戦をしていたが、以前より大人数の軍勢を率い、大勢の歩兵に囲まれていたことがわかる。

足軽（16 世紀）

槍が日本の武士団の主流になるにつれどんどん長さも増し、5.5 メートルほどの槍も一般的になった。この絵の武士は 16 世紀の当世具足をつけて長い槍を持っている。織田信長は槍の長さを 8.2 メートルにまで伸ばし、結果的に戦場で歩兵はたいへん有利になった。左下のシルエットは視覚的にその長さをあらわしたものである。見た目は不格好だが、騎馬兵に対しては非常に効果的だった。

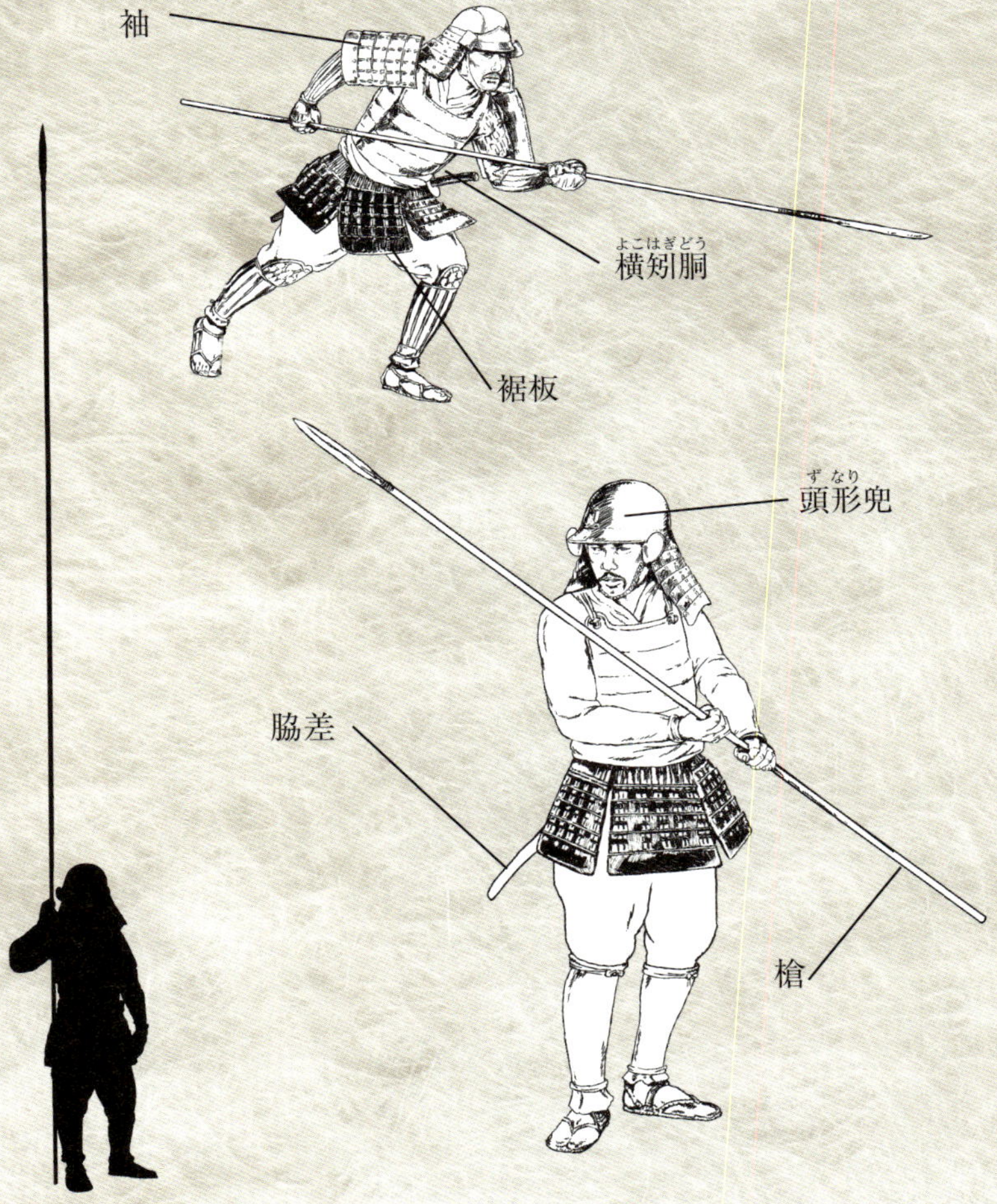

と表現された。戦場ではめったに使われなくなっていても、刀は文化的、言語的に重要な存在だったことを示している。

武士団の進化

一四六七年には、槍兵は十五世紀の武士団における最大勢力となっていた。槍兵の重要性は戦闘部隊のさらなる結束と、武士団組織の進化を浮き彫りにしている。部隊は互いに訓練し、ともに戦いの場で生き残る能力を持つようになった。常備軍と考えられる組織の確立によって戦いのパターンに大きな変化が起き、敵の騎馬武者に対して槍を持った歩兵が応戦する隊形が好まれるようになった。

　東国で見つかった十五世紀初頭の軍忠状によれば、武士はひとつの地域から集められるようになり、結束した部隊としてともに戦った。一四一七―一八年にかけ、武蔵国の武士が「白旗一揆」や「南一揆」を結成したが、血縁よりどこの生まれ

19 世紀に描かれたこの絵では、棒を使った訓練を続けて戦っていた様子がわかる。乱戦になると棒が長いほど有利だったことも見てとれる。

十文字槍、十字の外観から名がついた。刃がふたつ両側に突き出ていて、敵の武器をさえぎり、脇にも切りつけられるようにつくられている。この型の槍は江戸時代にたいへん人気があったが、戦ではあまり用いられなかった。

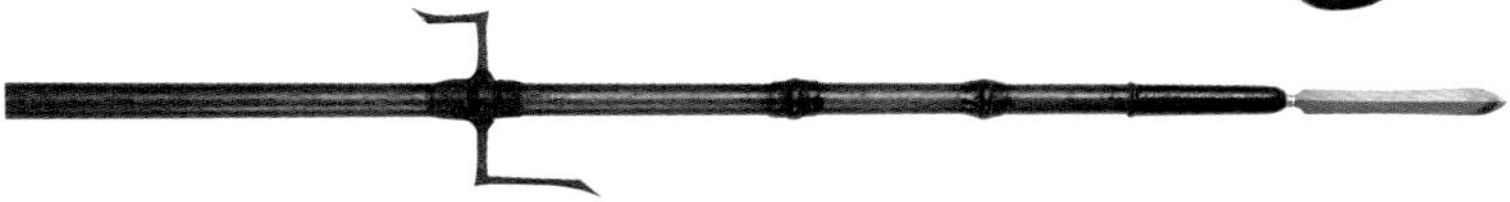

鉤槍（鍵槍とも）は 16 世紀に好んで使われた。史料によると、1615 年の大坂夏の陣で使われた槍は 80-90 パーセントがこの型だった。刺すための刃に加え、敵の槍をとらえる鉤が 1、2 本ついていた。鉤の部分は手元寄りについていたので、鎌槍より効果的に使いこなすことが可能だった。

かという地理的起源の方が大事にされた。また、「白旗一揆」はその名のとおり武士たちが白い布に名前や共通のしるしを描いた旗を持っていたことを物語っている。こうした旗の現存する最古の例が大山祇神社に見られる。ちなみに、白旗といっても降参という意味はなく、武家の多くの先祖である源氏一族に由来のある一揆であった。十五世紀中頃には、武士団はさらに地理的な基盤によって組織されていたようだ。武蔵、上野、信濃国の武士団は一四二三年にはまとまった軍として戦い、一四四〇年までには大将たちがひとつの地域から集めた兵を指揮するのが一般的となった。一三三六年の戦のように、兵を異なる地域から寄せ集めてさまざまな武将のもとで戦ったのと大違いである。

現存する記録からみると、戦術的な変化は一四五〇年までは起こらなかったと考えられる。戦い方は十四世紀のやり方と変わらず、相手を矢で射て、刀で打ち倒し、敵方に進攻していった。記録では十五世紀の馬の負傷はすべて刀が原因で、十四世紀後半と同じ傾向にある。馬は以前と同様に刀で切られており、つまり騎馬兵は十四世紀と変わらず歩兵の陣形へ突進していたことになる。

この時期に関して絵で残っている唯一の記録は『結城合戦絵詞』である。鎧には脛当が加わった程度で、それ以外は以前の型と見分けがつかない。武士は寺を守っているが、弓と刀、馬を頼みにしている点では十三、十四世紀と同じだ。室町幕府六代将軍の足利義教が奉納した一四三三年作の『神功皇后縁起《じんぐうこうごうえんぎ》』でも、鎧や戦の技術で重要な変化はなかったことがわかる。

十五世紀中頃になると、武士団組織の進化は実戦上でも大きな変化につながっていった。武士団はさらに結束を深め、野営地への到着を報告する着到状は不要になった。また、武将が自分の隊の動きを把握するようになったため、恩賞申請の軍忠状の提出で従軍先を列挙しなくともよくなった。武士団組織の変化によっ

棒状武器

槍の大半はかなり素朴な刃を長い木や竹の棒につけたものだった。より手のこんだつくりの槍には敵の刃をとらえるための鉤がついていて、横に突くときにも便利だった。その結果、槍兵が相手に傷を負わせる確率も高まった。鎌槍は切りつけて刺すことができ、十文字槍は平和な江戸時代に最も人気が出た。

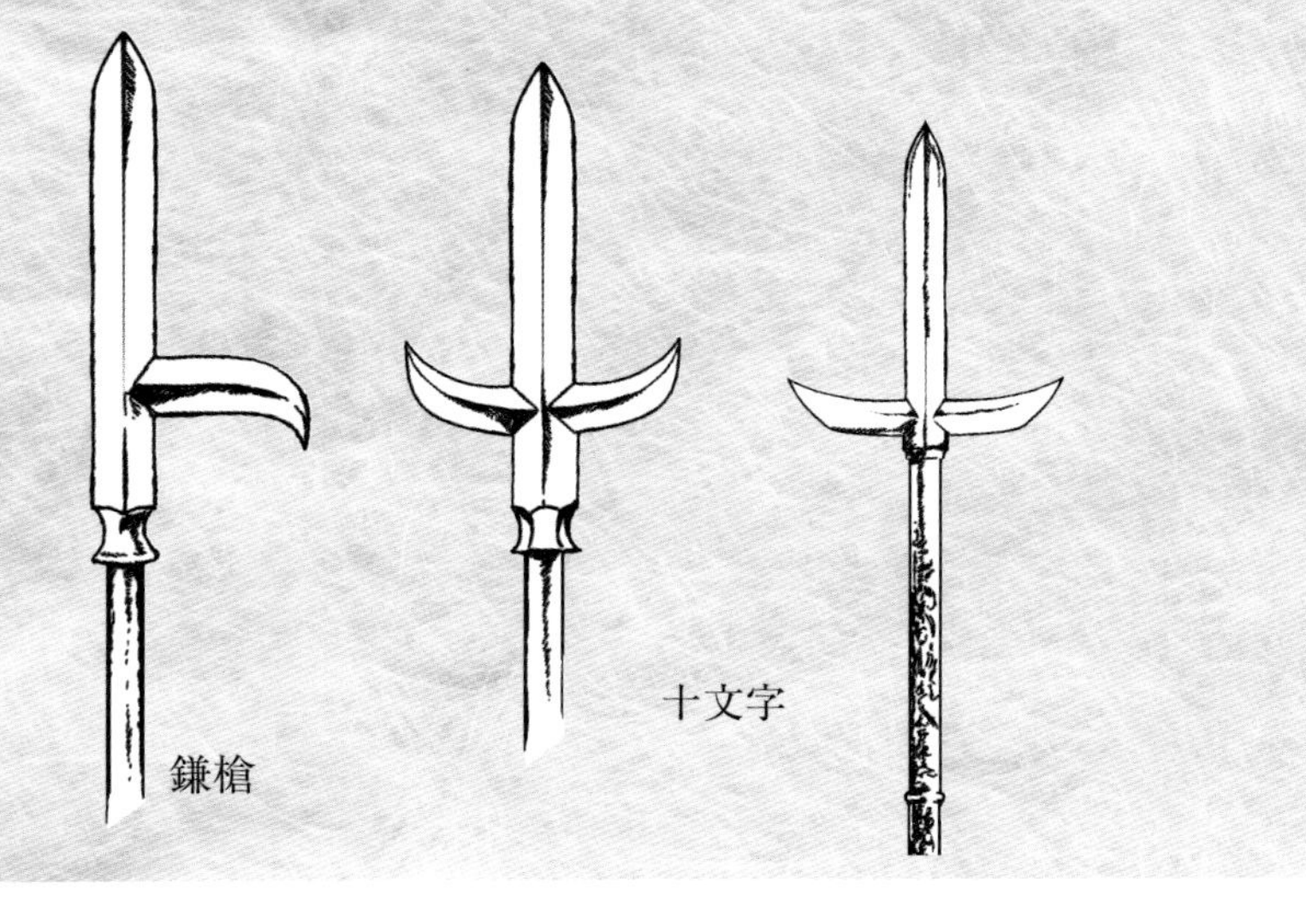

て、以前は武士たちの動きを詳しく報告していたのが、単なる負傷者の名簿に変わった。大部隊が標準になり、武将が部隊の位置も把握していたから、戦の場所を説明する必要もなくなった。この違いのよい例として現存する十四世紀の文書では、総計八六三四人中、戦での負傷人数は七二一人のみである。後の名簿で現存しているものはさらに少なく九四文書しかないが、負傷数は一二八人の記載があり、これは初期の記録で見つかった全負傷数より六七パーセント多い。武士団はさらに結束を強め、大規模になっていった。

軍船

『神功皇后縁起』によると、15 世紀の日本人は軍船を製造する能力があったようだ。軍船というのは敵の船を矢で攻撃する場を備えた大型の船である。こうした帆船は 13 世紀の蒙古襲来で使われた船から大きく改良されていた。『蒙古襲来絵詞』によれば、守りについた日本軍はあまり航海向きでない原始的な小舟に頼るしかなかったという。後につくられた船はもっと大型になり、船首と船尾に射手のための櫓を設け、側面には射手が立つ場所があった。特に機動力のある船というわけではなく、多くの射手を乗せ、武士たちが島などに上陸するのに使われた。西日本の有力大名の大内氏が 1467 年に味方をすぐ増強できたのもこうした船の存在で説明がつく。ほかの文書でも軍の物資が船で送られたという記録がある。ほかの記録からも、地上と船上での戦をあまり区別していなかったことがわかる。そういう意味では、船と馬はおおむね射手が移動しながら矢を射られる台のように考えられていた。

この場面では、日本軍の小舟（右下）と中国から来た蒙古の軍船との大きさの違いが見てとれる。小舟の武士は手に持った槍らしきものを使って敵の船をとらえようとしている。これは槍が描かれた最古の絵のひとつとされているが、保存状況が悪かったため、実は槍ではなく鉤や熊手の絵だった可能性もある。

軍隊の兵站

室町幕府初代将軍の足利尊氏は、一三五二年にひときわ困難な時期を迎えた。それは弟の直義《ただよし》と息子の直冬《ただふゆ》との熾烈な抗争によるものだった。この事態を打破し、また有力な武士を味方につけるために彼は半済令《はんぜいれい》を出し、激戦地だった八か国で年貢の半分を守護が徴収できることとした。半済のおかげで守護に任命された者は年貢の半分を兵糧に使えるようになる。次第にこの課税は強化され、守護に対抗できないと気づいた多くの武士が守護代になったり、それ以外でも守護の組織に仕える方を選んだ。やがて、守護の下に入れば自治集団のままでいるよりも身を立てられるようになった。

　半済は守護にとって相当量の物資を集めるのに好都合だった。七五五人の労働者を駆り出して城を築かせた守護や、支配力に

この 1615 年の大坂城陥落の模様を描いた屏風絵では、槍兵が軍の大黒柱となって両軍が戦った様子がわかる。槍兵が効果的な攻撃をするには、白兵戦ができて足並みを揃えて戦えるように訓練する必要があった。鎌槍よりもかなり簡素な槍が多く使われていた点にも注目。

足軽 (1470)

1470 年の都での激戦では、足軽は寺や家から木材を略奪し、盾や井楼（せいろう）やその他戦で役に立つものをつくるために使った。この絵の足軽は簡素な胴丸を着て、当時の典型的な槍を持ち、盗んだか戦場で拾ったかした若干いたんだ旧式の兜をつけている。武家に特別な所縁のない男子にも守護が動員する大規模な軍に入れる可能性があり、そして戦で特別な働きを見せた者には出世のチャンスを手に入れることができた。

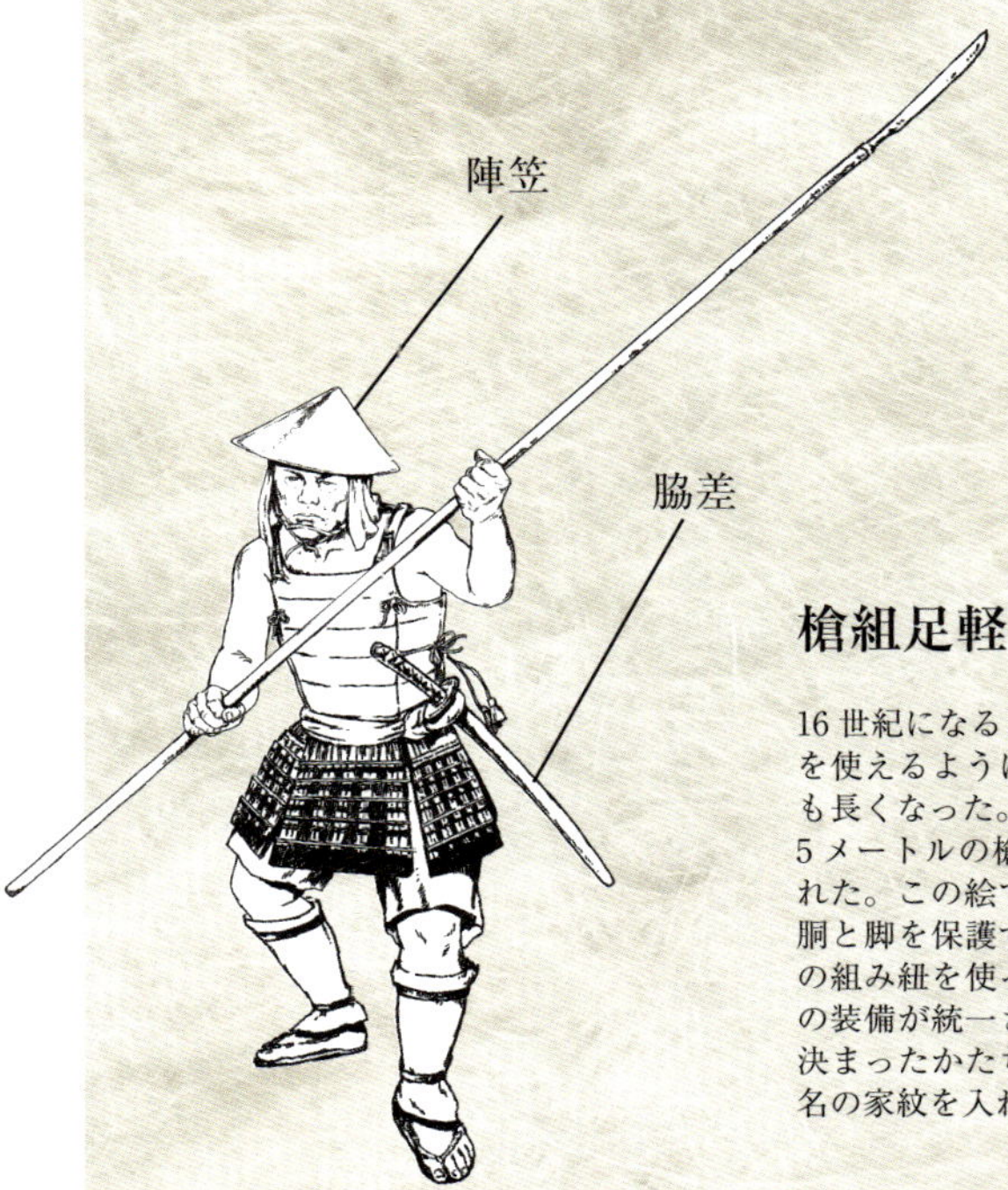

槍組足軽 (1550)

16 世紀になると、武将は戦でより効果的に槍を使えるようになった。これにともない、槍も長くなった。16 世紀中頃には槍兵はおよそ 5 メートルの槍を使ったが、短い槍も用いられた。この絵では簡素な陣笠をかぶり、横矧胴と脚を保護する裾板を組み合わせ、最低限の組み紐を使った胴丸を身につけている。軍の装備が統一されてくると、槍兵は簡素でも決まったかたちの鎧をつけるようになり、大名の家紋を入れることも多かった。

足軽の装備（16 世紀）

応仁・文明の乱の後、武士団の規模は大きくなって多数の者が加わった。こうした槍兵は主に足軽と呼ばれ、基本的に所持品は質素だった。旗や大名家の旗印で見分けがつきやすく、簡素な刀と槍を持っていた。鎧は以前のものよりずいぶん簡略化されている。胴丸の部分が漆塗りの和紙（！）製のものもあった。

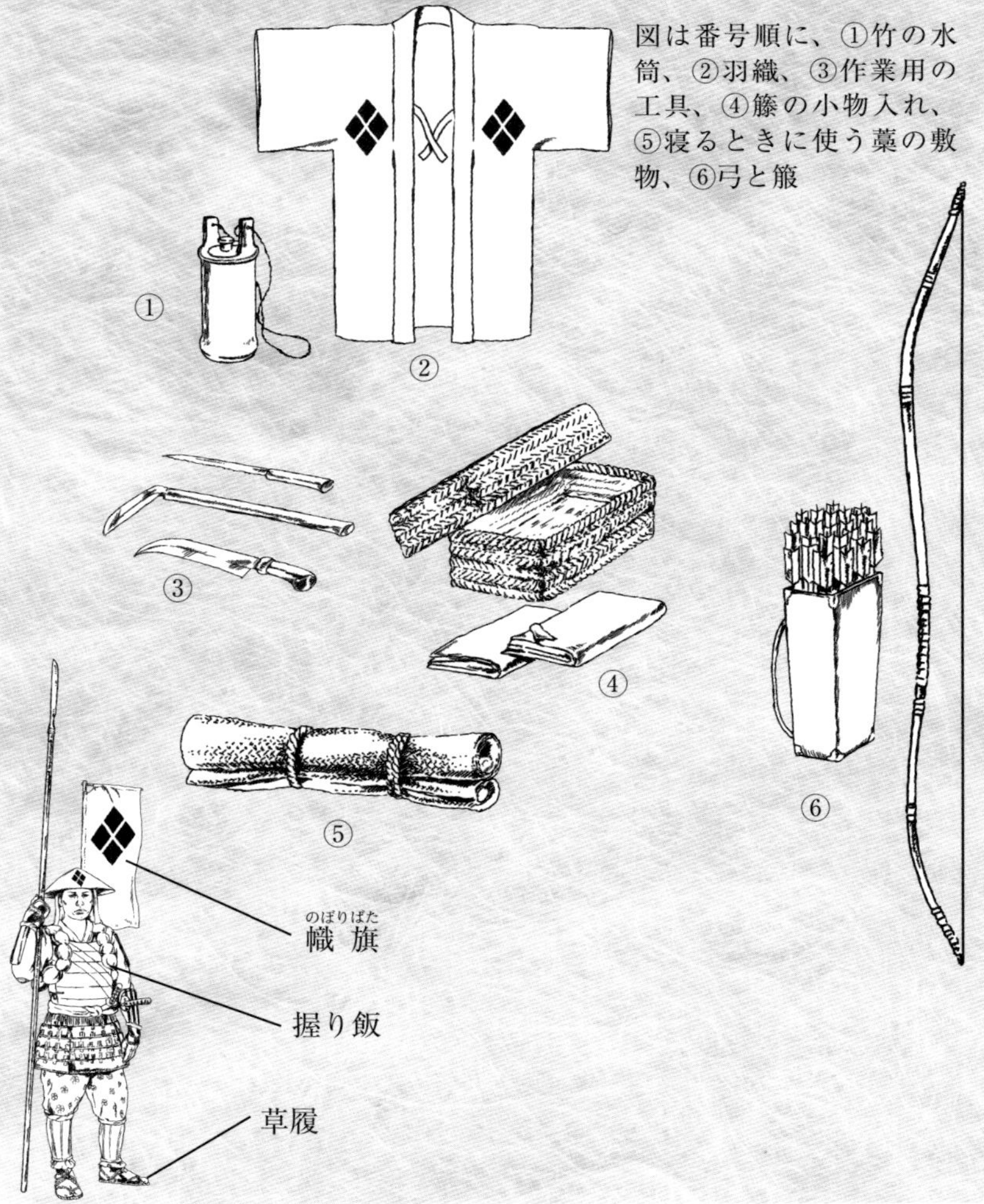

図は番号順に、①竹の水筒、②羽織、③作業用の工具、④籐の小物入れ、⑤寝るときに使う藁の敷物、⑥弓と箙

15世紀の守護大名は税の取り立てがうまかった。ここには年貢米を都に運ぶ模様が描かれている。軍に供給するのにも非常に都合がよく、1467年に戦が始まってからも武将たちは大軍勢を10年にわたって都で維持できた。両軍とも敵方の補給路を阻止しようとしたが、うまくいかなかった。

ものをいわせて鍛冶屋や職人を集める守護もいた。しかし、守護が領国で最も有力な武士の自治を破るのには時間がかかった。一例をあげれば、丹波国の守護だった細川家は国で最有力の武家、中沢氏に対してしきりに圧力をかけた。一四三五年、細川氏は租税の幾分かを倍に引き上げたが、中沢氏はしぶしぶ一部を承諾しただけで命令を聞かず、一四四五年になっても争っていた土地を手放さなかった。

とはいえ、世代交代のなかで彼らも自治を断念して守護に協力するようになり、一四八二年に大山荘の代官となったが、土地の租税はすべてわがものにして守護にうながされたことしかやらなかった。守護は領地を厳しく管理して武士を結束した軍事力にまとめ、訓練を行えるように、そしてなにより無期限で動員できるようにした。戦略に変革が起こり、槍がにわかに騎馬隊を負かすことになった背景にはこのような変化があったのだ。

畠山氏は守護であり三管領に名を連ねる高位の一族だったが、数か国の守護の座や管領など家督の継承をめぐる内紛に見舞われた。賄賂のために足利将軍家の判断も相反するものとなり、争いは激化してそれぞれ自分の側を正当化しようとするばかりだった。ついには畠山義就《はたけやまよしなり》（一四三七—九〇）が従弟の畠山弥三郎《やさぶろう》（？—一四五九）と家督の継承をかけ一四五四—五五年に戦った。当初、将軍は義就を支持し、弥三郎は都の南の河内国と紀伊国の支持者や、大和国の筒井《つつい》氏といった身近な武士団を頼るしかなかった。援軍がほとんどないに等しい状態だったにもかかわらず弥三郎は戦った。この戦では「槍の交戦で殺された」武士もあったという話がある。戦を伝えるこの表現は意義深い。主に紀伊国の山あいで行われたこの戦で槍が使われたことを示し、戦略の変化がうかがえるからだ。

　めざましい勝利によって弥三郎は将軍から赦免された。弥三郎に軍事の才があるにしろ、あいにく記録や文書をほとんど残さないまま、各地で戦乱が勃発する前の

槍の訓練

紀伊国の山中で、畠山氏はまず槍兵部隊として戦う訓練を行った。その新しい手法は応仁・文明の乱に大きく影響を与え、戦術的な膠着状態を招いた。戦場を支配するのはもはや弓を持った騎馬武者ではなくなった。決着がつかないまま応仁・文明の乱が終わると、武将たちは槍兵たちの訓練に励むようになった。この絵は16世紀中頃の訓練場面を描いたものである。

一四五九年に亡くなった。それでも彼のもたらした変化は画期的だった。河内国や紀伊国の武士は戦場で一丸となり、さして元手のかからない、すぐに壊れるような武器をうまく使って敵の騎馬兵に近づき、相手の士気を下げることができたのである。

畠山氏の内紛は悪化し、将軍足利義政《よしまさ》（一四三六―九〇）に誤って枯れた木を献上してしまってからは義就の運も傾き、代わって弥三郎の弟で跡を継いだ政長《まさなが》（一四四二―九三）が政権の支持を得た。義政は一四六〇年に義就を討伐する綸旨《りんじ》まで要請した。一四六二年には幕府軍による七回の攻撃を持ちこたえた義就だったが、ついに翌一四六三年に紀伊国へ逃れた。政長は義就の討伐に失敗して都に戻り、義就は赦免さ

応仁・文明の乱で破壊されるまで、京都は朝廷、足利将軍職と国内の富の大半が集まる場所だった。京都には金貸しが多く、鍛冶屋と鎧の職人も多かった。この屏風絵では京都の活気ある風景がはっきり見てとれる。

れた。その後も政長と義就は何度も戦を繰り返したが、勝敗はつかなかった。畠山軍は双方ともに、戦の新しい形の先駆者であり、また畠山氏の家督争いはその後の大乱にもつながった。乱は一〇年間続き、都は破壊され、戦乱の世の走りとなった。

彼らのかかわりと、変化の特徴を理解するには応仁・文明の乱の話に進むべきだろう。

応仁・文明の乱
（一四六七―七七）

組織や制度の力が強いと安定を失うことがある。それは特定の職の影響力が強まり、そうなるとさらに価値あるものとなり、その座をめぐって争いが起こるからだ。

槍と盾

槍兵は土地を物理的に占領し、壕や土塁などの砦で守るのに適役だった。この絵のように板の盾の後ろに身を隠したりもした。騎馬武者はこれに立ち向かおうとはしなかったが、応仁・文明の乱では敵軍が火のついた矢や投射物を放ち、槍を持った足軽たちを退却させようとした。

一三五二年以降、年貢の半分を手に入れられるようになって守護職への人気が高まった。守護はひとりずつしか任命されなかったため、競争も激しくなった。

収入が増え、一族の組織が拡大し、郎党たちを抱えるようになると、守護の候補者たちの間にはいつも必ず派閥ができ、それが内部抗争を招いた。畠山氏は一族内での憎みあいも戦術の腕もいちばんだった。戦好きな面と同じくらい、妥協ができないという生来の気性も持ち合わせていた。ついに意志の弱い八代将軍足利義政は畠山氏の家督相続争いの決着をあきらめ、当事者同士で勝負するよう裁定をくだし、政長と義就は御《ご》霊《りょう》神社（上御霊社）の森で戦うこととなった。この戦いで勝利し

ふたりの足軽のうち、ひとりは敵の首を持っている。ふたりとも脇差と槍をたずさえ、首には食糧の握り飯を下げている。

たのは義就だった。そこへ第三者は干渉しないという合意を破り、管領細川勝元《ほそかわかつもと》（一四三〇―七三）が政長の援護をした。これに特に義就に近かった者たちが反発し、誓いを破った勝元を攻撃しようという動きが起こった。勝元は足利政権の最有力者であり、自分自身大きな支持基盤を持っていたからである。守護は都に屋敷を持ちそれぞれ防御を固めており、人員や物資を国から安定して供給するためには守護の管理力がものをいった。

勝元は抜かりなく準備をすすめ、一四六七年五月二十六日に一色義直《いっしきよしなお》の住居を焼き払い、戦が始まった。義直の屋敷は格好の攻撃対象だった。都の東で反細川方に属し、かつ将軍と接触できる屋敷はそこだけだったのだ。これを受けて山名《やまな》氏率いる反細川方は西にある細川氏の屋敷を破壊し、応仁・文明の乱が本格化した。両軍は都をめぐって争った。都では守護の屋敷の守りが固められ、都落ちした軍は朝敵とされるのを恐れた。それは正当性を失い、究極には支援がなくなることも意味した。たちまち両軍は膠着状態に陥った。

決定的な勝敗がなかったことで、足利義政は乱をただ私的な争いとみなし、争いの大部分には頓着せず文化的な趣味の方に関心を向け、最終的には東山文化の代表である銀閣寺の造営に没頭した。

戦の最初の二日間で両軍は都をあらかた焼き払い、馬が移動できる広い場所をつくろうとした。防御できない位置にあった守護の屋敷はすべて破壊されるか見捨てられ、「東軍」の細川方と「西軍」の山名方はそれぞれ守護の屋敷を三軒失い、大きな寺も七軒、そして数え切れないほどの住宅が失われた。細川氏は室町殿と内裏も含めた都の北東四分の一をなんとか支配下に置いた。山名宗全《そうぜん》（一四〇四―七三）にこれに対して援軍を呼び、住人の少ない北西の地域を打ち破って都での立場を強化した。一四六七年六月二十五日にはさらに守護の屋敷三軒と貴族の家二軒が焼かれた。都の大半が焼けてしまうと、両軍は物資の補給路の管理に苦しんだ。都の南西での大規模な軍事行動の間に、西軍は南禅寺山の東軍を負かしてその動きを抑えた。大内政弘《おおうちまさひろ》（一四四六―九五）は八月に瀬戸内海経由で大軍を率いて西軍に加勢した。西軍は力を強め、南西

槍対刀

槍の一撃。槍の最大の利点は他の打撃武器よりかなり離れた場所から相手を殺せることにあった。刀を持った侍が槍兵の部隊に出会うと、手も足も出ず死ぬしかなかった。この絵は、侍が槍兵に攻められまさに殺されようとしているところである。

にあった三宝院を九月十三日に焼き打ちにし、細川氏の都への補給路をまたひとつ絶った。

史料によると、早くも九月十三日には槍が広く使われており、吉川氏の六人が槍で刺され、さらに四人が十月二日と三日に槍傷を負っている。吉川《よしかわ》氏はひとりが刀で切られ、五人が投石を受け、八人が矢傷を負っていたのですべての負傷が槍によるものではなかったが、槍傷の増加は大きな変化を示している。このときの槍傷の数は前世紀に起こった戦での槍傷の数とほぼ同じだった。戦術の変化の兆候が他にも出てきていたにもかかわらず、西軍の武士はまだ東軍を破り、都の全域を占領できると信じていた。

西軍は意気高く、今度は力の弱まった東軍を壊滅することを目的に大攻撃を始めた。都での攻撃を見あわせていた西軍の武将たちは、自軍の騎馬武者たちが丸一日かかるだろうと考えた。そこで十月三日に都の中心部にある相国寺《しょうこくじ》を焼き払い、騎馬隊が移動できるようになったが、彼らは細川氏方の畠山政長軍によって決定的に負かされた。

『応仁記《おうにんき》』によると、政長の軍は焼け野原になった相国寺の土地にいた六角《ろっかく》氏の騎馬部隊を突如として打ち破ったという。二〇〇〇とされる政長の部隊が六〇〇〇―七〇〇〇人というかなり大きな騎馬部隊を攻撃した。政長は自分の手腕に自信があり、「一〇〇万の軍でも打ち負か

す」と豪語し、軍勢は盾を構え密集隊形で進んだ。六角氏の騎馬部隊に迫ると政長の槍兵たちは一気に突進し、馬はこのような槍兵部隊に持ちこたえられず六七人の騎馬武者が殺され、残りは逃げ落ちた。しかし畠山義就率いる手ごわい槍兵の軍勢が寺に近づいたため、政長はそれ以上追うことはできず退却を余儀なくされた。そして軍は相国寺から撤退した。

槍兵の軍が優勢になると攻めの戦術から守りの戦術に転じる。土地を物理的に占領する能力と同様、機動性も問題ではなくなった。東軍は一四六八年初頭に巨大な壕を掘りはじめ、西軍もすぐそれに従った。なかには深さ三メートル幅六メートルにわたる

1184年の一ノ谷の戦いを描いた6枚折りの屏風絵。17世紀の作。絵にあるのは時代遅れの感がある、どことなく京都を思わせる小さな町だ。甲冑の形式は12世紀以降の時代の特徴が出ている。

応仁・文明の乱　都をめぐる戦い（1467）

1467年5月26日の攻守の衝突。応仁・文明の乱は始まってまもなく膠着状態に陥った。この図では、東西両軍の攻撃を白、守りを黒で示している。東軍は北と東から西軍を攻めたが撃退され、反対に西軍は南で東軍の援軍を攻撃した。西軍の守勢は抵抗し、やがて西軍の援兵が到着して西軍は都の南4分の1を制することができた。

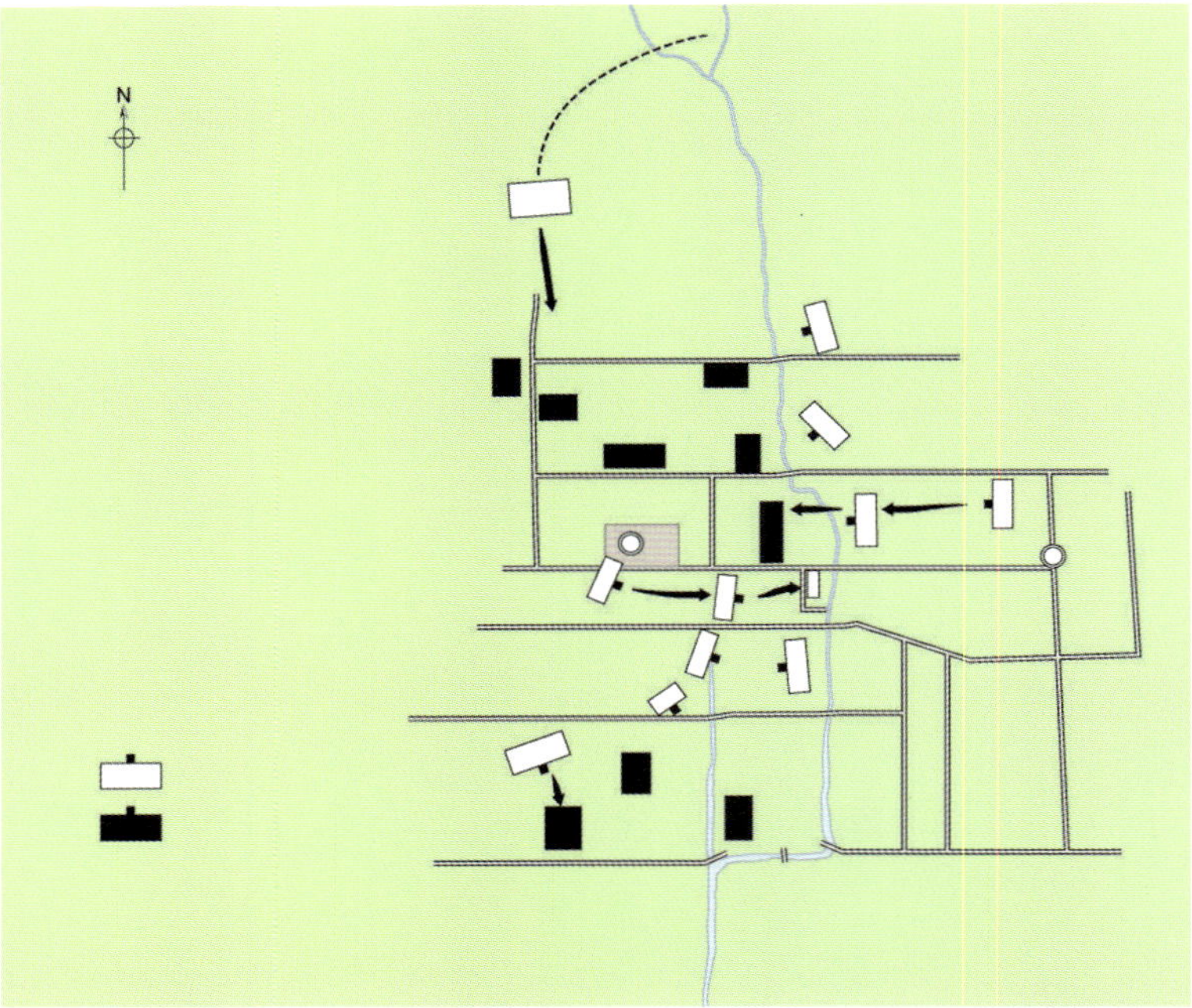

壕もあり、さながら都は第一次世界大戦の西部戦線のようだった。高さが二一―三〇メートルある井楼《せいろう》（物見櫓）は、敵の位置確認や、攻撃と奇襲をかけるのに重要な存在だった。この場所に配置する人員や、敵の前哨地を奇襲する人員を国から集めるのに両軍とも苦労した。軍は投石や火をつけた矢で井楼を焼こうと試みたが、その成果は限られていた。

小規模な動き

軍勢が壕に隠れ、攻撃の態勢に入りづらくなると、戦いはかなり退屈なものになって、連歌に精を出す武士も出てきた。数人の歩兵が敵方に潜入しようとすることもあり、夜襲が多く行われるようになった。機動性のある足軽部隊は守りの手薄な砦に火を放ったり、敵方の住居を破壊したりした。大軍勢で武器の製造が追いつかず、散兵はほとんどが板でこしらえた盾と比較的すぐつくれる竹の矢を持っていた。兵が兜をつけていたと書いてある記録もあれば、「槍も鎧もなく刀だけを持っていた」とする説もある。ただし、足軽は組織化された歩兵部隊というより、散兵というか非正規兵として機能していたようだ。

非正規兵の足軽が用いられたにしろ、両軍とも膨大な量の甲冑や武器を必要とした。各地方ではこの需要をじゅうぶんに満たすことができず、加えて質のよい甲冑はだいたい都でつくられていた。したがって都の南にある職人の地区はとても尊重され、両軍とも建物を破壊しなかった。有名な寺や内裏、御所、貴族や武士の屋敷が北で大幅に破壊されたにもかかわらず、南の職人のつつましい住居は無傷で残ったのである。

騎馬武者は正面攻撃で戦えなかったため、代わりに補給路を妨害すべく都の周辺の村に奇襲をかけ、偵察も専門に行った。一四六八年をとおして騎馬武者は敵の補給路の遮断につとめ、人と物資の流れを止めるために人口の少ない地域をねらった。西軍は東軍が使う都への道を一本だけ残して封じるのに成功したものの、その一本で戦場にいた細川勝元の軍を維持するにはじゅうぶんだった。

新しい技術

戦術的な膠着状態の確立は技術革新を生んだ。大和国の工匠が「発石木《はっせきぼく》」(砲)という投石機をつくったが、これは重さ三キロの石を二七〇メートル以上飛ばせる力があった。銃そのものをあらわす言葉は誰もが知っていたわけではないが、銃について触れた文献もある。史料によると一四六八年十一月六日には包囲された櫓から「飛砲《ひほう》・火槍《かそう》」が放たれたと記述されている(こうした火器については第五章を参照)。

それでも銃は戦いで決定的な役割は果たさなかったし、戦術的な変化の要因でもなかった。変化とは歩兵を主とする大軍と卓越した守備戦術ができたことだ。ポルトガルからの鉄砲の伝来で技術革新が起こり、軍が拡大して防御構造が多く用いられるようになったとみる著作家は多いが、そうではなくて、大軍を維持する能力が戦術革命と槍の使用につながり、それで砦もよく使われることになった。三好長慶《みよしながよし》（一五二二―六四）は守護代だったが、一五四九年に主君の細川氏に勝利した。これは鉄砲の伝来とは別に、結束した軍が存在し、従来の社会的階級に重きを置かなかったことを典型的に示している。

新しい武器を即座に利用できる環境にはなかったが、長慶は

足利義輝には、三好長慶の養嗣子義継に謀反を起こされ自邸で殺されるという不名誉な話がある。さすがに応仁・文明の乱ではこういう行動を取ることは誰の頭にもなかったようで、将軍の義政を攻撃しようなどという者はいなかった。義輝は最後まで立派にふるまい、殺されるまで猛々しく戦った。月岡芳年の1868年の作『魁題百撰相（かいだいひゃくせんそう）』では、直衣姿に衛府の太刀といういでたちで描かれている。

九〇〇〇人の手ごわい槍兵を従えて主君の細川晴元を負かし、一五四九年には都から将軍足利義輝《よしてる》（一五三六―六五）を追放した。長慶が支えとしていた軍の能力は、そもそも槍兵をうまく使うことで生まれたものだった。十六世紀は軍を組織・維持し、統率する必要性が軍事力の基盤となっていた。

三好長慶はこの意味で、応仁・文明の乱の最後の名残を象徴する存在だ。東軍と西軍の武将たちは、互角の激戦で相手を戦術的に負かすことができず、敵の陣地への補給の流れも封じられず、守護の力を弱めようと地方の守護代に対し反乱を起こすよう働きかけた。守護代のなかの数人、ひいては領国の武士たちの地方組織が守護を打倒すると、その結果、戦乱を切り抜けた者たちが戦をやめて一四七一年に都を逃れ、領国で揺らいだ権威を立て直そうとする動きにつながった。最大の成功をおさめたのは、カリスマ性があり、軍を動員し主導権を握る能力に最も秀でていた者だった。というわけで、次の章では武将について話を進める。

武田軍の再現。武田の旗を背に座っているのは武将たちである。

第四章

武将

日本では数世紀にわたってほぼ絶え間なく戦乱の世が続いた。一二二一年、一二七四年、一二八一年、一三三一—九二年には長期におよぶ戦があったことが確認できるし、また武装蜂起も一三九九年、一四一三—一八年、一四二一—二五年、一四二八—二九年、一四三一—三八年、一四四〇—四四年、一四五一—五六年、一四五九—六三年、一四六五年に起こっている。一〇年にわたって動乱が続いた応仁・文明の乱の後も戦は続き、特に一四九三年の政変後に著しかった。各地で戦いがあったにもかかわらず、武将についてはほとんど忘れられている。これに対し、十六世紀後半には幾多の武将が名を馳せた。武田信玄《たけだしんげん》（一五二一—七三）、上杉謙信《うえすぎけんしん》（一五三〇—七八）、織田信長《おだのぶなが》（一五三四—八二）。名高い武将が活躍したのはいずれも十六世紀後半で、その先駆者たちが無名なのは、指導力や軍の支配に関する考え方に変化が起こったことをあらわしている。

初期の武将たちが無名である理由のひとつに、特に十五世紀前半には局地的、散発的な戦いが多かったことがあげられる。戦のあった年を並べるとひっきりなしに続いていたように思えるが、実際には大半が親族間での守護の座をめぐる争いであり、死者は少なかった。なかには大きな戦闘もあったが、応仁・文明の乱でも語りつがれるような名将はいなかった。

自分に従い、命を危険にさらしてくれる兵たちを確保するのは武将にとって苦労の種だった。十三世紀の武士は自分の土地と自治をなにより尊重していて、忠実に命令に従ってくれる兵はたやすく得られなかった。侍は名をあげて認めてもらいたがり、攻撃を支えるような表に出ない役回りは人気がなかった。蒙古襲来で、遅れを取りたくなかった竹崎季長は、現場の指揮官から進撃を待つようにいわれても武士の道は恩賞に足るべき存在であること、といって前進を続け、たちまち馬を射られてしまった。季長はそれでも一番駆けに対する恩賞を要求した。鎌倉幕府は蒙古襲来の際、兵は指揮官に従うようにという命令をたびたび繰り返したが、こうした命令を出さなければならなかった点に指揮系統の一貫性のなさがあらわれている。もちろん、武将でもいつも命令に従うとは限らなかった。軍事的に見て非常に難しい点のひとつ

1336年5月、新田軍に攻撃をかけようとする足利軍。新田軍の旗が目立つ位置にある。足利軍が勝利をおさめて6月には入洛を果たした。この三枚絵の木版画は歌川国芳（1797-1861）の作。

江戸城。1603 年から 1867 年まで徳川将軍家の住居であった。徳川家は国を治めるため次第に新井白石のような顧問に頼るようになった。

は、敵を殺すか、そうでなくても倒した武士は武勇の証として相手の首を取ることだ。このため、なかには菊池武房のように、蒙古軍の船が台風に襲われると、死んだ兵士の首をたくさん確保しようと北九州の海岸を探しまわる者も出た。首を取った武士は戦いから早々に引きあげ、主君に見せて大きな恩賞をもらおうとした。一三三八年には武将から「分捕切捨《ぶんどりきりすて》の法」が出され、首を取って証明にするのをやめて証人を立てることになったが、南朝の武将の北畠顕家が殺された際、彼を殺した兵とその首を取った兵は等しく恩賞を受けた。

　十三世紀後半から十四世紀の武将は軍勢を集めはしたものの、うまく支配できたとはいえず、兵を戦場につなぎとめるため頻繁に恩賞を約束しなければならなかった。足利尊氏のようにベテランの武将は恩賞の与え方がうまく、またユニークな恩賞を与え、きちんと約束を守った。対照的に、息子の直冬は兵全員に欲しい褒美は何でも与えると約束して軍をつくった。あっという間に大軍ができたが、直冬が別々の兵に同じ土地の区画を与えてしまうという矛盾した約束をしてしまい、すぐに散ってしまった。

土地によって軍を維持する仕組みが困難になると、武将は別のものを与えることにした。足利尊氏はときに家臣に対して価値のある刀を与え、また家臣が足利家の家紋を使うことを認めたりもした。与えた物は簡素だったとしても兵には効果絶大であった。儒学者で一七〇九年から一七一六年まで徳川将軍の顧問でもあった新井白石《あらいはくせき》（一六五七―一七二五）は自叙伝で、十六世紀末に戦った自分の祖父は、ある戦の後に武将からもらった箸一膳を大事にしていたと書いている。だがしかし、主君が出すいちばんの褒美は所領と諸職を保証する安堵状《あんどじょう》だった。

尊氏は文書を書くにあたって非常に気をつかい、特徴のある風雅な花押を考案し、それは次世紀と次の半世紀にわたって武士の花押の手本となった。ときには、源頼朝が十二世紀に使ったとされる鋼青色の墨も使っていた。尊氏は死を恐れなかった、もしくはそのようにいわれているが、軍勢の先頭に立って戦うこともなかった。一三三六年六月三十日の戦では、新田義貞が攻撃してきても尊氏はずっと東寺のなかに籠り、知らぬ存ぜぬを決めこんだ。この行動で尊氏は不面目といわれるどころか、東寺側も門を決して開けないと豪語した。尊氏は戦の間に和歌も詠み、冷静沈着でもあり、捕えられてまもない後醍醐天皇が一三三六年末に逃亡しても、見張りをしなくてすむからよかったというほどだった。

尊氏は祈禱を命じたり、地蔵菩薩の絵も描いたりした。しかしあまり戦場で積極的に戦ったようには見えない。彼は従者に恩賞を与え、約束を守る能力によって優れた指導者となったのである。最も顕著な例では、弟の直義（一三〇六―五二）との間で家督争いが起こり、一三五一年の戦で敗れると残った従者はわずか四二人だった。尊氏は弟に降伏というかたちになったものの、まず自分の従者に恩賞を出したいと要求した。直義が受け入れると尊氏は自分の従者たちに恩賞を与え、あたかも勝ったのは自分のようにふるまった。そういってみせることは大事だった。最も価値があり、永続する恩賞を与えるのが尊氏その人であるように見えるからだ。尊氏が直義に対し陰謀をたくらみ再度戦ったとき、兵の大半は彼の側についた。

　尊氏の手法は効果を発揮し、彼が開いた室町幕府は二三七年も続いた。兵力が物をいう時代にあっては、ただ指揮をするより、尊氏の気前のよさや恩賞の与え方のうまさが必要不可欠だった。兵そのものがすぐあちこちに動いたりしてきちんと組織されておらず、戦場であまり細かく指揮しようとしても失敗するのがおちだった。そのかわり、軍は決まった地域に送られ、適当だと思われたところで戦うようになった。

武器の運び手

16 世紀の軍は装備を運ぶ運搬人をたくさん必要とした。その多くは「手明（てあき）」として知られていたが、この絵のような他の下級武士も戦場に予備の弓矢を運んでいた。

順応性のある君主

国を支配しようと願うなら、順応性を持ち妥協をいとわないことが必然だった。力を持つ兵が最も大事にするのは自分の利益で、また力の弱い兵は権力者の側につく傾向にあった。尊氏はその時代で最も成功をおさめた指導者であり、彼らの利益のバランスをとるのがうまく、あまり権力のない協力者や遠縁の身内を昇進させ、同時に有力な兵も自分の大義のもとに引きいれた。彼はなにより恩賞を与える側で、所領や役職や偏諱《へんき》や特権などを家臣に与える権利を大事にしていた。領地の直接支配にはあまり関心を持たなかったが、それでも他の人間が気前よく何かを与えようとするとすぐに攻撃したのは、息子の直冬が自分の不運に気づいたとおりである。尊氏はまた勝手に所領を安堵して自分の権力を奪おうとした息子を攻撃することに良心の呵責を感じなかった。

尊氏が与えたなかで最大のものは特定の国の年貢の半分を守護が徴収できるという半済令である。すでに見てきたように、これは守護が軍を維持する能力を一変させた。なかには山名氏のように、同時に全国六十六か国のうち十一か国で守護をつとめ、どの側にもついて戦い、何度も忠誠を尽くす相

指物

軍の規模が大きくなって協調性が出てくると、軍勢は身元を示すため背中に旗を差した。それぞれの隊の兵は鎧の背につけられた受筒に旗を差しこんで身元を示した。これが「指物」である。16世紀末の鎧にはほとんど、忠誠をあらわす紋章が目立つ場所についていた。

手を入れ替えて最もよい待遇を得た者もあった。
尊氏の息子、義詮《よしあきら》（一三三〇―六七）は、それほど兵たちをまとめる統率力がなかった。一三六〇年代には徐々に有力な氏族たちが帰参してきたが、彼らを満足させなければというストレスと飲み過ぎで義詮は高血圧になり、鼻から大出血をして三八歳で死んだ。

こうした状況は不安定さを生み、扱いにくい兵を従わせるため常にコミュニケーションを取ってうまく言いくるめてみたり、または特別な制度を設ける必要にせまられた。ひとつ画期的だったのは、所領をすぐ与えられない場合、賞賛の感状を書くようになったことだ。阿曾《あそ》（北条）治時《はるとき》（一三三三年死去）はそうした感状を贈った最初の当主で、一三三三年四月二十一日にこう書いている。「千早《ちはや》城の北の山における小戦で、貴君は敵の首を取った。非常に優れた功績である」。治時は自分の軍をまとめるのに手紙をとにかくよく書いた。その治時がただならぬ状況に陥ったことがある。鎌倉幕府のために戦っていたのに、敵の

13 世紀の『平治物語絵巻』より、侍が捕虜の首を取ろうとしている場面。武士は戦での勲功の証が必要であり、こんな恐ろしい戦利品も昇進するための手段だった。

城を包囲している間に反乱が起こって幕府が壊滅してしまったのだ。治時は少なからず兵の尊敬を得て自軍をなんとか維持した。そして軍は後醍醐天皇の新政権と降伏を交渉するまで存続した。

　他の武将たちもよく書状を書いて自分の権威を保った。たとえば今川了俊《いまがわりょうしゅん》（貞世《さだよ》）は一三七〇年に九州探題に任じられるまで九州とは結びつきがなかった。翌年任地に着くと、彼はたくさん書状などを書き、地元の兵たちに送った。そんな細かいやり取りをしたことがある兵はほとんどいなかった。川添昭二の研究によると了俊の書いた文書のうち四七二通は現存し、うち一三二通は配下の兵に宛てた書状である。こうした書状や激励により、ほぼ四半世紀にわたって土地の兵の支持を勝ちえた。了俊はまた文学作品の評論も書き、歌論書も著しており、典型的な武将のイメージとは一線を画している。

　了俊の経歴で、兵や味方の武将に何も考えずに服従するよう要求した武将の限界を典型的に示す話がある。彼は少弐冬資《しょうにふゆすけ》という二心ある武将を宴に招き、服従しなかったからといって謀殺した。しかし、この行動で了俊の権威に傷がついた。少弐と同盟を結んでいた者の多くが去り、彼の軍は

日輪の旗

身分を示す飾りは16世紀の武将にとってより顕著なものになった。日輪の旗は新しく出てきた装飾的な旗で、一部で好まれるようになった。

非常に弱体化した。その後二〇年で了俊は権威を回復し、謀殺をはかったりせずに大きな成功をおさめた。尊氏はそれに比べてもっと人気のある武将だった。遺恨を持たず、敵方にまで恩賞を与えたからである。十四世紀の御家人には忠誠という概念が存在しないか、期待されていなかったのは明らかだ。

足利式の支配

尊氏の孫、足利義満《よしみつ》（一三五八―一四〇八）は朝儀に熟達し、部下の忠誠を得るのがうまかった。幼少の頃に内乱を経験し、四歳で地方に避難せざるをえなかったため、権力をうまく使いこなす才能を驚異的なほど身につけていたのだ。義満が未成年のうちは管領の細川《ほそかわ》頼之《よりゆき》（一三二九―九二）が補佐役となった。頼之は足利家の名声と権威を高める

槍の攻撃

大名が大軍勢を集めて槍兵をより効果的に訓練できるようになると、槍をどんどん長くするようになった。これらは中程度でおそらく5.5メートルほどの長さの槍を示しているが、織田信長は長さ8.8メートルもある槍を兵に持たせた。

ためにたゆまずつとめたが、一三七九年に失脚する。都から追放されていた義満が実権を握ったときのことだ。その後すぐ義満は畠山氏と細川氏と斯波《しば》氏の三氏に管領にふさわしい資格があると認め、彼らが張り合っていくことになった。それより格下の四職《ししき》は山名氏と赤松《あかまつ》氏を含む四氏の特権となり、互いに激しく対抗するようになる。こうして義満は武家が競い合う体制を重要視したが、それと同時にすべての権力が守護に集まったため、一族内の争いも絶えなかった。義満は将軍というより朝廷の一員のようにふるまい、朝儀に精通していたので朝廷の僧や貴族だけでなく守護も畏怖の念をいだいた。国じゅうを惜しみなく旅しては有力な守護を探し、また屋敷や寺などを造営するため、臨時に莫大な税を取り立てたりした。義満は「花の御所」という邸宅も造営し、内裏まで威圧した。一三八二年には相国寺を建立起工する。寺の七重大塔は、都の建物がどれも小さく見えるほどだった。やがて義満は金閣寺を建立した。金閣寺は一九五〇年に錯乱した僧の放火によって全焼した。義満は一三九七年から一〇年かけて一〇棟の建物を造営し、金閣寺は彼の威光をあらわすよい見本となっている。記録によると、建設当初ですでに費用は二八万貫相当にふくれあがっていたことがわかる。歴史家の臼井信義《うすいのぶよし》は造営費用の総額を一〇〇万貫は必要だっただろうと述べている。一貫は概算で一〇万円程度と考えられているので、支出総額は今日の価値にすると三〇〇億円近くにもなる。

義満は池のある庭園をつくり、日本中から植物を根こそぎ集めたので、義満が建てた「北山第《きたやまてい》」は極楽にも代えがたいものだ、とある武将に言わしめたほどだった。

室町幕府第三代将軍の足利義満は南朝との戦いにすべて勝利した。南朝と義満に敵対する守護は降伏した。義満は「日本国王」の称号で知られるようになり、後年はここに描かれているように上皇のようにふるまった。

義満が出世をおさめた結果、足利家は朝廷や守護大名たちを威圧しよせつけない存在となった。義満は後継者争いに口をはさみ、最も力を持っていた守護大名のふたりを攻撃した。一三九二年には山名氏の領国十一か国を三か国に減らし、また大内氏も一三九九年の反乱の後に抑圧された。義満はむしろ天皇に近いかたちで支配し、豪勢な朝儀にもかかわり、こみ入った祈禱も執り行い、地位の高い公家にとっても近寄りがたい存在となった。

義満は息子の義持《よしもち》（一三八六―一四二八）を将軍に任命したが、それはお飾りにすぎなかった。公家、ときには軍人というよりカリスマ的な仏僧のようにふるまっていたにせよ、義満はまだしっかり実権を握っていた。しかし、突然の死によって父に憤りを感じていた義持が権力を持つ。義持は義満の政策をほとんど全部くつがえし、朝廷の一員としてのスタイルを捨て、大名に意見を聞くことを好み、その過程で弟の義嗣《よしつぐ》を殺害した。義持は当時の主だった守護、特に畠山氏、斯波氏、細川氏との合議によって統治を行った。意見を聞く方を重んじそれほど支配的ではなく、義持の統治は平穏無事に進んだ。

足利将軍・義持

義持は心の内を読ませないようにつとめ、その努力は見事に実を結んだ。小さな反乱が起こっても無事に事をおさめて、義持の治世では足利家はほとんど困難に直面することはなかった。ひとり息子が若くして亡くなり、跡継

足利義持は義満の息子で1394年に将軍に任命されたが、1408年に父親が死ぬまでほとんど権力はなかった。義満は上皇のようにふるまっていたが、その死後義持は方向を180度転換し、将軍家を武家政権に近づけようとした。それでも義持は朝廷の重要な一員であり、この絵でも直衣姿である。彼は頻繁に有力守護の意見を聞いて方針を決め、後継をくじ引きで決めることにして跡取りを決めぬうちに亡くなった。

ぎがいなかった義持は、彼の統治で典型的に見られたように、自分では後継者を選ばなかった。このため管領が高僧と相談し、神社で次の将軍をくじ引きにした。そして義持の弟のひとりである天台宗の高僧が選ばれた。

義教

六代将軍は後に義教（一三九四—一四四一）の名で知られるようになる。最初は義宣《よしのぶ》と名乗っていたが、「世を忍ぶ」という言葉と音がかぶると気を損ねて改名した。非情な暴力と不安定さが義教の治世の特徴だった。料理が下手だと料理人を処刑し、さまざまな家督争いに首をつっこみ、ときには目立つ守護を暗殺もした。独裁者であり、恐怖政治を行い、そのためこの時期には動乱が数多く起こった。義教はくじ引きで政策を決めることがあり、この意思決定方式にたいへん信頼をおいていたが、それで常軌を逸した行動が増えていたわけではない。都の北東の比叡山延暦寺で天台座主もつとめた義教は、宗教的な抗議行動に対してあまり寛容ではなかった。延暦寺の僧はよく強訴《ごうそ》に出て神輿をかつぎ出し、都の人通りの多い十字路に置いて往来の邪魔をした。義教は強訴を止めるよう求め、配下の武士に襲撃を行っている僧侶を射よと命じたが、兵たちは天罰を恐れて逃げ出した。兵の反抗は少し日が経つとさらに勢いを増し、自分の命も危うしと恐れた守護大名のひとりが義教を能に招き、鑑賞中に義教は暗殺された。

義政

足利将軍家で注目に値する最後の人物は義政である。人の気にさわらぬようにつとめた義政だったが、結局は皆を困らせた。義政は畠山氏の例を見てもわかるとおり特定の側につくのをためらい、結果としてどちらも混乱させた。義政の治世下、都では応仁・文明の乱が起こったが、足利将軍の権威は絶大だったため誰も義政は攻撃しなかった。彼は戦いよりも銀閣寺の造営を好んだ。銀閣寺は黒漆塗りで、漆は数世紀経つと白くなり、後には銀色っぽく見えるようになった。

金閣寺は足利義満の権力の象徴として使われた。義満は13、14世紀の最も有力な公家であった西園寺家の庭園の隣に金閣寺を建て、その立地と壮麗さは義満の公武が融合したスタイルを象徴している。

義稙

義政の息子は酒におぼれ若くして亡くなり、甥の義稙《よしたね》（一四六六―一五二三）が次の将軍となった。義稙は管領細川政元《まさもと》（一四六六―一五〇七）のたくらんだ一四九三年の政変で将軍の地位を追われ、戦国時代が幕を開けた。義稙は各地を転々とし、最終的には大内氏の後ろ盾を得て一五〇八年に帰京したが、一五二一年には再び亡命を余儀なくされた。

足利家の例は、十五世紀から十六世紀において、統率力の理念のなかで文化的な側面での変化があったことをあらわしている。足利将軍家の統治手法は役に立たなくなり、もっと積極的な方法が目立つようになった。これを典型的に示すのが義教の死から一三〇年後の延暦寺の焼き討ち事件だろう。一五七一年九月十二日、戦国大名の織田信長が兵に延暦寺に火を放ち、比叡山の僧を皆殺しにして建物を焼き払うよう命じ、兵たちもこれをいとわなかった。兵は時が経つにつれよく命令に従うようになり、来世での報いもそれほど恐れなくなった。

態度の変化

統率力の水準において、文化的な側面からの変化が顕著になってくると、後世に名を残し、また理想化されているのが戦で命を落とした武将だけなのもある程度説明がつく。新田義貞と楠木正成のふたりも足利軍と戦い、両者ともそれほど成功をおさめたわけではないのにもかかわらず手本とされている。正成は一三三三年、本拠地の千早城で北条（阿曾）治時および鎌倉幕府軍と戦い、城は守ったが一三三六年五月に軍は壊滅した。新田義貞は泥深い水田に騎馬部隊で入りこみ、流れ矢に当たって殺されるというさらに不名誉な死に方をした。

義貞はそれでも正々堂々と戦う手本となった。た

比叡山山頂にある延暦寺の大黒堂。延暦寺の僧は強訴を頻繁に起こした。1336年には寺の近くで戦が行われたが、1571年に織田信長が山を焼き討ちにするまで建物は無傷だった。豊臣秀吉の時代には再建された。

新田義貞

足利尊氏のライバルの義貞は鎌倉政権を壊滅させはしたが、何度も足利軍に敗れ、泥深い水田で馬が足を取られた拍子に矢に当たって殺された。このイラストでは14世紀の兜が変化した様子が描かれており、昔の角のような鍬形より前立のような飾りが好まれるようになったのがわかる。左袖の印にも注目したい。

とえば、後を追ってきた足利軍の裏をかくため橋を落とすのを拒んだり、さらには足利尊氏に対し、国の支配権をかけて一騎打ちを挑んだりした。こうした話は真実のほどはさておき、後世に伝えられている。

正成は死後、絶対的忠誠心の模範となった。十四世紀の年代記『太平記』でも、彼が七度まで生まれ変わっても天皇のために戦いたい、と願う様子が描かれている。この名言は十九、二十世紀に国のため命を捧げるという極端な思想を教えこんだ日本の思想家たちにとって天の恵みのような言葉だった。ここにまた信条の変化が反映されている。十四世紀にこんなことをいえば地獄に身を託すも同じで、現世からの救済と離脱の思想は極端な政治に傾倒しがちだと考えられていた。驚くにはあたらないが、『太平記』で正成は後に神がかり的な存在として登場する。しかし十六世紀になっても、こうした政治的大義への専心は最大の徳とされ、正成はさらに崇敬の対象となり、その子孫まで足利軍に対する以前の「罪」から赦免さ

銀閣寺は室町幕府第８代将軍の義政が建立した。応仁・文明の乱と同時期に発展した東山文化を象徴する存在である。木造で元は黒漆塗りだったが、歳月にさらされ漆が白っぽくなり（窓枠はまだ色が見える）、18 世紀の参詣者のなかには銀色に塗られていたのだと勘違いする者もあった。

れた。十六世紀のカリスマ的な大名たちは正成や義貞を手本とした。たとえば上杉謙信は新田義貞に代表される公正な精神を守り、軍としては不利益になると知りつつ、宿敵の武田信玄に塩を送るのを止めなかった。そうしたことすらせずに勝っても、偉大な武将としての価値はないと考えたからである。

皮肉にも、十六世紀の有名な武将は、目につくような例外も若干あるにせよ、大半はそれほど目先のきく指導者ではなかった。武田信玄と上杉謙信は最大のライバル同士であったが、多くの戦いで敗れた。唯一の例外、織田信長は戦国大名のなかではどちらかというと最も悪名高い方だったが、彼については別途詳しく触れることにする。

河内国と紀伊国で槍兵を率いて戦をした畠山弥三郎だけは戦術の天才であったとみえ、生命を賭けて戦う際に画期的な戦術を取り入れたが、応仁・文明の乱が起こる八年前の一四五九年に突然の死を遂げ、名を残すには至らなかった。

指揮権力の新しい型

武将は外見や人格、カリスマ性で有名になっていった。しかし応仁・文明の乱直後は、軍事攻撃を進めても名声を得られなかった。代わりに、守りを固めて特定の地域をおさえ、できる限り大軍勢を集めることが成功の基盤となった。第一次世界大戦の将軍がほとんど記憶に残っていないのと同様、応仁・文明の乱の武将たちも世に知られずに消えていった。

それでも、畠山弥三郎は大きな変化につながる仕組みを世に放った。常備軍が増え、部隊が陣形をつくって動けるようになると、武将の役割は重要になった。一四七七年を過ぎると戦国時代が幕を開け、大名の領国支配体制が失われた一五八八年、あるいは最後の大名が敗れた一五九〇年まで続いた。この間にカリスマ的人物のひとり、派手な甲冑を身につけ軍を組織し指揮する力を持った武将が登場した。

武将は軍をひとつにまとめる役目を果たす重要な存在になった。戦場で武将が不慮の死を遂げると、大変動が起こりかねなかった。たとえば今川義元《よしもと》（一五一九―六〇）は二世紀以上にわたって東国を治める家柄だった。一五六〇年の桶狭間《おけはざま》の戦いで強大な軍隊を率いていたが、織田信長の部隊に奇襲をかけられ殺された。その結果今川軍は崩壊し、今川氏が数世紀にわたり統治した領国の支配も崩れた。

武将は権威の象徴として大事な存在だった。「公方」と称する者も多かった。これは自分と一族の領地を

武将

14 世紀の武将が威信の象徴の扇を持っている姿。古い型の鎧を着ているが、兜の前立はそれより以前の鍬形とは違うつくりで、また熊皮の毛沓(けぐつ)は避け、簡素な藁草履を選んで履いている。つけている脛当は比較的簡素だが、14 世紀半ば頃には膝とふくらはぎを守る大立挙の脛当が好まれるようになった。こうした武将たちは脚も守るためによく鎖帷子もつけた。

今川義元（1519-60）の墓。桶狭間の戦いで織田信長に勝利したと思った後に本陣で奇襲を受けて殺された。彼の死によって今川軍は崩壊し、14 世紀から守護大名の座にあった今川家は没落した。信長は義元の刀の中子に「永禄三年五月十九日　義元討捕刻彼所持刀　織田尾張守信長」と刻ませ、自分の愛刀とした。

象徴する意味がある。武将は積極的に部隊のなかに入って交戦したり号令を下したりはしなかった。武将の持つ軍扇も見えないほどの大軍勢だったのだ。それでも一五六〇年の今川軍のように、武将が死ぬと軍は大きく動揺し、崩壊した。権威の性質をよりよく理解するために、戦国時代の武将たちについて考えてみたい。足利家の将軍たちと違って、彼らの多くが後世に名をのこしているからだ。

地方官である守護職に任命された者は多大な利益を手に入れた。彼らはやがて守護大名と呼ばれるようになり、多くは都に住み、日々の任務は守護代が行った。武将や地方の大名はこの地位のおかげで租税の半分を徴収することを認められ、非常に裕福だった。しかし、応仁・文明の乱の直後には権力を掌握し、土地の権利も行使する必要が生じた。地方の領国とはすなわち明確に支配できる土地を意味するようになっていった。つまり住民は高い確率で動員されて軍に入り、また要塞化される地域もあったということだ。軍には具体的にどういう制約があったかよりよく理解するために、組織化と装備と防御について探ってみよう。

旗指

旗指のクローズアップ、胴の後ろ側に旗（「指物」）をつけている。胴の下の方に待受（まちうけ）がつけられ、その上に丸や四角い金属製の合当理（がったり）という支えがある。旗を固定するために木や竹製の受筒（うけづつ）もついている。

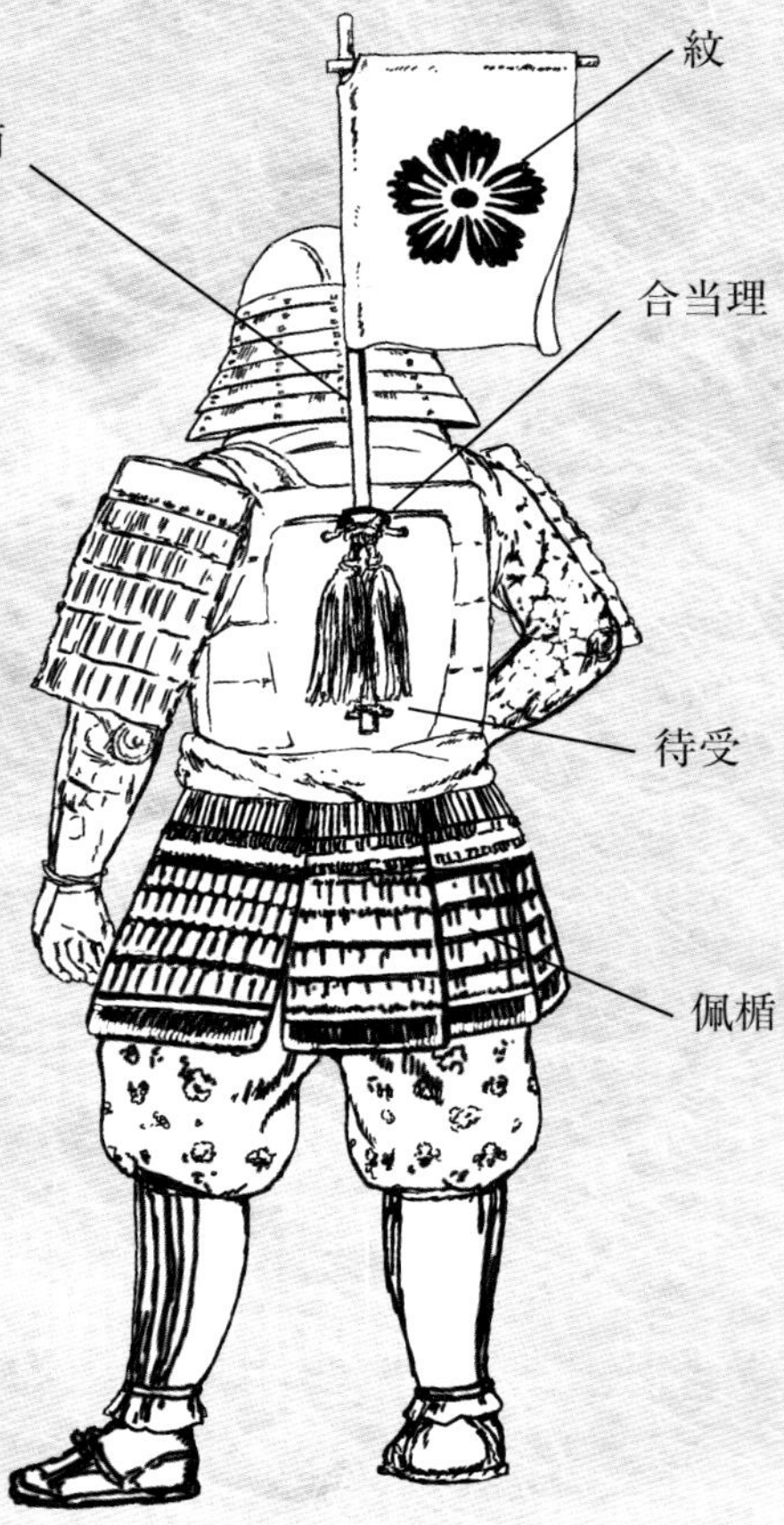

十六世紀の軍

動員にはさまざまな方法があった。上杉氏のように名を馳せた大名は、何世紀も前からあったように家臣を頼ったが、所有する土地（知行《ちぎょう》）に対して軍役や部隊の数を合理化する手段は取らなかった。これに対して、東国を一四九五―一五九〇年まで支配した後北条氏は、具体的に土地の範囲に応じて軍役の基盤をつくり、かなりの効果をあげた。うまく家臣の土地を分割し、知行の広さと予想される部隊の数に直接相関性を持たせたのである。

後北条氏はまた広い範囲で調査を行い、生産性（貫高）の観点から土地を評価した。とはいえ管理面では有効でも、それがいつも生き残る可能性につながるとは限らなかった。ある意味原始的だった上杉氏が戦国時代の混迷を生きのびたのに対し、組織化された後北条氏はそうではなかったようにだ。

築城技術

築城の技術もめざましく変化した。後北条氏の成功はその典型である。北条早雲《そううん》は伊豆の山城、韮山《にらやま》城に住んでいた。彼は縄張りを使って城を小高い山の頂上に建てた。杭に縄を張ることから、このような型の城は「縄張り」という名になった。縄で囲われた区画に土塁がつくられ、しばらく植物も生えないほど頑丈に固められた。土塁のかたちをつくるのに一時的に板を使うこともあった。その上に木造の建物をつくり、周りには大きな濠を掘った。一五四〇年代から中日本地域では土塁の弱い部分に玉石を少し足して補強するようになった。近江国の勝楽寺《しょうらくじ》城などがそのよい例である。中日本が築城技術で遅れをとっていたのに対し、西国の石工はかなり熟練しており、一五〇八年には立派な直立の石垣を築いていた。

当世具足

16世紀に数枚の金属板だけで頭を守れる兜がつくられると、武士、特に武将たちは戦場で自分の姿を一段と際立たせるためにもともと簡素な兜に精巧な装飾を加えるようになった。こうした兜を変わり鉢といい、16世紀後半の華麗さがよく出ている。本多忠勝（1548-1610）の鹿角脇立兜とは違い、写真の17世紀の兜にはてっぺんに巨大な牡牛の角と房飾りがついている。この甲冑は紐も多く使われ、さらに兜の両側の吹返のように、昔風のものも使われている。

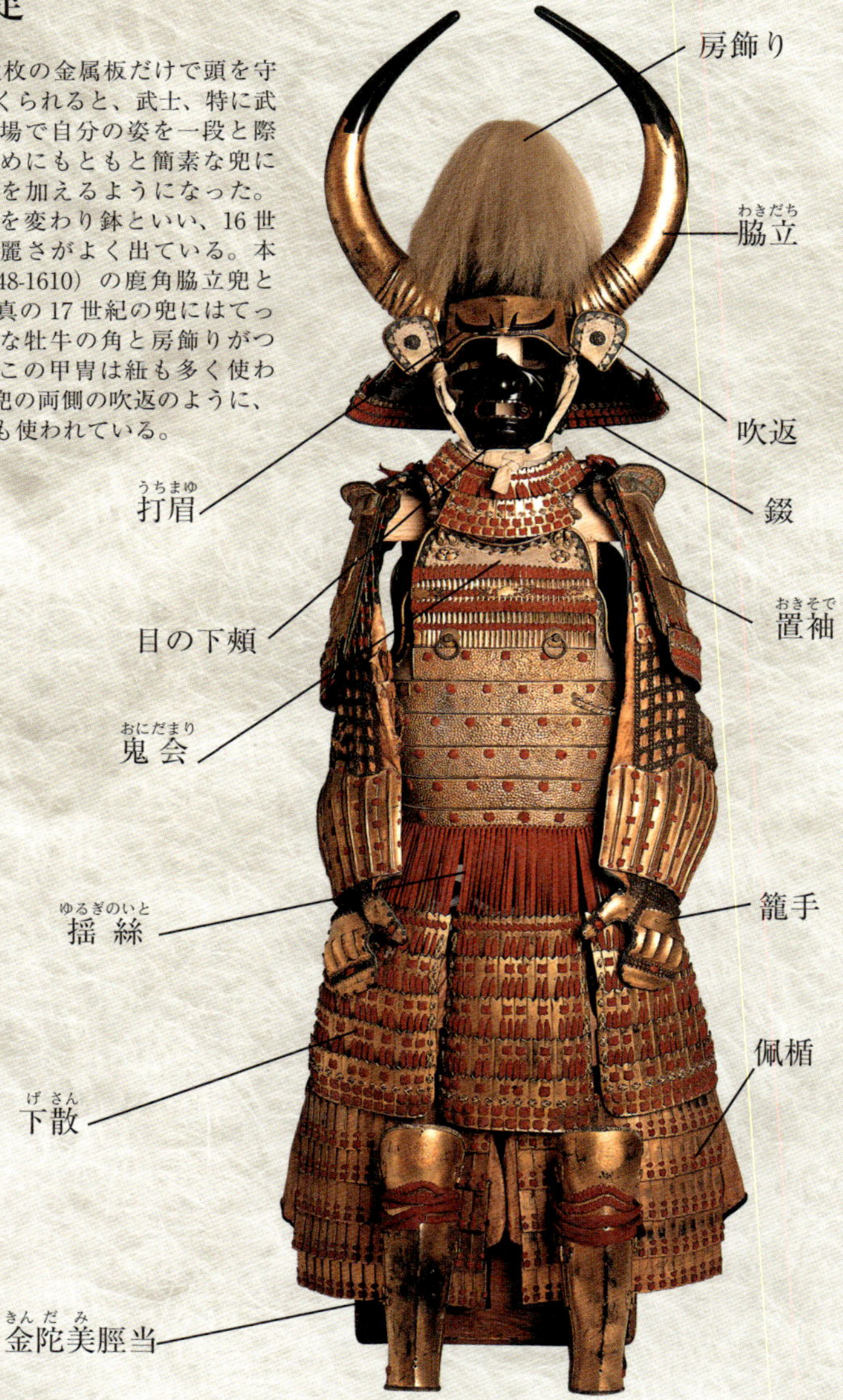

一五七〇年代までには、ほとんどの城が守りの簡単な山中よりも市場のある中心地の平野部に築かれるようになった。築城技術の進歩によって武将は石垣にさらに信頼を置くようになったが、守備の強化に比べると交易のために市場を支配する必要性の方がまさっていた。租税、交易、市場への利便性は、特定の地域を守れる力以上に重要だった。兵の装備について調べてみると、この必要性がいっそう明らかになる。

十六世紀の甲冑

どんな組織であれ、軍には大規模な部隊が必要だった。部隊が大きくなると武士の持つ武器や甲冑も変える必要があった。十六世紀になると揃いのかたちらしくなりはじめ、鎧に大名の家紋もつけられた。特に注目すべきは現存する後北条氏の甲冑で、一五二四年から一五九〇年にかけ、目立つ三角の家紋（三つ鱗）が

紙の鎧

きちんとした鎧を兵それぞれに作るのは次第に難しくなり、そっくり紙製の鎧をつくる者も出てきた。伊澤昭二はすべて和紙でできた甲冑一式を所有している。紙では身を守れないと思うかもしれないが、実際これでもじゅうぶんだった。和紙は桑の繊維からつくられ、かなり破れにくく、洋紙よりもずっと強く耐久性に優れている。この紙に漆を塗った、硬く軽い甲冑は、革と違ってひびが入りにくく、同じくらい身を守れた。軽さでは特に利点があり、脛当や籠手も紙でつくられることがあった。上の兜は漆塗りの紙製で、軽くて錆びず、頭を守ってくれるという利点があった。

使われていた。この鎧は胴に大名の家紋があり、すぐ見分けがついた。十六世紀になると甲冑は「当世具足」と呼ばれるようになり、型もかなり変化していた。具足とは「じゅうぶんそなわっている」という意味で、一般的には兜と胴・腕・脚を保護する金属製の鎧を指した。この言葉自体は十三世紀からある古い語だが、後世になると鎧をあらわす言葉として広く知られるようになった。

胴の保護

後期の甲冑の型はほとんどといってよいほど胴の部分に開きがなく、身をよく守れるようになっていた。漆より鉄の方が好まれるようになったが漆塗りの札もまだ使われた。とはいえ、大きな変化としては鉄の小札をつなぎ合わせるのに鎖を使い、また威《おどし》が初期の「毛引」から「素懸《すがけ》」という型に変わった点があげられる。

素懸は威が少なくてすむのが利点だった。威は埃がついたりシラミがたかったりすることがあり、また長期戦のとき雨で濡れると乾くのに時間がかかる。さらに困ったことには、威がびしょ濡れになると凍る可能性があり、冬場に凍ってしまうと耐えがたいつらさになる。榊原香山《さかきばらこうざん》などの有職家《ゆうそくか》は、威に槍の先がひっかかってしまい、刃が滑っていかずに身を傷つけることになっただろう、と主張した。十六世紀の女武士である鶴姫が着た甲冑には、X字型が目立つ素懸の編み方の特徴がよく出ている。

「骨牌金畳胴《かるたがねたたみどう》」という名で知られる別の型の甲冑は、小さな四角い板を使っており、骨牌に似ていることからその名がついた。鎖は布の裏打ちの上に縫いつけているので結ぶ必要がない。この鎧は安く耐久性があって下級武士たちが好むようになった。要するに、甲冑が変わってくると戦場でも長持ちするようになり、槍から身を守るのに効果があったということだ。

後北条氏はこれまで見てきたように複雑で広範な軍の組織を導入し、部隊の数も膨大だった。ほとんど全

鎖の形

日本では鎖は最初 14 世紀以降に使われるようになったが、現存する最古の例は 16 世紀以降の型で、鎖がかなり普及して技術も高くなってからのものだ。鎖にはさまざまな編み方があり、三入、四入、六入、八入のようにつないだ回数で呼ばれる。脛当や籠手、脚や首を守るのにも使われた。ここに出ているのは編み方の一部である。縄目鎖は鎖の輪を寄り合わせる古い編み方。南蛮鎖の名はヨーロッパからつけられた。

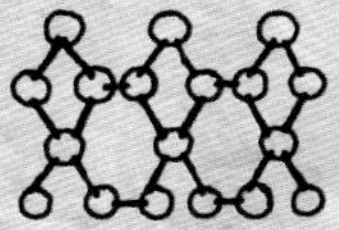

亀子鎖

亀甲

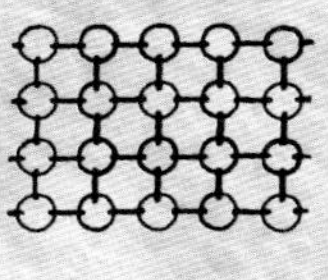

一重鎖

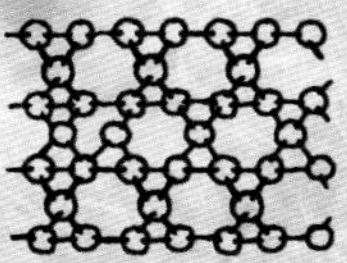

籠目鎖

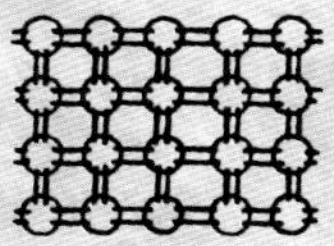

二重鎖

南蛮鎖

縄目鎖

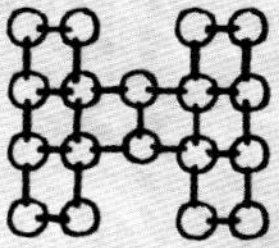

春日

亀甲

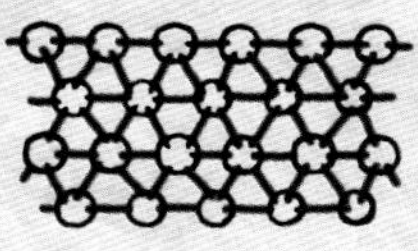

花鎖

部の鎧に家紋を入れられたので、兵も全員すぐに見分けがついた。

兜の型

兜も十五世紀から十六世紀にかけて大きく変わった。山上八郎『日本甲冑の新研究』によると、一五一〇年にはすでに明珍信家《みょうちんのぶいえ》作の新しい型の兜が登場していた。兜は装飾のない簡素な鉄製で、精巧につくられた八枚の板を金属製の鋲で留めてある。他の兜には飾りでよく鋲がつけられており、なかには二〇〇〇個も使われていたりするものもあって、兜の重さが増すだけだったにもかかわらず人気だった。ほとんどが鋼でつくられていたが、硬化させた革も使われた。

新しい型にはもう一つ、「頭形《ずなり》」兜もあった。頭のかたちに合わせた数枚の板からなり、簡素なつくりなので重い鋼も使えてさらに丈夫になった。兜にはこの型をよく使った一族にちなんだ名がつけられ、和泉国の日根野《ひねの》氏や、この型を好んだ細川越中守から取った越中の名などが使われた。この型と一緒に、甲冑師はより精巧な頬当てもつくった。実際の顔形に合わせたものも多く、以前の兜よりもさらに保護力が高まった。

数枚の金属板から兜をつくれるようになると、新しく画期的なデザインが生まれた。大名や武将はまるで競い合うように奇抜な変わり鉢（兜）をかぶった。烏帽子形の兜や、鯰尾の形もあった。他にも中国風の帽

雪下胴。鎌倉の雪下派の甲冑師が製作した型。後北条氏軍の武士が使った。

子型や、鎬を立てたり、鯖の尾、法螺貝、鹿角、そして珍しいところでは猿の顔に似せた形もある。軍が大規模になると、武将は目新しく個性的な鎧や兜を身につけ、部隊のなかで目立つようにした。派手な武将たちにひきかえ、大多数の武士は従来あった型からさほど変わらない甲冑をつけていた。甲冑師も著名になり、奈良の春田派や岩井派など、どちらも甲冑に名を入れるようになった。別の流派では堺を基盤とする明珍家も出てきた。明珍作の甲冑は品質がよいことで知られ、信頼できる最古のものは明珍信家作である。そのなかには一五一〇年作の兜も含まれるが、実際に残っているのは近いものでも一五四四年以降の作だ。しかし信家が非常に有名になったことで、一四七二年にはすでにつくられていたものまで時代を誤って信家や明珍派の作とされてしまった。甲冑師は他の地域でも、常陸国の早乙女派、鎌倉で後北条氏の甲冑をつくった雪下派といった流派が台頭した。甲冑師は各地に散り、特定の大名との関係を深めるようになった。

頭形兜は簡素なデザインと厚みのある鋼の板の組み合わせで頭をさらに保護できるようになっていた。錣が兜の下につき、首の後ろ側も守られた。この構造は非常に耐久性があったので手のこんだ装飾も加えることができたが、この兜のように極端に簡素な型も一部には好まれた。飾りは小さな海老の頭と、赤と金の漆塗りだけである。

十六世紀には、より確かに胴を守れる重い鋼の甲冑が好まれるようになった。

陣笠（つば広）

陣笠

陣笠

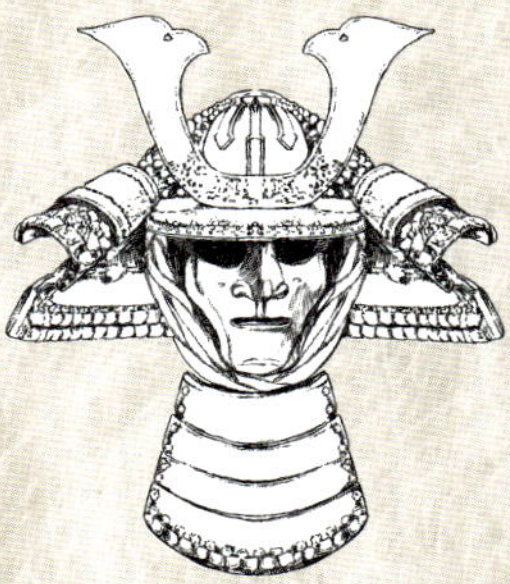

大星兜

唐人笠兜

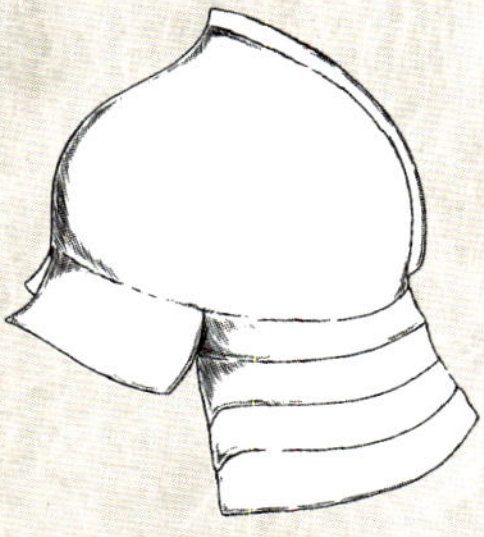

桃形兜

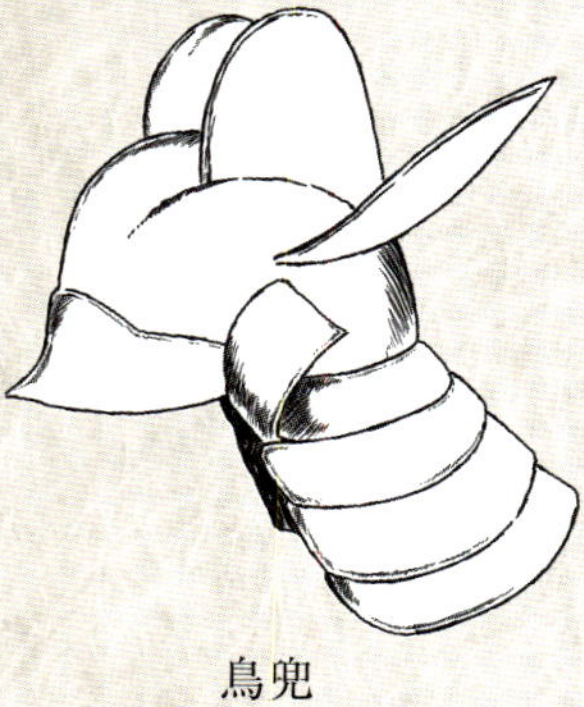

鳥兜

16 世紀の兜

16 世紀になると兜のデザインは革命的に進歩する。頭頂部を覆う板は、眉の部分を覆う板に重ねるようになった。このため従来より重みのある鋼を使い少ない枚数で頭形兜をつくることが可能になった。効果的だったがかなり地味だったので、兵は手のこんだ装飾をつけて兜に個性を出した。

「桃形（ももなり）兜」はその象徴的な存在だ。唐人笠兜は中国やモンゴル風のスタイルを基にした兜で、錣は日本式。鳥兜は鳥のような飾りがついている。星兜は旧来の兜のかたちに装飾用の鋲がついている。陣笠兜は主に歩兵用で、初めて記録に残っているのは 1575 年、東国から使われ始めたようだ。こうした型は 17、18 世紀から 19 世紀初頭まで下級武士や火消しに広く使われた。

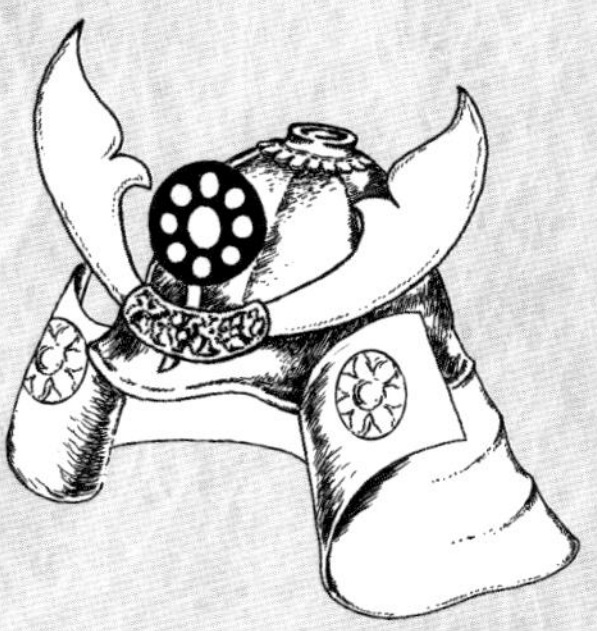

兜

桃形兜

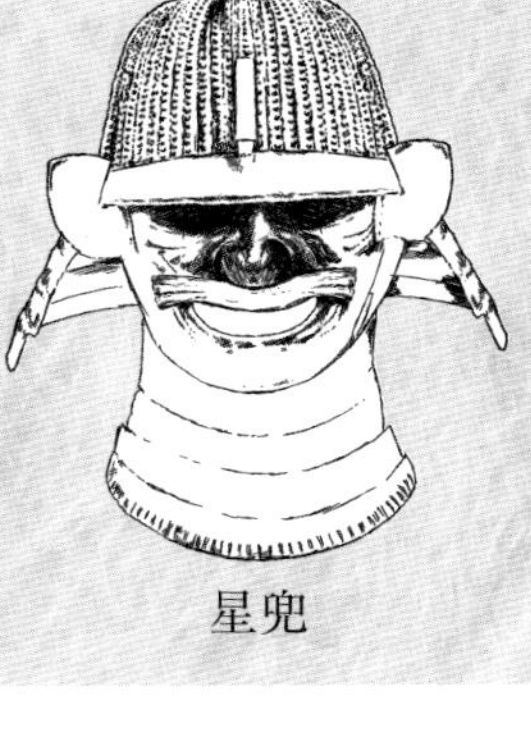

星兜

星兜

七、八枚の縦長の鋼板をつぎ合わせてつくる横矧《よこはぎ》胴は一五四〇年代に尾張国で生まれた。かたちの違う縦矧《たてはぎ》胴も存在し、また雪下の甲冑師が後北条氏の兵につくった鋼の胸当ては「雪下《ゆきのした》胴」という名で知られた。

徳川家康はスペイン式の胴を取り入れ、これに日本風に草摺などの装具をつけ、南蛮胴として知られるようになった。この後、強化した鋼の大板でつくった「一枚張打出胴《いちまいばりうちだしどう》」がつくられた。一枚ずつ前と後ろに鋼の板を使って銃弾から体をよりよく守れる鎧である（日本の銃砲については第五章を参照）。

素懸鎧《すがけ》

「素懸」は鎧を縦に威したかたちのことである。この絵は徳川家康が最も信頼を置いていた武将のひとりで、伊勢国の大名だった本多忠勝の鎧を基にしている。兜の前面にある獅噛み（しがみ）はよく使われたデザインで、鹿角は木製の漆塗りである。わかりにくいが、脚と腕の保護はほとんど鎖で、鍛えた薄い鉄板も一部で使われている。脛当もほぼ鎖を使用。鎧の上からかけている金箔押しの数珠は、仏教の信心のあらわれである。

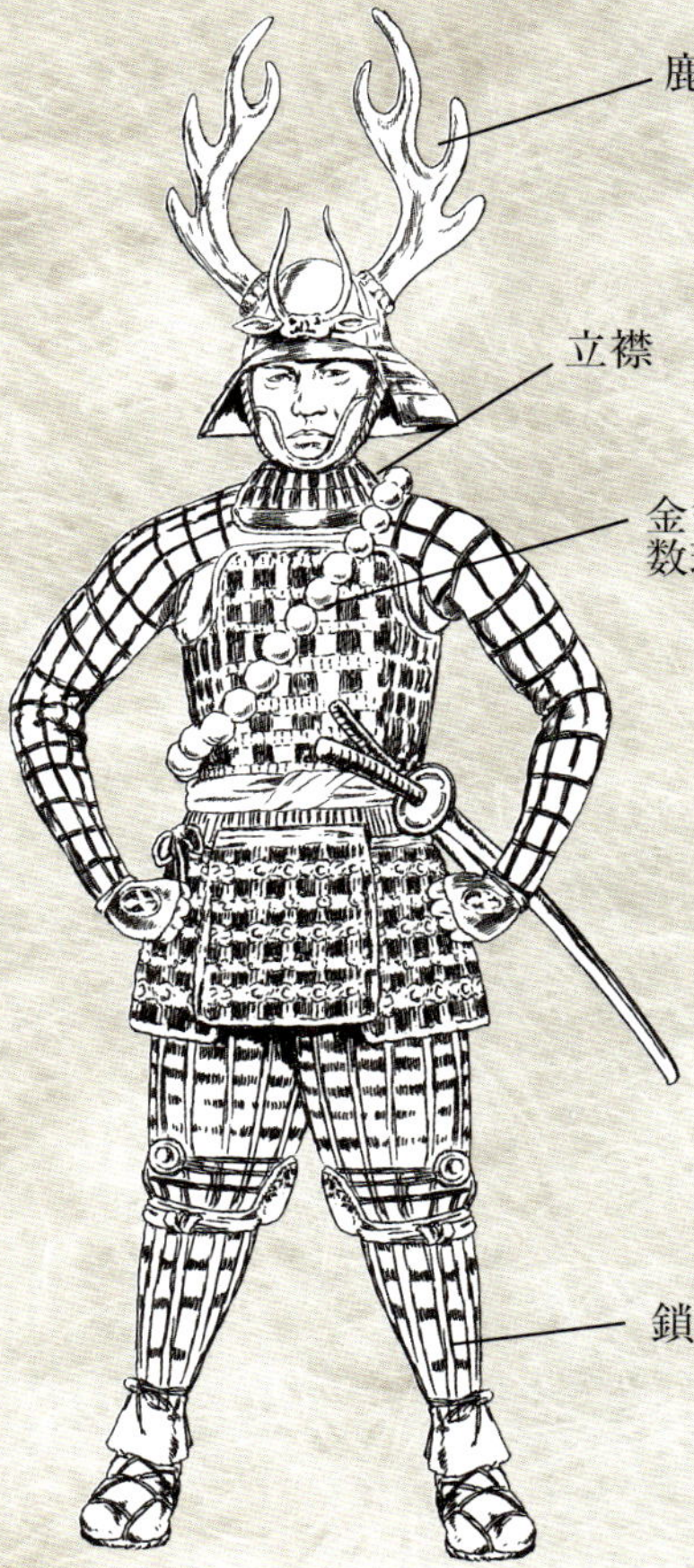

戦国大名のさまざまな戦略

大名は名義上複数の国で権限を持ち、土地ごとに守護代を置いていたため、しばしば困難にぶつかった。守護代は土地の状況をよく把握していて、政治機構を支配することが可能だった。大名が別のことに関心を向けていたり、不慣れだったりすると、野心的な守護代に取って代わることも多かった。高名な一族のうちでも、山名氏や赤松氏など、急速に衰退した一族もあった。その他、細川氏などは一族を率いた政元が一五〇七年、三人の家臣に入浴中殺されるまで権力を保っていた。今川氏や大内氏、武田氏、上杉氏、島津氏など、少なくとも十六世紀中頃まで権力を維持できた大名は少数だった。ひとまとめに語るより、こうした戦国大名たちを数人、順に見ていこう。

西洋風の胴に日本の草摺を合わせ籠手と脛当をつけた徳川家康。

目の下頬は16世紀後半によく使われ、顔の目から下と首を保護した。従来の頬当より顔を守ることができた上に人や動物、鬼の顔もつくれたので個性を出せ、敵を威圧する効果もあった。

保守的な大名・大内氏

大内氏は十五、十六世紀初期にかけて最も有力な大名となった。応仁・文明の乱に大内政弘が参戦したことは決定的な意味を持った。乱が終わると政弘は西に戻り、京都を規範とした自分の都を築き、よく似た名の寺社の造営や祭式を行った。山口の町は一四七七年以後、都よりも立派になった。瑠璃光寺《るりこうじ》に建てられた五重塔は今なお残っており、大内氏の富と権力の証となっている。

大内氏が治めた山口は技術的にも進歩し、石工が平坦な石垣をつくれるようになっていた。畿内地方でこれが見られるのは一五四〇年代以降になってからである。大内氏はまた日明貿易にも深くかかわり、朝鮮とも緊密な関係があった。大内氏は百済からやって来た琳聖太子の末裔であると名乗ってもいた。大内氏一族は十三世紀の歩兵の出ともいわれ、それほど華々しくはなかったが、アジア諸国との関係のため「蒙古人であって日本人ではない」といわれることもあった。

見通しの限界

応仁・文明の乱に参戦した大内氏は当時の戦術を用い、他の軍と同様にかなり槍に頼っていたが、動員の

当世具足

当世具足とは16世紀後期に考案された新しい型の鎧をさす。軽さや柔軟性が増し、従来の鎧より紐も少ない。また槍から身を守るために胴の保護も強化され、特に下腹部の防御性が高くなった。空の甲冑だけで立つほど強靭で、そのため「立ち胴」としても知られている。ほとんどが二枚胴といって2枚の板をつないでつくられており、左腕の下に蝶番がついている。伊予札が縦に紐で綴じられた素懸の鎧は、縫って延ばすところから「縫延（ぬいのべ）胴」と呼ばれる。

方法は十五世紀より十四世紀に近い。大内軍は他より自律性を維持し、恩賞を申し立てる軍忠状を引き続き提出していたが、これは十五世紀というよりむしろ十四世紀の兵に典型的にみられたものである。大内氏の国は他国よりかなり安定しており、当初は守護代の足並みも揃えることができた。一四九三年に細川政元のクーデターで追放された足利将軍義稙にとっても、大内氏の拠点は亡命先として自然な場所だった。最も優れた軍を持っていた大内氏は望めば日本の変革に大きな役割を果たせただろうが、そうはせずに自軍の力で足利氏を支えた。これは上杉謙信にも通じる特性であった。

家臣への保守的な期待に大内氏の見通しの限界があらわれていた。最大のライバルである細川政元が山伏のようにふるまったり呪いをかけたり、女性を近づけないなどといったとっぴな行動で家臣に疎んじられ、一五〇七年にはっきり跡継ぎが決まらないまま暗殺されると、大内氏は足利将軍を復帰させるべく強大な軍勢を率いた。これは一五〇八年から一五一八年まで軍を維持したという成功のしるしであり、足利氏はある程度復活を果たした。しかし一五一八年になると、大内義興《よしおき》（一四七七―一五二八）は領国の統制が取れなくなるのを恐れ、また周囲と不和になり争いに負ける恐れがあったため都を去った。足利義稙もまた都を逃れ、死ぬまで各地を転々とした。

連歌を奨励し、都の貴族のようにふるまう大内氏は、京の都を手本にして町づくりをしており、統治の傾向は足利氏に通じるものがあった。また応仁・文明の乱の後には銭の交換比率を制度化し、法を定めて功を奏した。こうした方策は暴力的な行為を減らし、個々の納税を推進した。領国が安定すると、

大内義隆の旗。大名の家紋とさまざまな守護神仏の名入り。

大内氏は地元の寺や神社を支援できるようになり、豪勢な住居や寺も造営した。その最たるものが瑠璃光寺の五重塔である。大内氏がつくった寺のなかには巧みに築いた石垣が特徴の寺があり、一五〇七年に建てられた凌雲寺の石垣は全長六〇メートル、高さ三メートル、幅二メートルもあった。凌雲寺は十六世紀の当主大内義興の保護のもと造営された。こうした石垣は当時畿内地方にあった土塁に比べ非常に質が高く洗練されていた。

義興は父の政弘が引退した後、一四九四年から一五二八年に死去するまで領国を支配した。義興の努力はほとんどすべてが報われたが、一五二三年にはライバルの尼子《あまご》氏に敗れた。三年後、義興は尼子氏を打ち負かしたものの壊滅はできなかった。息子の義隆《よしたか》（一五〇七―五一）は尼子氏と戦を続け、一五四〇年には尼子氏にかなりの打撃を与えたが、父と同じく決定的に壊滅できず、一五四三年には敗戦に甘んじた。大内氏の家臣の間で戦を広げるか、それとも交渉をするかという内紛が起こった。

瑠璃光寺。五重塔は 1442 年に大内氏が建立した。大内氏は京都の寺社をモデルに山口の町をつくった。応仁・文明の乱後、この「小京都」は焼け野原になった都から来た職人や貴族を魅了した。

16 世紀の甲冑師を描いた絵。甲冑師の多くは京の都に住んでいた。都の南にあった店と住まいは応仁・文明の乱でも被害を受けずにすんだ。

陶《すえ》氏は精力的な軍事行動を好み、主君の大内氏に対し不満をつのらせた。敗戦によって領国の南部では大内氏の勢力が揺らぎ、最も信頼のあった陶隆房《たかふさ》が一五五一年に謀反を起こし、義隆を追いやり、九月には自害に至らしめた。

大内氏は応仁・文明の乱後、安定した拠点となっていたが、文化的・軍事的に足利氏を規範とし、軍事力の大半を古い秩序を維持するのに使い、新しい体制をみずからつくりだそうとはしなかった。この文化的保守性は、他のどの地域よりも早く洗練された石垣で築城したり、ポルトガルから伝来した銃を早くに手に入れたことなど、大内政権の改革面において大いに影響をおよぼした。だが、新たな武器や技術が手に入っていても、大内氏の支配をすすめるのにはあまり役立たなかった。大内氏は過去の方ばかり見ていた。キリスト教の宣教師と対面したときでさえ、彼らがインドから来た仏僧の新しい分派の代表にすぎないと信じていたのである。

有能な統治者・後北条氏

後北条氏も優れた大名であり、大内氏よりも革新

1507年につくられた凌雲寺の石壁は、大内氏が切り出した石からこのような建造物をつくれる力があったことを示している。こうした技術は当時他の地域では見られず、東国や中日本では依然として土塁がつくられていたからである。石垣の初期の例では、1270年代に蒙古襲来でつくられたものがあるが、それは岩を積み上げただけで、このように切り出してつくったものではなかった。

的な面もあったが、結局それほど成功はしなかった。多くの歴史書によると、後北条氏は始祖の北条早雲が素浪人から東国で身を起こした叩き上げであり、一四九三年に最初の戦国大名になったとされる。実際には身分の低い生まれではなく、足利氏の政所執事をつとめた伊勢氏の出だった。本流ではなかったが、彼は幕府の申次衆《もうしつぎしゅう》として仕え、応仁・文明の乱で西軍の側についた足利義視《よしみ》の腹心となった。

早雲はまだ若い時分に応仁・文明の乱を避けて都を離れ、今川氏の領国に落ちつき、そこで跡継ぎ争いを収め、それから東に向かった。将軍義稙（義視の息子）が一四九三年に政変で追われ、次に傀儡の足利将軍が据えられると、早雲は今川氏の代理をつとめ、同年細川・足利氏側の代表を襲って殺害した。

歴史家は早雲を新たな時代、下剋上の典型とみなしていることが多いが、この点に重きを置くのは誤りである。早雲は足利家の著名な執事の家柄と親族関係にあり、彼の行動は政権打倒に向けた変革の動きというよりも細川氏の利権に損害を与えるものだった。早雲は東国で反足利氏の動きを取った。それは細川氏の謀反の正当性を受け入れなかったからであり、同時期の西国の大内氏に通じる態度だった。

とはいえ、早雲がみずからの地位を足利政権の役人にまで押し上げ、そこで一国の大名になったのは並大抵のことではない。言い伝えによると、早雲は六人の侍と誓いを立て、仲違いせず助け合い、誰かが出世したら他の全員でそのひとりを助けることにした。この元祖「七人の侍」ではひとりが引退、もうひとりが出家したが、残りの四人とその子孫は早雲とその子孫に仕えた。武将には親しい家臣が必要だったから、こうした支持者がいたことで早雲の成功はある程度説明できる。だがそれと同時に、他と同盟を結ぶ必要もあった。早雲は西隣の守護大名、今川氏と完璧に連携して動いた。公式ではなかったが、事実上今川氏の守護代としてふるまい、中部地方を支配する戦国大名である今川氏の地位を強めるのに助力した。早雲と今川氏はまず上杉氏と戦った。上杉氏は関東管領に任命された高位の一族であった。

早雲自身は策略家で、狩りをよそおって小田原城を攻め落とした。上杉氏の家臣だった大森藤頼《おおもりふじより》は、一四九五年当時にそんなあつかましい攻撃など想像もおよばなかったことから油断したのであろう。しかし、生涯を通して早雲は小さな韮山城に身を置いた。今川氏との連携のため、戦うのは東国相手のみで、実際早雲は一五〇八年になっても今川氏親《うじちか》を「お館様」と呼んでいる。早雲は東国との良好な関係を維持し、一五一〇年には新しく鉄砲を手に入れもした。また別のライバル三浦氏を倒したのは一五一二年以降のことで、それから鎌倉へと進んだ。このとき早雲は「枯る

武田信玄と家臣団の絵。成功をおさめた大名は権限を相談役や武将たちのグループに託した。この絵にはその重要性があらわれている。武田の家臣たちはその献身ぶりと戦上手で有名になった。武田氏が壊滅すると、家臣たちの子孫は江戸幕府を1603年に開いた徳川家で最終的に働き口を見つけた。

る木にまた花の木を植えそえて、元の都になしてこそみめ」という歌を詠んだ。

　鎌倉を手に入れた早雲は北条と名を変え、有能な鎌倉幕府の指導者の後継者の一族であることを示した（註・早雲自身は北条と名乗っていない）。相模の国ひとつを手に入れるのに二〇年かかったが、その前からすでに、一五〇六年から一年ごとに領国の検地を始め、また『早雲寺殿《そううんじどの》廿一箇条《にじゅういっかじょう》』という家訓を残している。北条早雲は下剋上の精神をあらわす存在というより、実際は応仁・文明の乱後の日本にあったチャンスを見抜いた有能な指導者だった。今川氏と連携し、忠実な家臣を集め、さまざまな計略を用い、東国における権力を手に入れ、上杉氏との戦も続けたのである。

続く戦

　政治面を見ると、一四九三年以降の日本はふたつの主な派閥の間にひびが入り、そこへ応仁・文明の乱が続いて対立が深まった。細川勝元は東軍の総大将で、息子の政元は足利氏に対して謀反を企てた。東では、特に今川氏とその有能な家臣の後北条氏、そして大内氏の勢力下にあった西国では細川氏の謀反の正当性を認めず、中央権力に従わなくなった。対照的に、上杉氏は朝廷と緊密な関係を続けた。

　しかし時がたち、特に一五五〇年前後になると、指揮力に欠ける大名は守護代に打倒された。下剋上というのは、部下が無能な上司に取って代わることで、さらにいえば早雲の息子の北条氏綱《うじつな》が一五二四年についに江戸城を攻めたときのように、自分たちの自治を主張するものである。ここから武蔵国の平野部を攻略し、東国で代々勢力を持っていた戦国大名の上杉氏への大がかりな攻勢が始まった。氏綱がその名を後北条に変えたのもこの頃で、上杉氏への攻撃を正当化するためであった。一五二四年に氏綱は三つ鱗が特徴の北条家の家紋を使いはじめ、自分が一二〇三年から一三三三年まで鎌倉幕府を統治した北条氏の後継者であるという位置づけを強調した。また一五三二年からは、氏綱は鎌倉との絆をさらに深めるため、一五二六年に焼失した鶴岡八幡宮を再建した。上杉氏は東国で自分たちが最も力のある一族だと信じており、氏綱は江戸城を攻略した後の一七年間、彼らと戦を続けた。

氏綱の自治には限界があった。早雲の甥が今川氏親だったからである。一五三五年になっても、後北条氏はまだ武田軍の攻撃から今川氏を援護していた。だが翌年、今川氏の家督を継いだ今川義元は武田信虎《のぶとら》（一四九四―一五七四）の娘を妻に迎えると、それまであいまいだった領国の東側の国境の守りを固めるようになった。後北条氏が今川氏から独立を果たし、国境を守る必要が生じたからである。とはいえ、以前の

徳川家康

甲冑姿の徳川家康。長篠・設楽原の戦いと1600年の関ケ原の戦いに勝利し、江戸幕府への道を開いた。家康は豊臣氏を支援するという誓紙に署名したが、秀吉が死ぬとそれを無視し、1600年には秀吉の側近を攻撃し、ついには口実をつけて1615年に秀吉の跡継ぎを自害に追いやった。家康の行動は憎しみを生み、1603年には強大な幕府を築いたが、その政権は強権政治と力を維持するための監視に頼るものだった。

結びつきはまだ完全にはなくなっておらず、今川氏は武田氏と同盟関係にあったが、一五五四年に今川氏と武田氏、後北条氏は揃って同盟を結んだ。

早雲は一五一八年にその地位を息子の氏綱に譲り、翌年に六四歳という長寿をまっとうした。氏綱は一五四一年に死ぬが、北条の家訓を守りつづけ、領国を拡大した。彼は自分の五箇条の訓戒状を息子たちに書きのこしたが、これには彼の姿勢がよくあらわれている。まず一箇条目にはこのように書かれている。

「大将も侍も義を守らねばならない。義なしでは、領国をひとつやふたつ得ることになっても、後にそれは恥辱の源となるだろう。もし天運が尽きるときが来ても、義理をたがえていないと心得ておれば、後の世代にとっても恥（や批判）はないだろう……。古い物語を聞いても、義を守り滅びたものと義を捨てたものの栄花への道には天地ほどの大きな差がある」

氏綱はここで天皇家を打倒した足利氏を批判し、もっと「高潔」な敵方であり忠誠、正直、公正、勇敢さの名声を確立した新田義貞や楠木正成に対する好意を暗に示した。

二箇条目では、最高の地位にある侍から下層の百姓まで、どんな階級の者にも能力があり、国を治める大将は国に住む者すべてを活用するのが不可欠だとした。逆にいえば、氏綱はたとえ最も抜きんでた者であっても個人では限界があると理解し、すべてにおいてずば抜けて何でもできる者はいない、とした。

氏綱は次に、侍は驕ったり、へつらってはならず、身のほどをわきまえるべきだと述べている。そのためには無理に贅沢をよそおってはならない。百姓や商人に重い税を課することになるからである。そんな贅沢への欲望は自身を現実より裕福に見せたいと願う庶民の行いにまでも影響し、そのため賭け事に興じたり、なかには見栄を張りきれなくなって逃げる者もいる。結局、主君が繁栄しても領地の残った者はそうはいか

戦闘隊形

軍が大規模になって組織化が進むと戦闘隊形を取れるようになり、槍兵が前面に立って本隊を守るようになった。中央部は武将の保護につとめた。武将は非常に大事な存在だったので死ぬと軍の気力が衰え、崩壊してしまうからだ。雁行のような比較的簡単な隊形が最もよく使われていたが、軍が陣を張ると、もっと細かく組まれた配置をつくった。

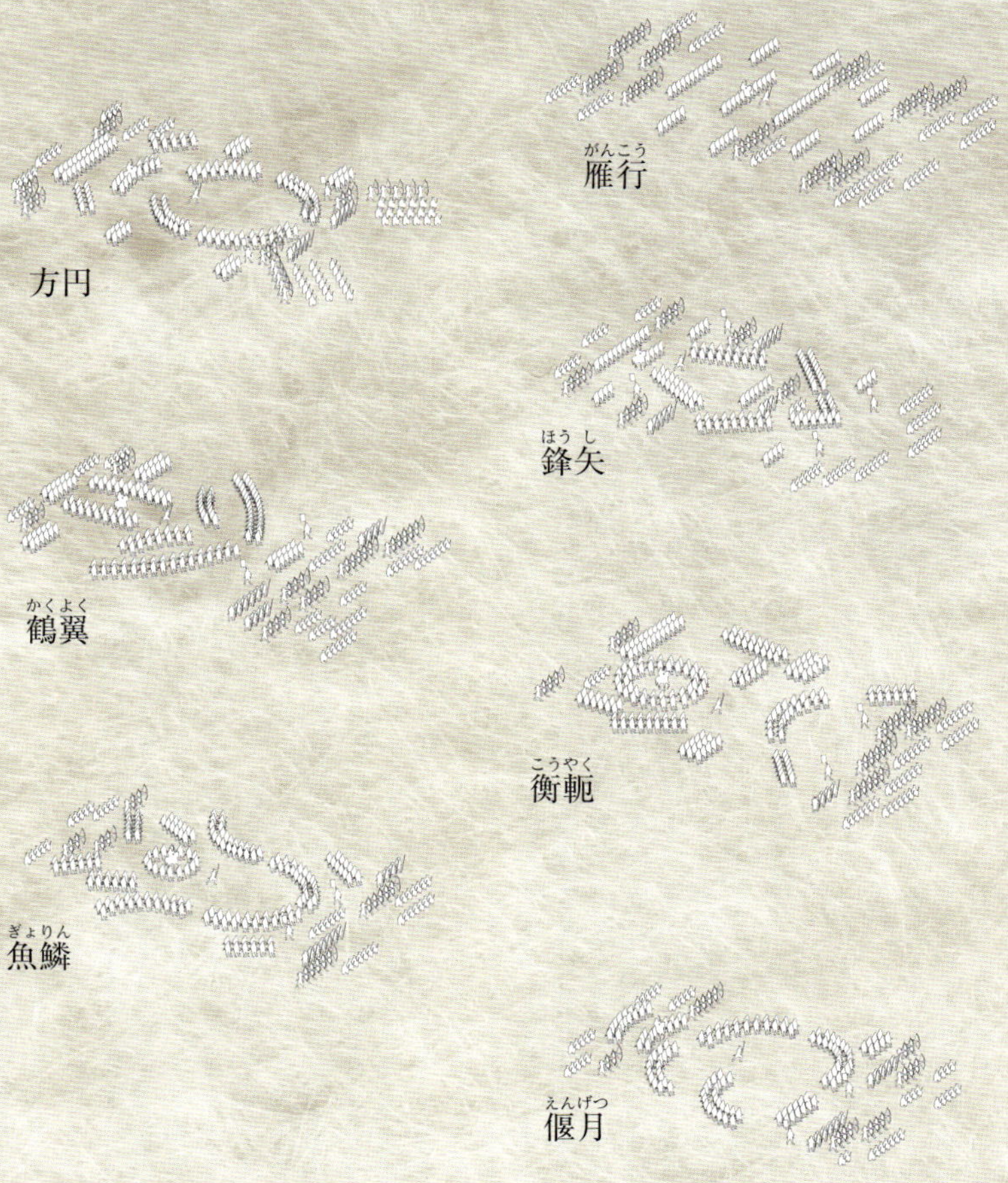

ない——上杉のやり方がそうだった、と氏綱は論じた。また、侍はその階級に従った扱いを受けるべきだともいっている。

最後に、最も身近な点として、氏綱はやはり倹約が大切と説く。ここでの倹約とは主君の倹約であり、主君が派手なことを避け、領地に税をむやみに課さなければみな繁栄し、兵も農民も等しく後北条軍の矛先となることをいとわず仕えるだろうという。しめくくりに、氏綱はまた勝利で傲慢になったり、負かした敵をけなしてはいけないと忠告した。一五四一年に書かれたこの訓戒状は完全に侍の理想の新しい姿をあらわしている。

足利氏や大内氏にとっては、倹約は統治や品行と関係のない概念であったが、こうした理想は十六世紀には広く受け入れられるようになった。また別の大名、朝倉孝景《あさくらたかかげ》（一四二八―八一）は、倹約を奨励する家訓を書き、また同じ一族の教景《のりかげ》（一四七四―一五五五）は、早雲が針までも蔵に積んでおくような人で印象的だと語っている。早雲と後の世代の間には大きな隔たりがあり、その差が最も著しかったのは氏綱と大内氏である。早雲は策略を用いて敵を負かしたり、小田原城を攻めたときのように長期戦で包囲したりする力を持っていた。そうしたとはいえ、早雲とその子孫は領国の再編成をめざましく進め、検地を行って土地を広さではなく収益から評価していた。

後北条氏のもとで武士が所有する土地は分割、分散され、反乱を起こすのが不可能になった。また、後北条氏は拡大していく領国内の城を通じて優れたネットワークを築き、攻撃を非常に困難にした。後北条氏は違う面でも革新を行った。城のネットワークを維持することで、情報伝達を改善したのである。警告を伝えるにはよくのろしが使われた。日本の国内でこのようなのろしを使った記録は、古代を別とすれば一二八一年の蒙古襲来までさかのぼる。のろしはすぐには見えなかったが、日中や雨のときの手軽な手段として、楽器も好まれた。城に物資を集める命令にまず鐘が使われ、それから兵が鎧をつけ陣地に向かう合図として太鼓が使われた。最後に、兵に対する城への退却命令には法螺貝を吹いた。後北条氏はのろしを使い続け、乾燥したオオカミの糞を使って煙の色を変え、のろしを目立ちやすくした。この方法は後北条氏が里見氏に対し海から夜襲をかける際に真っ先に使われることが多かった。

後北条氏の軍事組織

後北条氏に関する論文を書いたマイケル・バートは、後北条軍がいかに政権構造の分散化をはかり、各所に置いた支城を中心に領国支配を展開したかを明らかにしている。検地は何度も行われ、後北条氏はどんどん増えていく領民を動員できるようになった。やがて一五八〇年代末になると軍勢は五万にのぼった。

後北条氏は貫高で土地を測量・評価する検地を行い、軍役の賦課を決めた。こ

小田原城の本丸（天守）。後北条氏の領国の中心であり、上杉謙信の包囲攻撃にも持ちこたえ、難攻不落とされた。1590 年に豊臣秀吉が城を包囲し、兵糧攻めにして後北条氏は降伏した。

鎌倉にある鶴岡八幡宮の本宮。

のシステムは氏綱の時代にもあったとみられ、一五四一年の訓戒状を書いたとき、兵は貫高によって賦課があるとしている。一五五六年三月八日付の現存する最古の後北条氏の軍役状によると、伊波の土地と兵は四四二・四貫で、兵ひとりにつき七・九貫の比率で五六人を動員することになっていた。五六人のうち一二人が騎馬兵という以外、この兵たちが持つ武器については何も触れられていない。しかしこの数字はまた、騎馬兵が後北条軍の兵に占める割合は五分の一だけで以前と大きく異なっており、それは応仁・文明の乱後、槍兵が優勢になるというパターンと一致していることがうかがえる。

軍役状

一五五九年に作成された非常に有益な文書によると、兵五六〇人の知行が七万二一六八・三貫分であり、後北条氏がどんな台帳をつくったかがわかる。この五六〇名の兵のうち何名が動員されたかはわからないが、それでも後北条軍に関して多くのことが確認できる。まず、部隊は血縁関係というより地縁で決められた。この台帳によればおそらく一万人もの兵が動員可能であり、また後北条氏の土地全部は含まれていなかったので、北条軍は一五五九年には計約二万と推定できる。後北条氏の最も忠実な家臣は領地のうち周辺部を与えられたが、これは革新的だった。その地域を確実に後北条氏の領地に組みこむものだったからである。

後北条家三代目当主の氏康《うじやす》は、父と祖父に忠実に仕えた二八人の兵を選び、二〇人を指揮官とし、家老五人それぞれが異なる旗色の隊を率い、他の家老三人は色分けされていない隊を率いた。五色の旗は後北条軍の中心を構成していた。

後北条氏は一五七二年頃、より組織的に軍役を課すようになった。現存する文書から部隊の様子が垣間見える。例を取ると、岡本八《おかもとはち》郎《ろう》左《ざ》衛門《えもん》政秀《まさひで》は知行五九貫あまりを与えられた。現在の価値に換算すると六〇〇万円ほどと考えられ、彼は自分と侍四人、足軽一〇人を動員する義務があった。このうち政秀は一五貫分を取り、侍四人がその三分の一（それぞれ五貫分）と足軽が二・四貫分を所有し

1615年の大坂城の包囲攻撃。さまざまな大名の軍勢が描かれている。

た。政秀だけが馬に乗り、高位の侍の特権である鉄の甲冑と面頬をつけた。足軽のうちふたりが旗を持ち、六人は長さ約六メートルの三間槍を持った。対照的に、敵の大名織田信長は九メートルの長槍を使った。三月十二日付の別の文書によると、岡本は自分の隊から三人送ったとみられ、ひとりは竹の棒、他は槍を持っていた。この文書では彼が弓を用意しなかったのを批判し、また従者も所属する部隊に合わせた鎧が必要だったとしている。後北条氏は鎧の色を合わせるように要請したが、その構成までは特に指定していない。おそらくこうした兵たちは紙の鎧を着ていたと思われる。

宮城《みやぎ》四郎《しろう》兵衛尉《ひょうえのじょう》は岡本政秀よりずっと格上の侍で、やはり戦では馬に乗り、七人の騎馬兵と二八人の歩兵を一五七二年に動員した。歩兵に対する騎馬兵の割合はここでは二〇パーセントで、後北条軍には典型的な割合だった。この部隊の兵全員の貫高

扇と戦場の指揮

軍が大規模になると直接指揮をとるのは難しくなった。指揮管理ができる範囲は限られていた。武将は扇（軍配団扇）を地位のシンボルとして持ち、攻撃開始の合図にも使ったが、基本的にはこの扇は祭式用に使われていた。武田信玄は扇で敵の打撃をかわし、命を守ったことがある。ちなみにこの軍配は相撲にも使われており、全国にも広まった16世紀の戦国時代の名残でもある。12枚折りの軍扇も戦で使われ、武将が家臣に与えたりもした。この扇は敵の首を検分するといった儀式の際にも使った。

しかし軍が大きくなるにつれ、扇では部隊に方角を示す程度しかできなくなっていった。上杉氏の場合、戦の演習もできるようにつくった扇をひと揃い持ち、大きな軍隊を動かすことができた。武将は自分の部隊の配置の責任は持っていたが、川中島の合戦のような例外を除き、部隊の先頭に立って戦うことはしなかった。

金漆塗りの頭形兜。鎖で覆われ、武将の扇がついている。

は二八四・五貫で、七人の騎馬兵の貫高は九〇―一三貫の幅があり、平均は四一貫をわずかに下回る程度だった。宮城と従者はひとりあたり六・九貫相当で動員される計算で、岡本政秀がひとり三・九三貫で出さなければいけなかったのに比べると負担はかなり少なかった。岡本政秀は部隊に弓も持たせなかったのに対し、宮城は一七人の槍兵と、火縄銃の射手ふたり、弓の射手ひとり、旗指三人その他五人という構成だった。もうひとつ最後に例をあげると、二五貫相当の武士は三人動員し、ひとりは騎馬兵、他は旗指と、中程度の長さの槍を持つ兵でひとりあたり八・三貫だった。

後北条軍を書面上の軍といったら誇張になるが、彼らには欠点があった。後北条氏が動員したのは槍兵を主とする軍で、大人数で土地を占領することが可能だった。騎馬兵はこれに比べて数が少なく、どう見ても集団で戦うのには慣れておらず、また軍の保有する投射兵器も驚くほど不足していた。先に触れた三つの部隊の例

後北条軍の部隊

後北条氏のために動員された岡本政秀の軍。槍が主力で、政秀だけが馬に乗っているところに注目。なんと軍勢には弓も銃も持たされなかった。後北条氏が土地を占領するための槍兵の動員には秀でていたことがうかがえるが、有力な戦闘部隊ではなさそうだ。

では、五四人中騎馬兵が一〇人で四四人が歩兵ということがわかっている。

後者のうち四人は武士で、二四人が中程度の長さの槍を持ち、六人は旗のみで、投射兵器を使えたのは全部で三人だった。残りの七人は特にこれといった武器をまったく持たずに戦に出ていた。おそらく運搬人か料理人、あるいは武器を手に入れたら戦う予備の兵だろう。

軍の基本構成が槍兵で、弓や鉄砲の数が意外なほど少ないのは、そもそも軍が土地の占領を目的としていたことを示している。兵は最小限の鎧しかつけていない者が大半で槍兵が中心、つまりそれほど機動性はなかった。この編成から、後北条氏が一気に攻撃するより物理的に占領して、徐々に領地を広げるだけだった理由が説明できるかもしれない。この点では後北条氏が独特だったわけではなく、北陸の大名の朝倉氏も同じように大

本多忠朝（1582-1615）は本多忠勝の次男で、父がつけていたのと似た枝角の兜をつけ、1600年の関ケ原の戦いに参じた。大坂冬の陣で酒のため不覚を取ってしまうが、夏の陣では毛利勝永相手に大坂城の天王寺の門で勇壮に戦い、討ち取られた。死後、酒封じの神として祭られるようになった。

人数の槍兵の動員に力を入れた。朝倉孝景は一四八〇年に、一万疋の刀でも百疋の槍百本には勝てないのだから、高い武器を少しではなく安い武器をたくさん買うべきだと書いている。

東国では後北条氏がその多くを制覇し、政権に安定と繁栄をもたらした。慎重な政策のもと後北条氏が築いた小田原城は革新的ともいえる巨大な城で、敵の攻撃を受けてもただ退却して相手が出ていくのを待つだけでよいという難攻不落の城になった。後北条氏の目算が狂ったのは一五九〇年のことで、豊臣秀吉の怒りを買い、秀吉が全国から大規模な兵を集めて包囲を続けたため降伏した。後北条家の氏政と氏照は自害し、領地と侍はそっくり秀吉側のものとなった。

そんなわけで、管理面での効率性や革新的な築城技術では、鉄砲や大砲が増加したこともあって軍を永遠に守ることはできなかった。変化を頑なに受けつけなかったため、後北条氏は一五〇〇年にはうまくできていたものが一五九〇年にはほとんど時代遅れになっていることを理解できなかった。後北条氏の敗北をもって戦国時代に終止符が打たれた。大名がみな後北条氏のように管理面で熟達していたわけではない。上杉氏はそれに比べると領地の組織化にはあまり長けていなかったが、戦はうまく、十六世紀の混迷のなかを生き残った。

上杉氏・カリスマ的保守主義の限界

上杉氏は古くから続く名門の家系だった。その財産ができたのは一門の上杉清子が初代足利将軍尊氏の母だったからであり、上杉氏は足利氏の関東管領の座におさまった。だからといって足利氏、特に十五世紀初頭の義教との確執から逃れたわけではなく、また彼らがこの痛手から完全に回復することはなかった。上杉氏に対抗するために結成された後北条氏・今川氏・武田氏の同盟は大きな効力を発揮し、また後北条氏からの圧力も続き、最後の関東管領の座にいた上杉氏（山内上杉氏）は一五五二年に東国を捨てざるを得なくなった。上杉憲政《のりまさ》（一五二三—七九）は上杉氏の守護代、長尾氏がいる北国越後へと逃れた。ここで彼は長尾景虎《ながおかげとら》を後継に定め、この景虎が後に知られる上杉謙信である。

上杉氏の例でわかるように、力の衰えた大名は有力な守護代を取りこんで家名と評判を守った。謙信は上杉氏の一員となって長尾家の記録はあまり残していないが、紙切れ一枚にいたるまでのほとんどの文書と上杉家の家財はきちんと保存しており、上杉家文書は今でも卓越した存在となっている。

謙信は一五五三年と一五五九年の二度にわたって、足利将軍からの叙任のため上洛した。行ったものの、大内氏と違ってとどまらずに領国へ戻り、ただちに後北条氏への攻撃に取りかかって拠点の小田原城を包囲し、後北条軍の守備がおそらく想像以上にかたちだけのものであることを示した。武田氏が背後から迫ってきたため、謙信は包囲網を崩さざるを得なかったが、それでも鎌倉まで退却して

19世紀に描かれた上杉謙信像。守護代の長尾氏の家に生まれ、上杉氏の後を継いだ。宿敵・武田信玄と同じく彼も出家した。謙信の名は1570年から称した法号である。繰り返し行われた川中島の合戦で名を馳せ、また歴代足利将軍の一番の支援者でもあった。

関東管領の座についた。

上杉氏の軍組織

一五七五年の文書（『上杉家軍役帳』）には上杉氏の軍組織の詳細が書かれている。またこの文書では実際の強みと弱点が示されており、後北条氏とは対照的で興味深い。後北条氏と違って、謙信は保有地の価値の評価と戦に参加する部隊の人数をはっきり関連づけたりしなかった。文書には全部で三九人の名前が記載され、部隊の組織は地域より血縁が基盤になっていること、合計で五五一四人の軍を率いたことがわかる。このなかで、三六〇九人が槍兵、六五〇人が運搬人（「手明《てあき》」として知られる）、三二一人が鉄砲隊、三六八人が旗指、五六六人が騎馬兵だった。

この割合にはいくつか注目すべき傾向がある。まず、騎馬兵の数は後北条氏の二〇パーセントに比べて一〇パーセント弱と少ない（謙信の機動力と、後北条氏が変化を好まなかったという事実からすると

敵味方を識別する旗指物は兵を活気づけ、混乱する戦では旗を頼りにして陣営を見つけることも多かった。左から・牧野忠成の三つ葉柏の指物（1615）、徳川家の家臣、京極高次の指物、酒井忠次（1527-96）の幟、山本勘助の山本紋（16 世紀）。

本多忠勝の甲冑を思わせる古風な当世具足を身につけた男性。この男性が参加しているのは春日大社にゆかりのある祭りで、鹿は神の使いとされるため枝角は重要である。

違うように見える)。上杉軍は後北条氏より旗指の人数が少なく、小規模で組織的にもそれほど整っていなかった。歴史学者の杉山博《すぎやまひろし》は、上杉軍にかなり多くの下級武士が含まれていた理由は、騎馬兵が少なく運搬人が多かったからだと述べているが、社会的地位と馬に乗る能力をいちがいに比べることはできない。謙信は八〇〇〇の軍勢があると公言したが、上杉氏の文書では五五〇〇とあるためその人数が本当とは思えない。おそらくなんらかの同盟軍が手を貸したのだろう。しかし謙信は事実上所有していた国に対して厳しく支配をしなかったので、家臣が謀反を起こすこともあった。謙信は攻撃も行ったが、最終的には人質を取って自分に従わせた。

上杉氏は国をまとめるのはあまり得意ではなかったが、史料で見る限り軍組織の方が事務管理より進んでいた。上杉家の軍事入門書には、上杉謙信がどのように軍の野営を指揮したか書かれている。垣をめぐらした移動可能な城のような陣を莫大な数の兵が護衛するかたちで、鉄砲隊と弓隊を配置した長方形の囲いを足軽部隊が警護していた。こうした集中的なバリケードで守られた謙信はその中心に構えた。たとえ一時的な拠点であっても防備に気をつかい、一五六〇年に桶狭間で討たれた今川義元とは違って、本陣で討たれることのないよう配慮した。

また、謙信はカリスマ性のある指導者となって自らも北方の守護者とみなし、北方の守護神の毘沙門天と自分を重ねあわせ、「毘」の字を旗にした。別の軍旗もあったが、それは草書体の「龍」の字が書かれ、通

紋の型

馬印（紋）は戦場で大事な位置を示す目印として使われた。ひとつの隊につきひとりの侍が幟や二本撓いの旗を持ち、他の旗は武将たちの位置を示すために使われた。

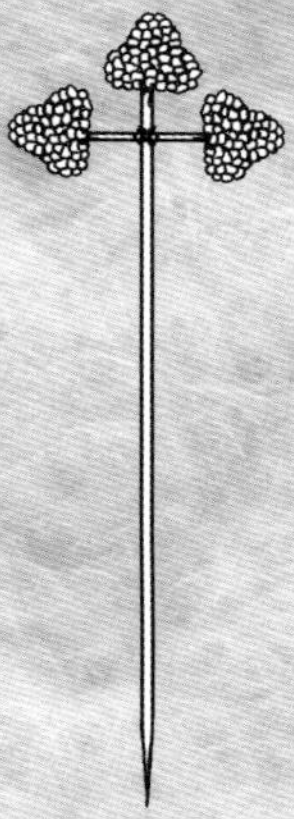

金三つ葉小馬印

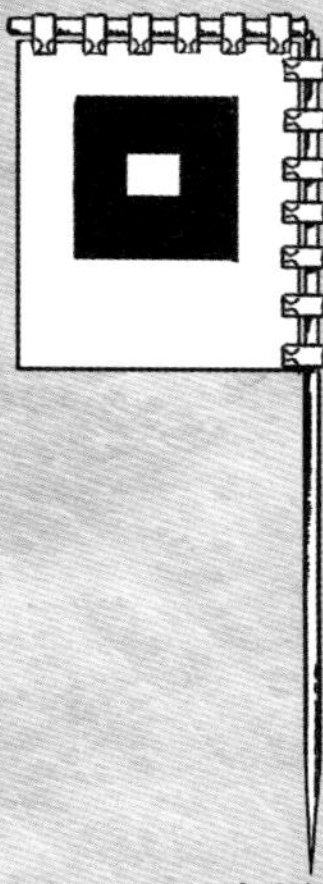

大馬印

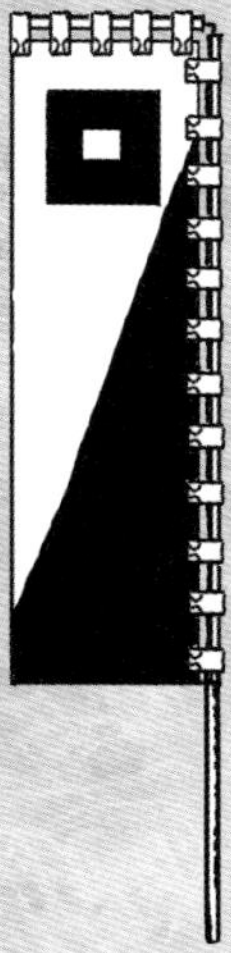

幟

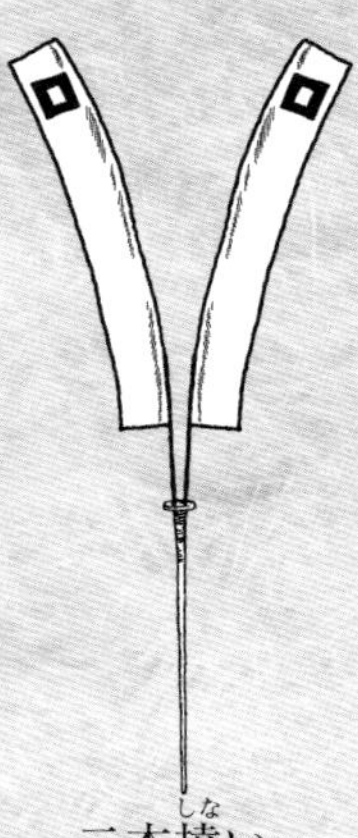

二本撓《しな》い

日輪模様

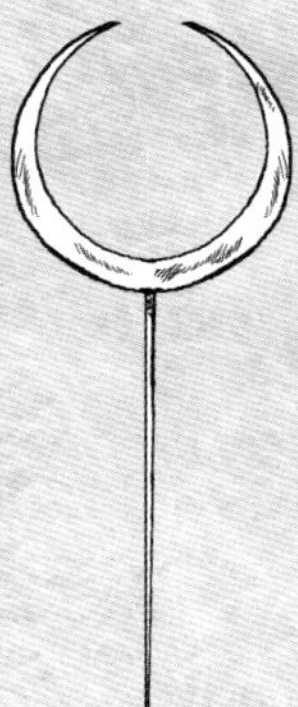

繰半月

本庄弥治郎

上杉謙信が川中島の第四次合戦で武田信玄軍に対する攻撃の先陣に立っている。
剃髪で、中心に描かれているのが謙信。

常の攻撃の際に合図をするために使われた。

とはいえ、謙信も大内氏のように足利氏の体制を守ろうとつとめたようだ。将軍から甲冑の下賜を受けて援護を求められ、彼は上杉氏の昔ながらの肩書を守るためにかなりの力を費やした。後北条氏と違い、さらに大内氏とは段違いであるが、謙信は何度も行われた攻撃と、京と鎌倉間の往復に尽くした。彼が日本の国を独立国の集まりとは考えず、むしろ名目上は足利氏が統治するひとつの国家であり、誰かがそれを守らなければならないと考えていたのは明らかである。

伊達政宗

「独眼竜」の名で知られる政宗は16世紀後半に最もカリスマ性があった大名のひとりである。弦月が特徴の兜、14世紀後半から16世紀によくあった非常に大きな大立挙の脛当をつけ、五枚胴の具足を着ている。政宗は仙台の町をつくり、強大な力を持っていたため、徳川氏を遠慮し、天守は建てなかった。

川中島

武田氏と上杉氏の領国の境界線で五度にわたって繰り広げられた川中島の戦いで、謙信の指導者としてのカリスマ性がはっきりとあらわれた。同じ場所で五回も戦うなど無益であり、総師力のなさを露呈していると思われるかもしれないが、実際は熾烈な戦いに目を奪われ、この地域の戦略的重要性が正しく示されていない。そこは信濃国と武田氏の甲斐国との国境で、小笠原長時《おがさわらながとき》（一五一四―八三）と村上義清《むらかみよしきよ》（一五〇一―七三）が武田氏の進軍を止められず、上杉氏に援護を求めた場所であった。最初の戦は一五五三年八月に起こり、一五五五年七月に次の戦、その後は一五五七年八月、一五六一年九月、最後に一五六四年八月と続いた。この場所を失うと自分の領地が武田氏の危険にさらされるため、謙信は戦わねばならなかった。さらに、春日山城は関東における攻撃の足場だったので、この地帯を失うと関東の後北条氏を攻められなくなり、「守護者」としての地位もあやうくなる。五回中、最大の激戦は一五六一年九月の戦いで、おそらく最もよく知られている。この戦に関する史料は意外なほど残っていないが、頭脳戦が展開されたようだ。謙信の軍は一万八〇〇〇人ほど、と年代記にはあり（確認できるより三倍ほど多い）、まず妻女山《さいじょさん》を占領した。それまでの戦いでは取れ

1582年、明智光秀軍の武将の斎藤利三が京の都に通じる円明寺川沿いを偵察する。光秀の軍は織田信長軍を圧倒したが、10日ほど後、逆に壊滅させられた。

なかった場所で、それまでで最も積極的な作戦だった。信玄は上杉軍より多い二万の軍（たぶん大きく見積もっている）で近づき、妻女山を越えて進み、近くの茶臼山を占領して謙信の後方にまわり、妻女山での攻撃に備えた。

四日間両軍が睨み合った後、信玄は突如として妻女山を越え北に進み、海津城《かいづ》に軍勢を集めて「啄木鳥《きつつき》戦法」を取ることにした。ちなみにこの戦法は啄木鳥がくちばしで木をついて虫を出すところから名づけられた。そしてまた謙信を北国の拠点から完全に切り離して移動させるねらいがあった。信玄は主力軍を海津城に集めたが、謙信を挟み撃ちにするべく一万二〇〇〇の軍勢を妻女山に送った。

しかし謙信は劇的な行動を取った。夜中のうちに、武田軍が海津城に着く前に野営していた場所を通って北上し、正面から立ち向かえるようにした。武田軍一万二〇〇〇の別働隊は謙信が退去した妻女山の城に向かったが無駄足だった。信玄の本隊八〇〇〇は不利な戦いを余儀なくされた。

最初の動き

信頼できる史料が意外なほど少ないため、戦そのものについてはあまり知られていない。初めは当然武田側がかなり劣勢で、上杉軍は武田氏の本陣にまで入りこんだ。謙信は戦いの後、公家の近衛前久《このえさきひさ》に宛てて信玄との討ち合いによって領国中に名声をとどろかせたと書いている。この文書ではまた武田方の八〇〇〇人を討ち取り、あるいは捕えたとも述べているが、これは大げさに言っているようだ。謙信はこうした多大な自画自賛を戦の後で書いたが、使われた墨が普通とは違う色あいだったせいで、血で書いたと思われることが多い。これらの記録は謙信が興奮さめやらぬうちに書かれ、安田長秀《やすだながひで》と色部勝長《いろべかつなが》に宛てた感状には「数千の敵を討ち取ったすばらしい勝利」とある。さらに、『妙法寺記』によると信玄の弟の信繁《のぶしげ》が戦死し、上杉

川中島第四次合戦

上杉氏と武田氏の５回にわたる戦の場となった川中島は戦略上重要な地域で、上杉氏は都に進むのにこの地を制する必要があった。戦といっても単なる小競り合い程度のものもあったが、第四次合戦では武田軍があやうく全滅するところだった。上杉謙信（青色の軍）は妻女山から夜のうちに北上し、武田信玄（赤色の軍）と真っ向から戦うようにした。信玄は軍を二分し、別働隊は南下して妻女山の攻撃に向かったため遠く離れてしまい、参戦できたのはかなり遅くなってからだった。遅まきながら到着した隊のおかげで信玄は決定的な敗北を喫して死なずにすんだ。武田軍は多数の犠牲者が出たが、上杉軍に対してもかなりの損害を与えた。

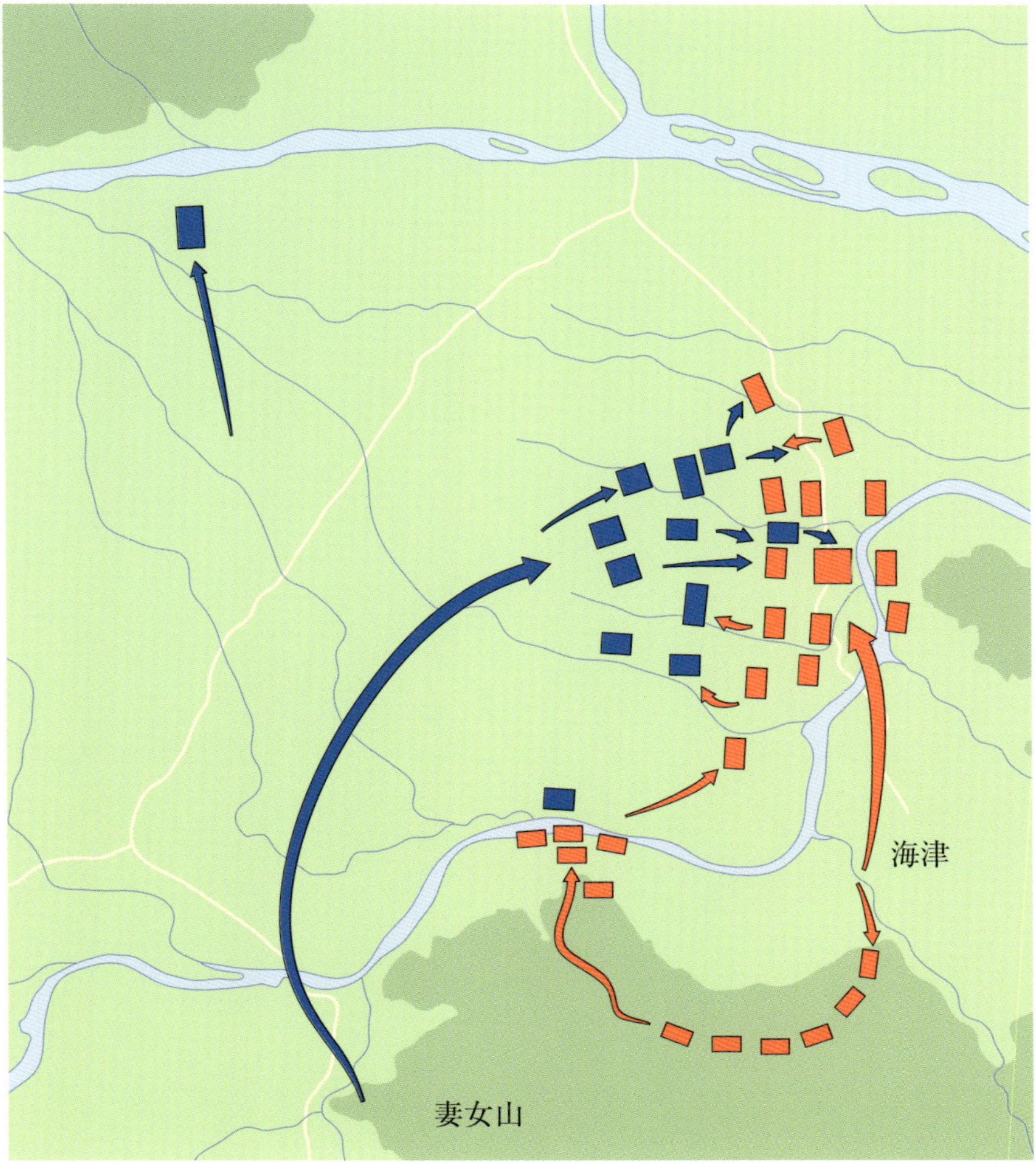

側も明らかに多くの犠牲を出した。信玄自身は同年十月末に出した手紙で三〇〇〇人が戦死したと書いている。

熾烈な戦いにより多数の死者を出したこと、そして武田信玄のいた本陣で戦いがあったことは知られている。一連の戦の後に書かれた上杉・武田双方の記録に両者が相まみえたとの記述がある。敵を倒すチャンスを読み取り、謙信自身が信玄と戦ったと考えられなくはない。

両者が本当に討ち合ったかどうかは定かでないが、その説は広く通用していて、それが結果としてこのカリスマ的な武将ふたりの人間性に対する崇拝を高めている。確かに、人間性はこの戦いを激化させ、謙信はかなり武田信玄を見くだしていたようだ。

謙信は一五六四年、第五次合戦の間に信玄の悪行を書きつらねた願文を神社に奉納したが、このなかに信濃国や他国の寺社を破壊したり、信玄が自分の父親を追放したことが書かれている。この願文や後年の信玄に対する解釈では信玄を宗教とは無縁の存在のようにみなしているが、このような見方は語弊がある。信玄は天台宗の権大僧正にも任じられ、織田信長が一五七一年に天台宗総本山の比叡山延暦寺を焼き討ちにしたときには怒りの色を見せていた。

川中島の戦いを描いた屏風絵は多く残っており、そのうちの最も印象的な作品は上杉方から描いたものだ。この屏風絵では主に戦が槍兵の白兵戦と、一方で射手が矢を浴びせている様子が描かれ、当時の様子を明らかにしている。これとは別に、上杉氏は鉄砲を目にする機会があったこともわかっている。一五六〇年に彼らは足利将軍義輝の使者から火薬の詳しい調合法を受け取っていた。このことで上杉氏と足利氏の利害関係や都とのつながりが明らかになり、きわめて実質的な便宜を受けていたことがわかる。

むすび

武将について調べてみて、さまざまな手法や傾向が明らかになった。大内氏の行動と組織は足利氏を手本としていた。元は強大な力を持っていたが十六世紀に弱体化し、一五五一年の家臣の謀反でついに滅亡した。いっぽう、後北条氏は後の侍が持つべき姿勢の手本をつくり、組織も発展させ、軍も大規模だったが装備は貧弱で動きも遅かった。後北条氏と違って上杉氏には複雑な組織のシステムはなかったが、軍には機動力があり、またそのカリスマ性や抜け目のない同盟によって生き残った。上杉氏の恵まれた運、そして後北条氏の不運についてよりよく理解するためには、銃砲類の普及と役割に目を向けることが必要だ。織田氏や、織田氏ほどではないが上杉氏など、最も銃を効果的に使った大名は成功を手にし、武田氏や後北条氏は成功できなかった。銃について探っていくことで、新しい技術の重要性と社会を変えるうえでの限界が見えてくる。

小田原城で行われる小田原北條五代祭り。伝統的な甲冑を身につけ武士に扮した市民が、銃を撃って武者行列の始まりを知らせようとするところ。

第五章

火器

一五四三年、九州から七一キロメートル南東に位置する種子島にポルトガル商人が漂着した。その後まもなく、彼らが所持していた鉄砲は、二挺が領主の種子島《たねがしま》時尭《ときたか》に、一挺が根来寺の僧侶に渡った。

南浦文之《なんぽぶんし》が編纂した『鉄炮記《てっぽうき》』には、このように書かれている。これらの銃は「長さはおよそ一メートル、外観はまっすぐで、なかは空洞。重い材質でできている」。「傍らにはひとつ穴が開いていて、火が通る道になっている」。銃身には「妙薬」と「小団鉛」が詰められ、点火すると弾丸が的に当たり、「発する光は稲妻のようで、音は雷鳴のようだ」。

新しい武器

『鉄炮記』は鉄砲伝来から六十数年後に、種子島領主の種子島久時《ひさとき》（一五六八—一六一二）が編纂させたものだ。初めて見る銃をなんと呼べばいいのかわからず、鉄砲と名づける種子島の住民たちの姿が書かれている。日本人に

ポルトガル船を描いた『南蛮屏風』。南方から初めて種子島に到着し、銃と船で住民を圧倒した彼らを、日本人は「南蛮」と呼んだ。この屏風絵もそうだが、ポルトガル船を正確に描いているとは限らない。種子島に漂着したのはポルトガル船ではなく中国船だった。

日本の火縄銃と小火器

写真は、小刀と19世紀の火器の大きさの比較。上から、短刀、二口の脇差、刀、旧式の点火方式を用いた19世紀の火縄銃（「馬上筒」と呼び、馬上での射撃に使われた）。その下にあるのは、馬上筒よりさらに銃身が短い短筒。これらの片手で撃つタイプの火縄銃は、着物の懐に隠しやすかった。弾の重さは11-30グラム。射程は30メートルだが、殺傷を目的とする有効射程は5メートルだった。

写真は上から、「短刀」「脇差」「脇差」「刀」「馬上筒」「馬上筒」「短筒」「短筒」。

とって銃がいかに珍しかったかは、ポルトガル人のメンデス・ピントの回想録『東洋遍歴記』からもよくわかる。彼は「日本の人々は、この（マスケット銃）ような火器をこれまで一度も見たことがなかった」と書いている。ピントの言葉は、さらに多くを物語っているのではないだろうか。つまり、種子島の住民たちは、南方の琉球で九〇年近く使用されていた原始的な火器についてはすでに知っていたということだ。

文之の『鉄炮記』には誇張もみられる。書によれば、試し撃ちは常に百発百中だったらしい。かたやピントの回想録はどこまで正確なのかがわからない。たとえば、種子島の当主の支払った代金は一〇〇〇テールだというが、テールは中国の銀貨であって日本では使用されていなかった。とはいえ、こういったことを差し引いても、日本人がポルトガルの火薬に熱狂し、銃自体にも深い関心を寄せるさまがよくわかる。メンデス・ピントは「誰も火薬の仕組みを知らないし、その作用も理解していなかった。（日本人は）魔法の一種と考えていた」という。かなりの金額で銃を購入した種子島の大名も同様だった。ピントはそのときのことを次のように書いている。「（大名は）火薬のつくり方を教えてほしいと頼みこんだ。それがないと、マスケット銃もただの金属のくずでしかないからだ」

火縄銃は十六世紀の日本に広く伝わった。大言壮語のきらいはあるが、ピントの回想録には「およそ五か月半後に島を離れるとき、そこにはすでに六〇〇挺以上の銃が存在していた」とある。ピントが聞いたところによると、一五五六年までに三万挺の銃が北九州の豊後国に存在し、三〇万挺が日本中に存在していたという。「あまりにも銃があふれかえっていた。どんな小さな村であろうが一〇〇挺あるいはそれ以上の銃を生産し、都市や街で銃の話題が出るときは一〇〇〇単位だった」。これは誇張にすぎないが、一五四三年に初めてポルトガル商人が漂着してから瞬く間に銃が日本中をかけめぐったことを読み取るべきだろう。

長い間、歴史学者は鉄砲伝来を新時代の象徴とみなしてきた。十六世紀の歴史物語は、地方の領主、すなわち大名こそがこの新時代の武器の性能をよく理解し、きちんと使いこなせたと書いている。天下統一を導

ポルトガルと日本の商人を描いた16世紀の『南蛮屏風』。すべての商人が宣教師というわけではないが、布教活動と貿易は深い関係にあった。

いた「三英傑」の最初の武将、織田信長は、ひたすら銃を用いて戦に変革をもたらし、最も手ごわい敵であった甲斐国の武田氏を壊滅に追い込んで、一五七五年から一五八二年に暗殺されるまで権力基盤を固めていった。戦の天才といわれる所以である。

先にも述べたように、火縄銃の伝来は重要な意味を持っていた。これまでの火器の三倍の距離からでも鎧武者を倒せるからだ。新顔の火縄銃は、すでに一世紀以上にわたって存在していた原始的な火器だけではなく、弓矢にも取って代わった。

しかし、火縄銃が歩兵を優位に導いたわけではない。その流れは、ポルトガル商人が漂着する前からすでに起こっていた。

銃の導入に関しては、中央や西国の大名のほうが東国のライバルたちよりも有利な立場にあった。銃を手に入れやすく、また火薬の原料も輸入しやすかったからだ。中央の大名や寺院が最も効率よく鉄砲隊を組織し、一五七〇年代の戦場で優位に立った。

ポルトガル商人が持ち込んだ銃と火薬配合の処方を分析する前に、まずそれ以前の銃と火薬の配合を詳しく見ていく必要がある。その後、軍組織の進化を探り、長篠・設楽原の戦いをつまびらかにしよう。この戦は一五七五年に織田軍と武田軍の間に勃発し、武田軍の壊滅的な敗北に終わっている。

最古の火器

初期の火器を説明する言葉は、途方にくれるほど多種多様だ。日本では銃を見るのが初めてだったので呼び名がなかったという『鉄炮記』の記述は正しくない。実際は、しばらく前から銃は知られていて、さまざまな名前で呼ばれていた。

砲弾もまた「てつはう（鉄砲）」と呼ばれ、十三世紀から知られていた。一二七四年と一二八一年の元寇の際には、日本の防人たちを脅すために炸裂弾が使用された。この炸裂弾は、二〇〇一年に発掘され、外側は陶製で内側は空洞になっており、そこに火薬と思われる物質を詰めていたことがわかった。この武器の存在や効果のほどについてはほとんどわかっていないが、いくつかの年代記には、あまりの音の大きさに防人たちが驚いたという記述がある。

火薬を使った投射兵器を描いた最も古い絵は、十三世紀の『蒙古襲来絵詞』と考えられていたが、これは十八世紀に加筆されたものだった。よって、これらの武器がただ音で敵を驚かせただけなのか、それとも爆発させて敵を殺傷することが目的だったのか、いまだにはっきりしない。蒙古軍は投石器にも頼っていた。そして、内側が空洞の弾に比べて格段に頑丈な岩を使う投石器のほうがよく用いられたため、初期の「てつ

兵が火縄銃を撃つ図。『武道芸術秘伝図会』（1855）より。火薬と火縄銃を乾いた状態に保つのは難しかった。図は悪天候のなか、蓑を着た兵が銃を撃とうとしているところ。

はう」はそれほど重要な武器ではなかった。

中国の銃

中国の文献には「火竜槍《ひりゅうそう》」という原始的な銃が一三五五年につくられたと記されており、現存する最古のものは一三七〇年代にさかのぼる。明軍の戦術を描いた一五五一年の墨絵には、中国人兵士が三連銃を撃っている場面がある。

この三連銃は、一四六六年に琉球王国から日本へ伝わった。ポルトガル人が種子島に上陸した年から八〇年近く前の話だ。十五世紀の日記『蔭《いん》涼軒日録《りょうけんにちろく》』には、応仁・文明の乱が起こる直前の一四六六年一月二十八日に琉球王国の使節が京都で火器の試射を行い、見物人を驚かせたという

火槍。15世紀なかばに使われたと思われる最も原始的な火器のひとつ。

中国の火器

上・16世紀のシルク・ガン。鉄製の銃身をヤシの繊維で覆い、絹を巻いたところから、この名前で呼ばれる。きわめて軽い火砲。
下・火薬を用いた旧式の三連銃。正確性は乏しい。銃床に特徴があり、脇にはさんで用いていたと思われる。それぞれの銃身には点火のための通風孔が別々についている。

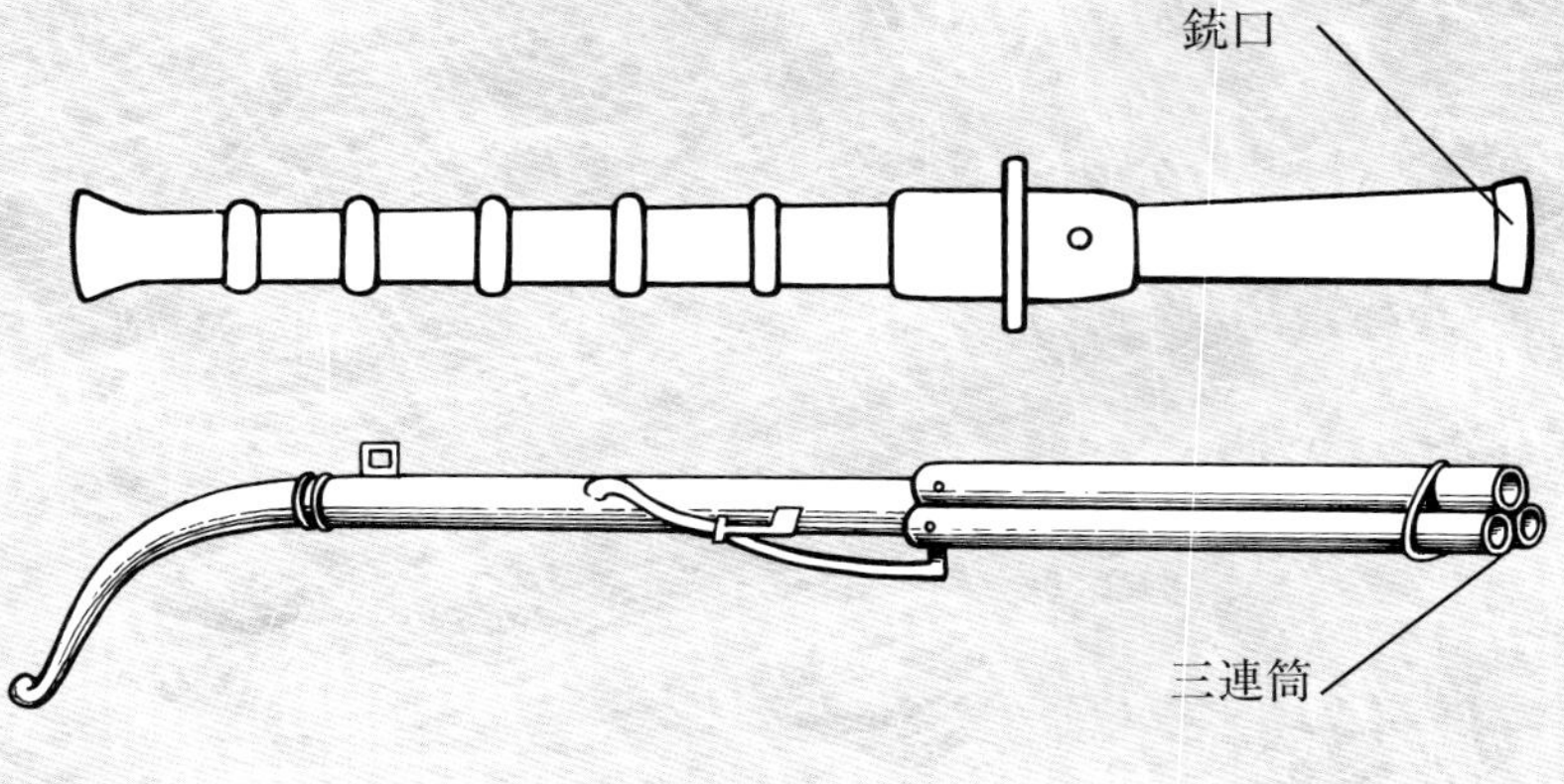

記述がある。当然のことながら応仁・文明の乱の際にも、この火器が使用された。雲泉大極《うんぜんたいきょく》の『碧《へき》山日録《ざんにちろく》』には、「飛砲・火槍」が包囲された塔から放たれたと記されている。

「火槍」は三つの銃身を持つ銃とは異なる武器だったようだ。中国科学史の大家ジョゼフ・ニーダムの研究によると、竹の筒でできた本体から火矢を放つ武器とされている。

中国の文献では三連銃を「三眼銃」と記していることがあり、当時日本に入ってきた原始的な火器が一種類だったのか、あるいは数種類だったのかは判断しがたい。

沖縄のふたつの城、安慶名《あげな》城と勝連《かつれん》城に残る考古学的な物証から、火器が十五世紀半ばより前に使用されていたということがわかる。安慶名城には、防衛の上で弱点となる箇所に狭間《さま》が設けられている。石塁の低い位置にあり、もっぱら狙撃手のために設計されたものだ。なぜなら安慶名城の狭間も勝連城の狭間も、地上から四五センチ以内にあり、とても矢を放てる高さではないか

ふもとから見上げた勝連城（沖縄県）の眺め。城のまわりで土、石、鉄の弾丸が見つかり、早いうちから火器が広まっていたことを証明した。1458 年に廃城。

当世具足（1560）

16世紀後半の当世具足。写真は、丹波のキリシタン大名、内藤忠俊（ないとうただとし、1550？-1626）が1590年代に朝鮮出兵の際と、1600年の関ケ原の戦いの際に身につけたもの。洗礼名は如安（ジョアンの音読名）。キリシタン追放令により、1614年、フィリピンへ追放される。最終的に甲冑はムーア人の鎧としてマドリッドへ渡るところで発見され、ロンドン塔武具展示館に移されたとき、日本の甲冑ということが判明した。当世具足の胴は、16世紀後半には一般的になったが、2枚（二枚胴）あるいは5枚（五枚胴）に分かれ、裾はそれまでのものよりも簡素になっていた。

らだ。さらに、一一個の石弾も発掘された。焼成した土でつくられたものと鉄製のものが、勝連城の狭間胸壁付近で発見されている（勝連城は一四五八年に廃城、現在では城跡しか残っていない）。他の場所では、石灰岩・サンゴ・砂岩製の他に、銅・鉄製のものが見つかっている。

火矢

三つの金属の筒を溶接してできた原始的な火器は、「火矢《ひや》」として知られ、十四世紀後半から十五世紀前半にはヨーロッパとアジアで広く普及していた。驚くことに、この十五世紀の火矢が二十世紀前半にも発射され、伝わるところによると、その飛距離は二〇〇メートルにもおよんだという。この投射兵器は主に城壁を破壊するのに使われたようだ。城跡の発掘によって、城壁におびただしい弾丸が撃ちこまれた跡があり、最大のものでソフトボールほどの大きさにもなることがわかった。

火器による負傷者を最初に記したのは、一五二七年十一月二十七日の天野《あまの》興定《おきさだ》による合戦分捕手負注文だった。そこには、正体不明の物体に射られて右の足に傷を負った者の名前が載っている。「射ル」という言葉は動詞だが、ここでは弾傷をさした。というのも、別の年の興定の書状にも同じような言葉が使われており、そこにははっきりと鉄砲のことも書かれているからだ。さらに、一五二七年五月十三日に提出された軍忠状には、矢による傷は異なる言葉で表現されている。

西国では、鉄砲は広く用いられていた。東国はアジアの貿易ルートから離れていたため、西国に比べれば接する機会は少なかった。しかし、『北条五代記』によると、北条早雲は一五一〇年に中国の僧侶から鉄砲

石疵《いしきず》

最も原始的な火器は丸い石を撃った。16世紀の軍忠状をみると、石による負傷が突然増えていて興味深い。特に西国が顕著で、このような武器がどのように広がっていったかをうかがわせる。14世紀には石による負傷は片手で数えられるほどであったが、1524-52年の間には82人にのぼっている。そのうち半数以上（44人）は1552年7月のものだ。

を手に入れたらしい。武田氏の軍学書『甲陽軍鑑《こうようぐんかん》』には、やはり武田氏も一五二五年には鉄砲を手に入れていたと書かれている。武田氏と後北条氏が所持していた武器は、一四六六年の都に存在していたという原始的な三連銃だったのではないだろうか。この銃は音が騒々しいだけで、正確ではなく、長弓ほどの有効射程もなかった。なぜなら、この銃の弾丸が二〇〇メートル飛んだのに対して、長弓は三五〇—四〇〇メートル飛んだとされているからだ。

原因はいくつかある。銃身内には施条《ライフリング》がほどこされておらず、最も古い時代の弾は固めた土や石でできていて、サイズが一定していなかった。弾が口径に合わないので、大量の煙を放出するということもあった。

ヨーロッパ諸国の火器は、革新の時代にふさわしく十六世紀に飛躍的な進化をとげて、さまざまな種類の火縄銃と呼び名が生まれた。アルケビュース、ハックバス、ファイヤーロック、マッチロック、マスケット。このなかで標準的なのはマスケット銃だ。マスケットという呼び名は一五三〇年代のイタリアで生ま

フス戦争（1419-36）の包囲攻撃に用いられた、ヨーロッパの原始的な火器。「手銃」は音がうるさく、敵を動揺させたが、性能は劣っていた。

僧兵（1570）

1570年代、根来寺の僧兵は300人からなる鉄砲衆を編制していた。かなり早くからポルトガル銃を手に入れ、実戦で使いこなしていた。1585年、豊臣秀吉が大軍を率いて根来寺の本殿などを焼き払った。ここに描かれているのは、伊予札と呼ばれる小札を重ねた16世紀の鎧（伊予札胴）。従来のものに比べ、縫い合わせが少ない。

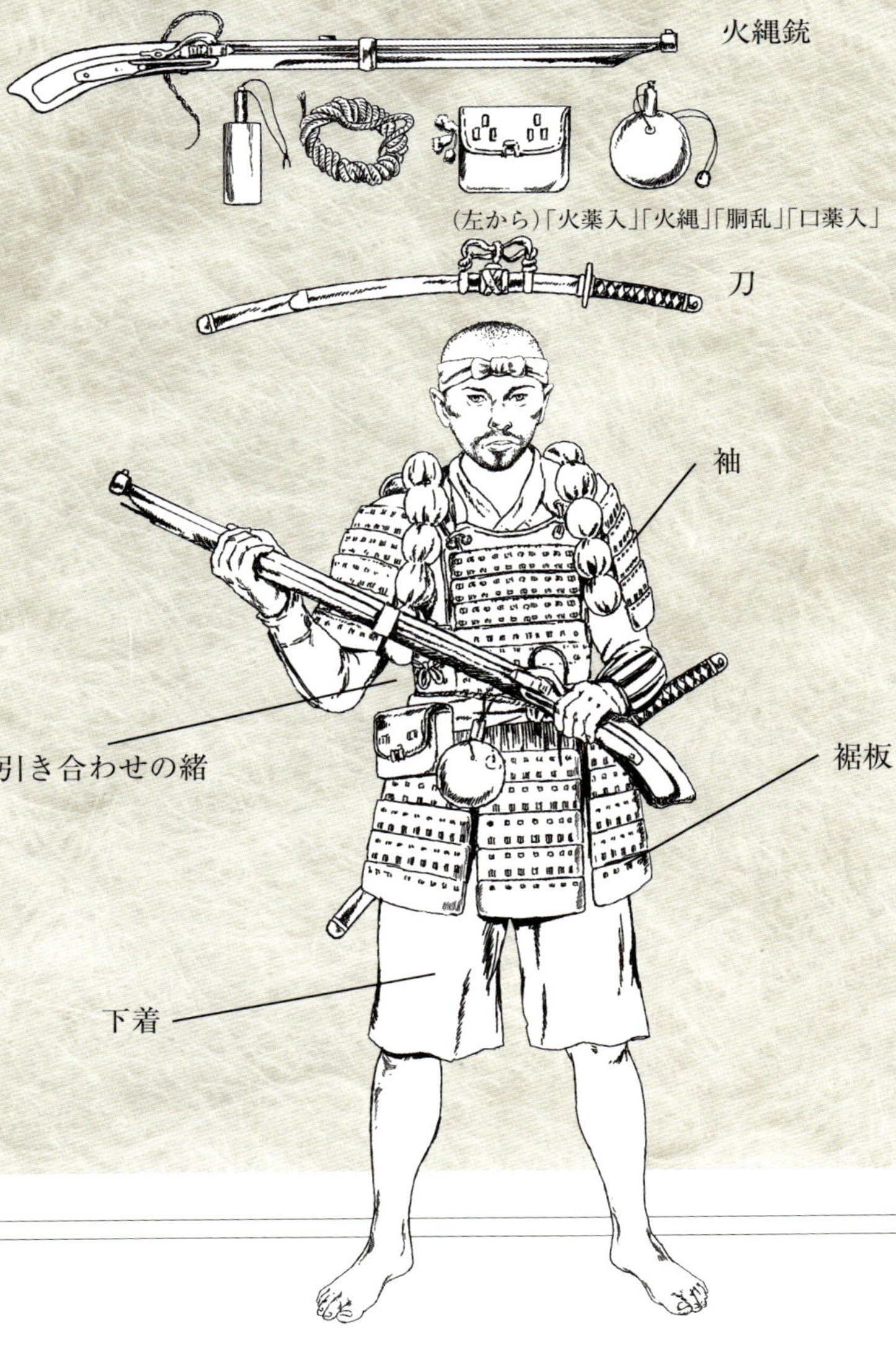

れ、点火に麻のロープを使用する重火器を指していた。それから点火方式も新しくなった。たとえばホイールロック式だ。これは点火に火花を利用したが故障しやすいつくりだったため、あまり広まらなかった。時代が下るにつれて、マスケットの銃床のカーブはゆるやかになる。そのひとつ、キャリヴァー銃と呼ばれるマスケットの新型が一五六九年にあらわれた。アルケビュースよりも軽くて貫通力が弱いこの銃は、日本では使用されなかったようだ。

アルケビュースはポルトガル人によって日本に持ち込まれ、広く支持される武器になる。ヨーロッパでは十五世紀に広まり、十六世紀まで銃床ははっきりとしたカーブを描いていた。そして点火方式は、サーペンタインと呼ばれるS字型の金属を用いた独特のものだった。サーペンタインの片側に火縄をはさみ、引き金を引いて、銃身の横にある火皿に前もって入れておいた火薬へ火縄の火を移す。この火花が銃身の小さな穴を通って、発射薬に点火する仕組みである。サーペンタインは、もともとヨーロッパのクロスボウを発射させる仕組みだった。それを取り入れたことで、銃の性能はめざましく向上した。

アルケビュースの銃床が曲がっているのは、銃身を目の位置まで掲げられるように設計されたためで、それによってさらに狙いが正確になった。だが、時が経つにつれてスクエア型の銃床が普及し、ライフル銃の反動を射手の肩に吸収させせることができるようになる。しかし、日本人は銃床がカーブしたアルケビュースを好み、迅速な射撃よりも命中精度にこだわった。だが依然としてその呼び名は重複していたので、この銃床がカーブし、火縄とサーペンタインを用いる日本の銃を説明するのに、マスケット銃および銃砲とアルケビュースをほとんど同じものとして扱うことにする。

火縄銃の伝播

ポルトガル人の持ち込んだ火縄銃は、種子島の大名から足利将軍家へ献上され、足利将軍家から有力な御家人に下賜されて広まった。足利将軍家は火薬の処方も渡していたようだ。

正確な日付はわからないが一五四九年よりも前に、細川晴元が宛てた手紙が『本能寺文書』に残されている。「鉄砲が種子島より届く。まことに悦ばしいことだ。種子島（の大名）へ書状を書くので、届けてほしい」。そしてこの鉄砲が、翌年（一五五〇）の戦に影響をおよぼしたようだ。山《やま》科言継《しなときつぐ》は、三好弓介《みよしきゅうすけ》の兵が細川晴元軍に撃たれ戦死

大友義鎮。豊後国の守護大名の家に嫡男として生まれ、1562年に出家、宗麟（そうりん）と号す。1578年には洗礼を受け、洗礼名をドン・フランシスコと名乗った。キリスト教に改宗した後、大友義鎮はポルトガル製の大砲を手に入れたが、それにもかかわらず薩摩国の島津氏に大敗を喫した。

フランシスコ・ザビエル（1506-52）の一行。屛風の右隻に描かれたポルトガル人の到来の場面を拡大したもの。狩野派の作品（漆絵）。

したのを目撃したと日記に書きとめている。また、『後鑑《のちかがみ》』のなかには、細川晴元が京都の南東にある山々（一三三六年六月三十日の戦地）のひとつ、如意ヶ岳に築城したとの記録（『万《ばん》松院殿《しょういんどの》穴太記《あなほき》』）がある。鉄砲の攻撃に備え、城の土壁を二重にして間に石を詰めさせたという。この記述は、後に廃城となった勝楽寺城が一五四〇年代後半から石で補強され始めたという考古学的な物証と一致する。

　大友家の文書によれば、一五五三年、一五五六年、そして一五五七年に、大友義鎮《おおともよししげ》（一五三〇―八七）が足利義輝に火縄銃を献上している。そして義輝の近臣だった大舘晴光《おおだちはるみつ》は、一五五四年一月十九日の書状に「将軍はたくさんの鉄砲を所持しているが、これは格別優れており」、「秘蔵の品となろう」（『編年大友史料』）と書き、火縄銃の性能を絶賛している。晴光は秘蔵の品といっているが、義輝は一五五三年、上野国の横瀬雅楽助成繁《よこせうたのすけなりしげ》に火縄銃を送り、さらに忠臣の上杉謙信に火薬の調合法を教えていた。

幕府とのつながりが薄い大名は、火縄銃を手に入れるためにさまざまな戦略を練った。肥前国の小大名・松浦《まつら》氏は、ポルトガル人の信用を得て火薬の製造法を聞きだすため、ふたりの郎党をキリシタンに改宗させた。彼らはポルトガル人から大砲と三挺の銃まで手に入れた。イエズス会の宣教師、フランシスコ・ザビエルもまた、一五五一年に大内義隆へマスケット（燧石銃）を贈っている。これらはもともと日本国王への贈り物だったが、将軍への拝謁を拒まれたザビエルは、臨機応変に贈る相手を変えたのだった。

火器の製造

日本の鍛冶職人は技術力があったので、あっという間にヨーロッパで製造

施条《ライフリング》と火縄銃

銃身にライフリングをほどこすのは最も難しい技術だが、日本の鍛冶工はすぐにそれを会得した。このことが重要なのは、ライフリングが銃の性能を高めるからだ。滑腔銃身は、鉛（あるいは石、土。弾丸の性質による）の圧力を高め、不発を生じることがあった。ライフリングは1544年のライプツィヒに起源を持つと考えられている。最も古いもので、1550年から1560年のものが現存している。ヨーロッパの専門家たちの間ではあまり評価されていないが、日本の種子島にあるポルトガル製アルケビュース銃の存在が貴重なのは、それが現存するライフリングをほどこした火器の最古のものだからだ。このポルトガルからやってきた銃は、17ミリ口径で、銃身は100センチだった。
当時の日本には火縄銃が大量に存在した。銃身が87センチと短いものもあったが、120-140センチくらいの長いもののほうが好まれた。最長の銃身を持つ銃のひとつは、17世紀初期に製造され、長さ300センチ、重さ135.8キログラムであった。

鉄砲（17世紀）

マッチロック式マスケット（いわゆる火縄銃、18世紀）

されたものと同じ品質の銃をつくれるようになった。最初のポルトガル人が漂着したのが種子島だったという偶然も幸運だった。種子島の砂浜は砂鉄を含んでいて、そこから鉄が豊富にとれたからだ。種子島の鍛冶職人は火縄銃を製造するためにかき集められた。そして、成功の証として、彼らの銃は「種子島（銃）」という名前で世に知られることになった。銃が製造されたのは種子島だけではない。九州北部でもつくられた。

根来寺の僧侶は一五四三年に火縄銃を手に入れると、さっそく刀鍛冶と協力して鉄砲鍛冶を始め、一五七〇年代には三〇〇人からなる鉄砲衆を形成できるほどの銃を製造していた。一五七〇年代、根来寺は銃の製造と銃の使用における中心的存在のひとつだった。京都の南西、そして根来寺の北西に位置する堺も、銃製造の中心地だった。都では鉄砲鍛冶は行われなかったようだ。その根拠は、一五五三年に足利義輝の側近が横瀬成繁へ送った書状だ。義輝は高品質の銃を製造するために鍛冶を呼び寄せたと書いている。

日本の職人たちが、いつ自力で銃を製造できるようになったのかは不明である。しかし、彼らはもともと腕の良い鍛冶工で、代々何世紀にもわたって最高の刀剣を作刀していたので、圧延鋼からたやすく銃身をつくることができた。そのなかでも「国友」の鍛

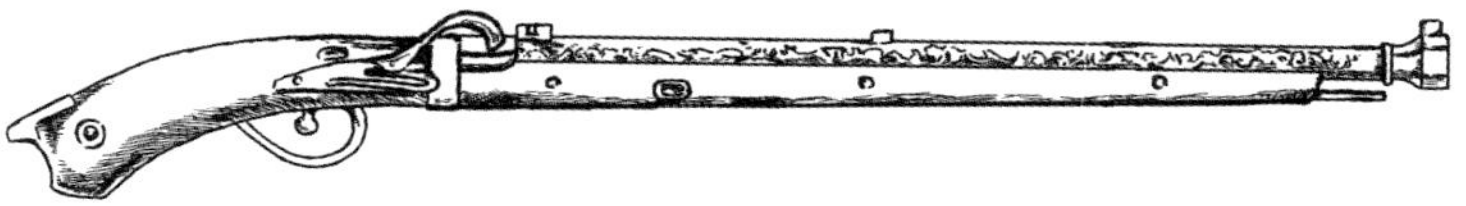

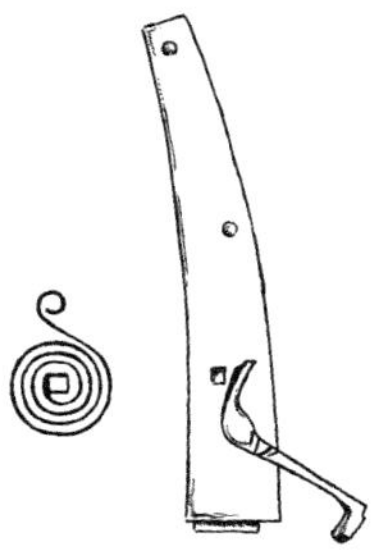

火縄銃の点火装置（外側にあるのは胴のばね）。17 世紀初期。クロスボウの点火装置によく似ている。

点火の方法

火縄銃の点火には時間がかかった。鉄砲兵たちは3つの集団に分かれて配置されることもあったが、弓兵や槍兵の間に点々と置かれることも多かった。弓のほうが早く射ることができたし、槍兵は鉄砲兵を守ることができたからだ。弾丸や火薬を持ち運ぶ役の兵もいた。ここに描かれているのは、点火までの手順。弾を受け取り、銃身に詰め、銃を撃っているところである。

火縄銃の点火準備

点火するには、まず火薬を銃身に入れ（1）、それから弾を入れ（2）、奥につつきこみ（3）、火薬を小皿に入れ（4）、最後に火縄に点火（５）する。

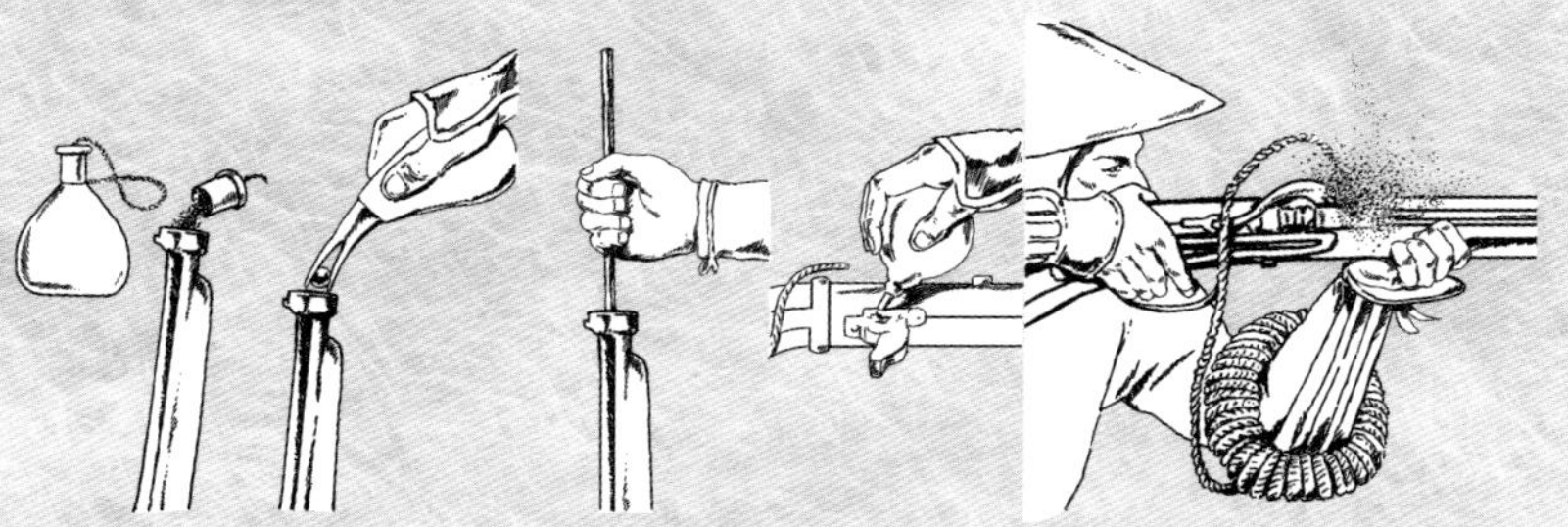

①　②　③　④　⑤

治集団は、熱した銃身へゆっくりと雄ネジを回しいれて雌ネジを刻みこむ手順を考案した。銃尾に尾栓ネジをねじ込み、銃身を八角形にし、その後、点火装置をとりつけた。銃の製造方法を詳しく知ることができるのは、国友鍛冶が存続し続けてくれたおかげだ。ヨーロッパでは十六世紀前半においても、施条《ライフリング》を成功させるのは難問中の難問だった。英国では一六三五年にカッティング方式の施条で特許をとるまで、ネジ式の施条という考えは浮かばなかったようだ。それにひきかえ、国友鍛冶が銃身にネジで施条をほどこしたのは、十七世紀の変わり目よりも前だったと思われる。

火薬

銃の性能は、銃身のつくりや点火装置と同じくらい、火薬の調合法が重要な役割を担っている。火薬の配合いかんによって爆発の度合いが変わり、飛距離も変わるからだ。硝酸カリウムや硝酸ナトリウムが火薬の爆発をうながすことは知られている。いっぽう、硫黄は発火温度を下げ、燃焼のスピードを早くする。そして木炭が燃料となる。一六三五年に出版されたジョン・ベイト著『ザ・ミステリーズ・オブ・ネイチャー・アンド・アート』では、火薬の原料を「硝酸カリウムは魂、硫黄は生命、そして木炭は身体」とたとえている。

古い調合法では硝酸カリウムの割合が低く、爆発力はそれほど大きくなかった。火薬の起源は中国だが、十世紀初め頃の硝酸カリウムの割合は、五〇—五五パーセントにすぎなかった。徐々に硝酸カリウムの量が増え、最適な割合が完成したのは十五世紀のヨーロッパだ。この調合のさまざまなバリエーションが残っている。ジョゼフ・ニーダムはその配合の割合を、硝酸カリウムが七五パーセント、硫黄が一三パーセント、木炭が一二パーセントとしている。かたや十九世紀におけるドイツの幕僚は、七四対一〇対一六、あるいは七四対一二対一三が理想の割合と考えていたようだ。しかし、十五世紀のヨーロッパの配合が理想に近かったにもかかわらず、爆発力を抑えるために硝酸カリウムの量を極端に減らしたものもあった。
ジョゼフ・ニーダムは、ある十七世紀の作家の言葉を引用している。

「(火薬製造の)秘術のすべては、原料の配合と正確な調合にある。よって、火薬のどの部分をとっても、すべての原料が配合どおりに含まれていなければならない。その後はすりつぶし、最後に乾燥させて細かくする」

著者は続ける。「以上に述べた配合であれば、良質の火薬がつくれる。だが、さらに硝石を加えれば、いっそう良いだろう。八割程度までが目安となる」これは七二パーセントから七八パーセントの硝石を指すと思われる。この割合が最も強力で、日本でも用いられたからだ。当初の射手は火薬の力をみくびっていたようで、メンデス・ピントの『東洋遍歴記』に、領主の息子がマスケットを暴発させて右手の親指を失うところだったとある。

種子島でつくられていた火薬の調合法とほぼ同じものが今も残っているのは、火縄銃と火薬の知識がすぐに足利将軍の知るところになったおかげだろう。『種子島家譜』によれば、将軍は「南蛮人直伝の火薬調合はすばらしい」と伝え聞いたらしい。この調合法は垂涎の的となった。そこで公家の近衛《このえ》稙家《たねいえ》が種子島時尭に手紙を出し、「南蛮人からすばらしい玉薬を受け取られたと聞く。ぜひ、その調合法を島津氏に伝え、配合を足利幕府に知らせていただきたい」と依頼している。

すでに見てきたように、足利義輝には数々の銃を手に入れる機会があったが、さらに一五五二年、石山本願寺に硝石(硝酸カリウム)を送るように依頼した。そして義輝はすぐに火薬の知識を忠臣たちにも教えている。一五五九年六月二十九日、将軍は大舘晴光を遣わして、病床に臥した上杉謙信に大友義鎮の火薬調合

田中彫

1866年、徳川家茂の長州征伐の一場面を描いた、月岡芳年の浮世絵。14世紀の『太平記』に佐藤正清（加藤清正）は登場しないが、徳川幕府の検閲を逃れるために、題名を『太平記正清難戦之図』とした。火薬が激しく爆発している様子を、ドラマチックに描いている。

書を贈っている。この書にはことのほか効果的な二種類の配合法が示されていて、その割合は硝石と硫黄と炭が八〇対一二対八、七七対一三対一〇となっている。とりわけ後者の割合は、理想の割合に近い。日本にはそれほど硝石が多くなかったので、その割合が低い後者の配合を用いていたと思われる。中国とは違い、日本は硝石を産出しなかった。ちょうど銃を使用し始めた一五四〇年代には日明貿易が行われていたので中国から輸入できたのだが、それでも日本人は硝酸カリウムをつくろうとやっきになった。

　一五五九年、足利義輝から上杉謙信に贈られた書『鉄放薬方并調合次第』には、炭にするのに最適な木材から原料を混ぜるときの温度までことこまかく説明してある。また、材料をただ混ぜたり、それぞれ別に保管したりすることだけではなく、水を加えることを教えている。その後、よく乾燥させて固めると火薬ができあがる。この粒状の火薬は燃え方が安定してい

硝酸カリウムの調達

硝酸カリウムは、高温・高湿度のもとで、有機物——特に屎尿を分解して生成される。ラオスの洞窟のような場所では、コウモリの糞が堆積し、自然に硝酸カリウムができていた。ヨーロッパでは硝酸カリウムの生産はそれほど容易ではなく、トイレで集めた尿から抽出した。ワイン愛好家の尿は硝酸塩の濃度が高かったため、こぞって集められた。日本でも毛利元就が1554年の春と初夏に家臣へ送った書状に、「古い馬屋の土がふさわしい」と書かれている。上杉氏には貿易ルートが乏しかったため、硝酸カリウムはあまり用いていなかったと思われるが、そのおかげで彼らの火薬は理想的な割合で配合されていた。

「南蛮人」が描かれた火薬入れ。ヨーロッパ人と火薬を使った兵器が結びついていることをあらわしている。

石山本願寺。1552 年、足利義輝のために硝石を調達した。

て、粉状のものより効果があった。このような火薬は「微粒火薬」として知られ、もともとは一四五〇年くらいにニュルンベルクで考案されたものだった。しかし微粒火薬が、それまで使用していたサーペンタイン火薬と呼ばれる火薬に取って代わるのは、十六世紀になって銃がさらに高性能になってからの話だ。

弾丸

日本の火縄銃には鉛製の弾丸が必要だった。鉛は柔らかくて可鍛性があり、銃身を傷つけないからだ。弾丸はたやすく製造できたし、鉛のような柔らかい金属は好まれたが、岩や焼成された土も同じように用いられていたことがわかっている。土や石に比べて鉛は手に入れにくかったため、十六世紀の武士たちは必死だった。一五五七年、小早川隆景《こばやかわたかかげ》は鉄砲の鉛玉を手配した乃美元信《のみもとのぶ》をほめそやしている。大名の鉄砲隊は標準的な大きさのものを使わなかったよ

『和唐内三官（わとうないさんかん）』。中国人と日本人の両親を持つ海賊が虎を退治する図。和唐内は、台湾を占拠し、1644年に滅んだ明朝を再興させようとした。歌舞伎や浮世絵で人気を集めた。歌川国貞作（1840）。

防弾用の鎧

この当世具足は雲海光尚（うんかいみつなお）の作。胴は金属で補強され、弾が貫通するのを防ぐ。頑丈な鎖も腕を弾から防ぎ、可動式の置袖はさらに上腕を守っている。頬当は目から下の顔を防御し、首まで伸びたものを「目の下頬」と呼ぶ。兜本体は旧式のものだが、柔軟な𩊱が首の後ろを守っている。揺の糸（ゆるぎのいと）は、鎧の下の部分を身長に合わせることができる。下散は漆塗りの鉄でできている。漆を塗ると、鉄が錆びにくい。鎖帷子と鉄札は16世紀、兜は17世紀、編み紐は19世紀のもの。

うだが、弾丸の大きさはおおむね一五・八ミリから一八・七ミリだった。

ライフル・マスケット（十九世紀ヨーロッパで誕生）の場合、その射程は一〇〇〇メートルといわれ、弓の射程を軽く越え、さらにいえば、初期の火矢の射程をも越えていたが、通常のマスケットの射程は一〇〇メートルで、五〇メートル以上になると狙いも不正確になった。一七七五年後半になっても、マスケット銃の正確な射撃のための距離はそんなに広がらなかった。一七七五年、レキシントン・コンコードの戦いにおいて、一八二メートル先の敵を狙うのは「月を狙うようなものだ」と、ある英国将校が語っている。日本では鉄砲隊を訓練するとき、すばやく撃つことよりも正確性を重視したが、敵に重傷を負わせるためには五〇メートル以内で撃たなくてはならなかった。

このように実際に使用してみてわかったのは、銃が他の武器よりも優れているとはただちにいいがたいことだった。銃は重くて、高価で、撃つのに時間がかかる。ヨーロッパでも日本でも、優れているのは銃なのか弓なのかは意見の分かれるところであった。ヘンリー八世の軍隊が一五四四年に実証しているように、当時は同数の射撃手と弓射手を動員するのが普通だった。それは一五九二年に朝鮮へ出兵した薩摩藩も同じだ。イングランドでは一五八〇年代になっても、銃と弓の争いは続いた。しかし、イングランドの場合は弓兵の数が議論の中心だったのに対し、日本では射程と正確さが比較の基準となったようだ。十七世紀の京都の生活を描いた『京名所図屛風』には、それがよくあらわれている。そこには、ひとりの弓射手とひとりの鉄砲手が、的を前にしてお互いの武器を競いあっている姿がある。

三〇メートルの位置から撃つと、弾丸は鎧を貫通し、敵を殺傷することができた。これは、他の投射兵器が致命傷を与えることのできる距離の二倍にあたる。というのも、これまで述べてきたように、日本の弓が鎧を射抜けるのは最大で一二―一四メートルの距離だからだ。時代が下ると、銃を製造するのもじゅうぶんな火薬を確保するのもそれほど難しくなくなったため、弾による負傷者数が徐々に増えてきた。

初めて軍忠状に火器による負傷と明記されたのは、一五六三年一月二十七日の戦だった。豊前国において、杉松千代の郎党の原六郎という侍が、大友氏の友勢から「手火矢《てびや》」で左脇を撃たれたと書かれている。また、一五六三年十一月十三日付で提出された軍忠状には、出雲国の尼子氏が吉川氏を打ち破った戦において「鉄砲」（ポルトガル銃をモデルにした、マッチロック式の種子島銃）が活躍し、矢傷六人、礫傷五人、刀傷ひとりに対して、三三人の鉄砲傷を出したと記録されている。

一五六〇年代には尼子氏の活躍により、銃の死傷者数が弓矢の死傷者数を抜いた。その数は前者が八八人だったのに対し、後者は六四人だった。それにもかかわらず、銃の伝播状況を推測するだけのまとまった史料はない。一五七〇年代の記録では、鉄砲傷が矢傷の二倍（一七人対八人）にのぼったが、一五八〇年代にはほぼ同じような割合になった（一九人対一六人）。実際、一四六七年から一六〇〇年にいたるまで、矢傷はあらゆる投射兵器による傷の五八パーセントを占め、かたや弾丸による傷は二八パーセント、礫傷は一三パーセントにとど

馬上で銃を発砲する武士。『武道芸術秘伝図会』より。これらの小銃は、馬上で１発、あるいはせいぜい２発の弾を撃てるように設計されていた。再装填できず、馬上では正確に撃てないことから、この19世紀の銃はごく至近距離で撃たないとあまり効果がなかった。

まった。一六〇〇年になってようやく、現存する史料にはっきりとした鉄砲の優位性があらわれる。それによると、関ケ原平野における投射兵器の負傷者数のうち、八〇パーセントが鉄砲によるものだった。

銃が弓に取って代わるのに半世紀近くの年月がかかった。射程や貫通力などの銃の性能が、ゆっくりとしか向上しなかったからだ。弓傷もそうだが、ごく近い位置から敵に撃たれた鉄砲傷もしばしばみられるようになった。銃と矢の両方の傷を負った兵や、銃で撃たれた上に槍で刺された兵もいた。何度も銃で撃たれながら生き延びた兵の記録も、十六世紀の火器の限界を物語っている。

銃と軍隊

種子島で三挺の火縄銃のうちの一挺を入手した根来寺の僧侶たちは、火縄銃を製造しただけではなく、即座に銃を使いこなした。彼らが鉄砲隊を組織した正確な時期はわからないが、一五七〇年代には三〇〇からなる鉄砲衆を指揮していたという。

上杉謙信は、それほど管理能力が優れていなかったにもかかわらず、優秀な軍隊を組織した人物だった。一五七五年二月十六日の文書には、軍を槍隊、鉄砲隊、騎馬隊に効率よく分けていることが記されている。上杉謙信が鉄砲隊を組織し始めた時期も不明だが、特筆すべきは、一五五九年に火薬の調合法を手に入れてまもなく、小田原の後北条氏を急襲したことである（一五六〇――六一）。その後、謙信は関東管領に任命された。謙信は一五六一年の川中島の戦いにおいても銃を使用し、武田側に多くの死傷者を出した。

だがすべての武将が銃を使いこなせたわけではない。武田信玄は銃のメリットをすぐには認めなかったようだ。一五六二年の史料によると、武田軍は四五人の兵を以下のような部隊に分けている。槍兵三〇人、短槍兵ふたり、弓兵五人、鉄砲兵ひとり、そして残りは兵糧や武具・旗などを運んだ。

足軽の火縄銃兵（1600）

ここに描かれている足軽は簡素な鎧を身につけ、銃の付属品をじゅうぶんに装備している。銃を撃つにはかなりの量の付属品が必要なため、足軽のなかには1590年代まで弓を選ぶものもいた。

①柔らかい革製の玉入れ
②革製の弾薬嚢
③火薬入れ
④玉薬箱
⑤火縄
⑥漆塗りの栓付火薬入れ

四五人中、わずか六人（一三パーセント）しか投射兵器を扱えず、そのうちの八三パーセントが弓兵だった。一五六二年の川中島の戦いで武田側が甚大な被害を出したのも無理はない。後北条氏のような他の大名は、上杉謙信と同じように槍兵、弓兵、鉄砲兵を分けている。とはいえ、それはずっと後の一五八七年においてのことだった。しかも彼らは上杉氏以上に、組織としての弓隊に頼っていた。

上杉家文書によると、彼らは効果的に銃を撃てたようだ。一六一五年の文書には、「数は問わず、銃は三列で撃つべし」とある。このように、上杉氏は集団ごとに銃を撃たせて点火の遅れを軽減させた。上杉家の例からもわかるのは、組織を用いた戦術に通じていた武将は、戦場で格別に有利だったということだ。武家の存亡はそこにかかっていたといっていい。

この力関係がよくわかるのは、誰もが知っている長篠・設楽原の戦いだろう。織田軍と徳川連合軍の決定的な勝利に終わり、武田氏を壊滅状態にまで追い込んだ戦を、これから検証していく。

長篠・設楽原の戦い

世界でも長篠・設楽原の戦いは評価が高い。銃を最も巧みに使用した戦の

『武道芸術秘伝図会』より。銃を正確に撃つために、巧妙な方法を用いて銃を水平に構えている。

黒澤明の『影武者』より、騎馬隊が疾走する場面。1980 年に撮影されたこの映画の描写は、長篠・設楽原の戦いを描いた 17 世紀の屏風をもとにしている。

ひとつだからだ。日本に火縄銃が入ってきた時期を考えれば、これは偉業といえる。歴史学者のジェフリー・パーカーは、自著で、この戦の重要性を簡潔に説明している。

「（さらに）日本のマスケット銃兵の驚くべき実力をまざまざとみせつけたのは、一五七五年五月二一日の長篠・設楽原の戦いである。武将織田信長は、つづけざまに射撃が繰り返されるようにあらかじめ斉射の訓練をしておいた三〇〇〇のマスケット銃兵を、この合戦で横列に並ばせて配置した。（……）武田の騎馬軍団は全滅した。クロサワの映画『影武者』の戦闘シーンは、かなり真実に近い構成であると思ってさしつかえない。あのシーンのねらいは、長篠・設楽原の戦いを再現することにあったからである」（『長篠合戦の世界史――ヨーロッパ軍事革命の衝撃』）

パーカーはさらに続けている。

「鉄砲をすばやく取り入れ、改良を加えた日本人の卓抜な才能は、これまでよく理解されてこなかったのではないだろうか。第一に、ヨーロッパ人が銃の装塡のしなおし時間を短縮することに努力を重ねたのにたいして、日本人は命中度を上げることに専念した。(……)『種子島』は、当時としては抜群に命中度が高かった。だがこれによって、先ごめのマスケット銃の弱点がかえって目立つことになった。装塡のしなおしに時間がかかりすぎることである。前述のように、この欠点を克服する唯一の方法は、マスケット銃兵を横列に並ばせてつぎつぎと発射させ、前列が装塡しなおしているあいだに後列に発射させることである。ヨーロッパでは、この解決法は一五九四年まで考案されなかったし、ひろく普及するのは一六三〇年代のことにすぎない。ところが織田信長は、一五六〇年代にマスケット銃の斉射戦法を実践しており、ヨーロッパ人が開発する二〇年も前の一五七五年には、この戦法で最初の大勝利を手にしていたのである」(引用同)

織田信長は守護代の家に生まれながら、天下統一を目

設楽原の戦場を北方に臨む。中央線の左側に徳川軍が布陣し、右手の人家あたりに武田軍が布陣した。かすかに見える真ん中の窪地が、両軍を分けた小川。武田軍の右翼は中央奥の丘を占拠した。

指し、下剋上を果たしたことで知られている。信長の革新的な考え方と軍才はことに有名で、彼の成功は銃に依るところが大きいと考えられてきた。

長篠・設楽原の戦いは武田氏が大惨敗を喫した異例の戦だった。そして、それが一五八二年の武田氏滅亡に拍車をかけた。武田信玄の後を継いだ息子の勝頼《かつより》（一五四六―八二）は、戦国時代の無能な武将として歴史に名を残している。黒澤明の映画『影武者』には、勝頼の拙策に従った武田の騎馬武者隊が槍を手にして織田鉄砲隊の居並ぶ馬防柵《ばぼうさく》に突撃し、ほぼ全滅してしまうシーンがある。

長篠・設楽原の戦いは有名であるがゆえに、さほど綿密には分析されてこなかった。歴史学者の小和田哲男は『徹底検証 長篠・設楽原の戦い』のなかで、「先行研究のなかには、（中略）現地のことを知らずに書いているものも少なからずみうけられる」と苦言を呈している。そこで筆者は、二〇〇五年六月に、

長篠・設楽原で戦い、関ケ原の戦いに勝利した後、徳川幕府を開いた徳川家康。死後、「東照大権現」として神格化される。

徳川軍の陣列の中央に置かれた柵（復元）。中央の田んぼのなかにある窪地が連吾川。その向こうに位置する丘に武田軍が陣を敷いていた。

武田軍の陣列から眺める設楽原の北部。武田軍は、写真の右手にある丸山を支配し、山の背後に軍の一部を進めたが、そこで孤立し、全滅した。見晴らしの良い場所だが、武田勢は弾正山の背後に隠れた織田の援軍に気づかなかった。

武田軍の陣列から眺めた弾正山。この距離で、武田側の武将は織田・徳川連合軍の銃に苦しめられた。写真の柵は復元されたもので、広範囲におよんでいるが、実際はここになかったと思われる。なぜなら徳川軍は前の連吾川、後ろの弾正山に守られていたからだ。その代わりに、柵は南側か、丸山の谷あいに置かれた可能性が高い。

当時のままの地形を保っている現地を訪れた。あたりを歩き回り、遺物・遺跡や現存する文書を分析してわかったのは、火縄銃が武田氏の敗北の一因ではあるが、決め手となったのは戦略的な判断ミスだったということだ。武田勝頼が負けたのは、徳川家康軍を包囲しようとして失敗し、自軍の片翼を孤立させてしまったからである。

長篠・設楽原の地形

この戦をこれまでのように「長篠の戦い」とだけ呼ぶのは誤っている。長篠は近くの城の名前で、戦の決戦地ではないからだ。武田軍は長篠城を包囲したが、なかなか落城させることができなかった。そのうちに織田・徳川連合軍の援軍が到着する。長篠城を救うべく織田・徳川連合軍が東へ急ぐと、武田勝頼は自軍を率いて西へ二キロメートルほど行軍し、設楽原《したらがはら》という場所で敵を迎え撃とうとする。そこが武田軍の玉砕の地だ。

地形図を見ると起伏が激しそうに思えるが、実際の設楽原はそれほどでもない。戦の中心地は、連吾川《れんごがわ》を見下ろす弾正山《だんじょうやま》の丘陵地帯である。弾正山を南に向かうといきなり開けた平野があらわれるのだが、そこは城によって守られていた。北に向かうと、山は東に遠ざかっていったん途切れる。そこから連吾川を渡ると、目の前にあらわれるのは丸山だ。

武田軍と徳川軍は連吾川をはさんで睨み合っていたが、信長は平地の最南端を占領しつつ、徳川軍の後方にある茶臼山へ本陣を進めた。信長が見晴らしのよい平野を離れたことは注目すべきだろう。一見すると、武田軍が徳川軍の前線を包囲するのに絶好の布陣である。織田軍が丸山を占拠したのは、対岸の弾正山の山すそへ敵が接近するのを封じるためと思われる。現在の馬防柵は二十世紀になって復元されたものだが、なぜ弾正山の中央前に並べられているのかがよくわからない。武田軍が連吾川を渡って、この小さいけれど険しい山を正面攻撃したりするだろうか。史料の分析と遺構の調査結果を合わせると、武田軍が、復元された柵の向こう側の弾正山に大がかりな攻撃を仕掛けたとは考えられない。

物証

戦の要素の多くは、ほとんど解明されないままでいる。情報源が限られているし、おまけに矛盾もみられる。ある文章の表現をめぐって侃々諤々《かんかんがくがく》と論争がくりひろげられ、しまいには文書の信憑性が問われるなか、地形や考古学に基づいた物証についてはじゅうぶんな調査がなされてこなかった。

長篠・設楽原の戦いで織田・徳川連合軍が用意した火縄銃の数もわかっていない。三〇〇〇挺という数字が広まっているが、これはあてにならない。十六世紀後半に信長の旧臣が記した『信長公記《しんちょうこうき》』は信頼できる伝記だが、もともと織田軍の銃を一〇〇〇挺と記していたのに、後に何者かが三〇〇〇と書き換えたからだ。小規模な鉄砲隊のほうが可能性としては高いだろう。『信長公記』よりも鉄砲隊の数を少なく記している史料

鉄砲頭

鉄砲足軽隊の指揮官（鉄砲頭）。鉄砲隊は16世紀の後半まで存在せず、鉄砲頭について初めて言及されたのは1585年である。鉄砲頭は竹の杖を所持し、必要なときには込め矢として用いた。

玉薬箱持

この絵は、火薬の入った箱を戦場へ持ち運ぶ兵を描いている。弾と火薬は不足しがちで、常に乾燥させておく必要があった。絵の兵は帯刀しているが、たいていの荷物持は武器を持っていなかったであろう。

もある。戦の前夜に信長が酒井《さかい》忠次《ただつぐ》（徳川家康の家臣）に送った手紙には、五〇〇人の鉄砲隊を含む四〇〇〇人の軍勢と書いてある。これは、当時活躍していた根来鉄砲衆の三〇〇人という数字に近い。

開戦まで一週間を切った一五七五年五月十五日、信長は細川藤孝《ほそかわふじたか》に手紙を書き、京都近辺から銃と火薬を受け取ったことを知らせている。高品質の火薬を製造することの難しさを考えると、この輸送は五〇〇人の鉄砲隊と同じくらい、あるいはそれ以上に大きな意味をもつ。

最も戦に近い時期に書かれた文書が最も信用できるのだが、そのいずれにも鉄砲隊が三列で銃を撃ったという記述はない。上杉家の記録によれば、一六一五年頃には三段撃ちが普通の戦法として用いられていたようだ（火器の歴史の流れを考えると、それでも早いほうである）。だからといって一五七五年にも三段撃ちが用いられたとは考えにくいし、少なくとも立証するのは不可能だ。

名高い武田騎馬軍団の突撃についても当時の史料には言及がない。三章、四章で述べたように、十六世紀の騎馬隊というのは攻撃用というよりも偵察用だったため、騎馬武者が占める割合はおおむね全軍の一〇―二〇パーセントだった。武田軍だけが特別変わっていたとは考えられないので、やはり主に徒歩で戦ったとみるべきである。

　次にはっきりさせたいのは、馬防柵の配置だ。現在復元されている柵は川と弾正山の間にあり、防御の意味がない配置になっている。だが長篠・設楽原の戦いを描いた屏風を詳しく分析してみると、理にかなった柵の置き方をしているのがわかる。名古屋市博物館所蔵の『長篠合戦図屏風』は製作時期が江戸時代初期と最も古く、まだ戦の記憶が生々しいうちに描かれたものだ。そこには織田・徳川連合軍の布陣位置が描かれており、どちらかといえば貧弱な柵の後ろに兵が配置されている様子がわかる。

　重要なのは、これらの柵が側面攻撃を受けやすい弾正山の南側と北側

足軽弓兵

弓は銃よりも安価ですばやく射ることができたので、16世紀でも弓兵は戦で用いられた。弓兵は鉄砲兵と並んで戦うことが多かった。弓兵が仕える大名の家紋が、鎧にはっきりと描かれている。

を守っている点だ。北側には柵の前に数人の鉄砲手が置かれ、丘が途切れている場所と山の向こうに織田軍が潜んでいる。

　これよりも世に知られ、比較的正確といえるものに成瀬氏伝来の『長篠合戦図屏風』があるが、やはり同じような布陣位置と、さらに大きく、より頑丈そうな四つの柵が描かれている。ひとつは、弾正山の南側の平地にある。当然ここは家康軍が敵の包囲を警戒しなければならない場所だ。ふたつめは弾正山の正面にあり、家康軍を守っている。それから丸山の向かい側、ここが防衛ラインの開始点に見える。これらの場所より奥まったところに、その存在があまり語られることのなかった柵があり、第二の防衛ラインを築いているようだが、屏風を見たところ、武田軍は織田・徳川連合軍が築いた第一の防衛ラインを突破できなかったようだ。

　発掘された遺物は、屏風に描かれた配置を裏付けもするが、疑わしくもさせる。戦場では一一発の弾丸が見つかっている。そのうちの六発は、ふたつの隊が戦った弾正山の前面で見つかった。南側で見つかった二発は側面攻撃を示唆していて意義深い。驚くのは残りの三発だ。それらは弾正山の西側で発見された。そこは徳川軍の防衛ラインよりかなり奥まった場所で、よもやの場合に備えて織田軍が潜んでいた場所に近い。

長篠・設楽原の戦い――再現

　戦は午前六時頃に始まった。それから一時間のあいだに、開戦を知らせる太鼓が打ち鳴らされ、武田軍の最も左に位置する山県昌景《やまがたまさかげ》と内藤昌豊《ないとうまさとよ》が南から徳川軍の側面を突こうとして、弾正山の南側を占拠していた敵軍に突撃する。大久保《おおくぼ》忠佐《ただすけ》率いる一隊がこれを阻止して、武田の両武将は命を落とした。

　繰り返し行われた陽動作戦は功を奏さなかった。中央の守りは固く、多大な犠牲者がでた。おそらく徳川

『長篠合戦図屏風』は複数あるが、これは17世紀に描かれたもので、最も有名な屏風。しかし、江戸時代初頭に描かれたものより正確性に乏しい。黒澤明の映画の戦闘シーンは、この屏風を下敷きにしている。現在、この地に復元された柵も同様である。

軍の右翼をまわるための時間稼ぎと思われるが、どの隊も柵を越えることができなかった。しかし、さらに南に行ったところには城があり、そこが攻撃のルートにあたることを考えると、この地帯は固く防衛されていることを知っていながら武田軍がこの作戦を勝利への鍵と見ていたとは思えない。

武田軍の武将たちは甚大な被害に見舞われた。少なくとも三七人の名だたる武士たちを失っていた。武田氏は五〇年近く前からいくばくかの火縄銃を所有していて、銃のことはよくわかっていた。しかし、高品質の銃や火薬は手に入らなかったのだろう。武田軍の武将たちは、最新式の銃の有効射程が弓や旧式の銃に比べて格段に長く、三〇メートルもあることに驚いた。武将はそれとわかる鎧を着ているので狙われやすい。特に至近距離で部隊を率いているときほど狙われるので、よけいにこの歩兵隊の射撃能力の向上にたじろいだのだ。

同時代に書かれた公家の日記によると、武田軍

守備

再装弾には時間がかかるので、鉄砲兵は攻撃を受けやすい。そこで彼らは盾や溝や柵で身を隠した。ここに描かれているのは鉄砲兵だけだが、弓兵や槍兵も鉄砲兵を守備するために配置されたと思われる。

1575年、長篠・設楽原における攻撃

武田軍（青）が突撃して、織田・徳川連合軍（赤）を包囲しようとした。敵方の武将が寝返るという話に勇気づけられ、武田勢の右軍は徳川軍の陣列を越えようとするが、伏兵の攻撃に会って壊滅する。左翼も取って返し、徳川軍をその場にひきつけておこうとした中央軍からは多大な死傷者が出た。

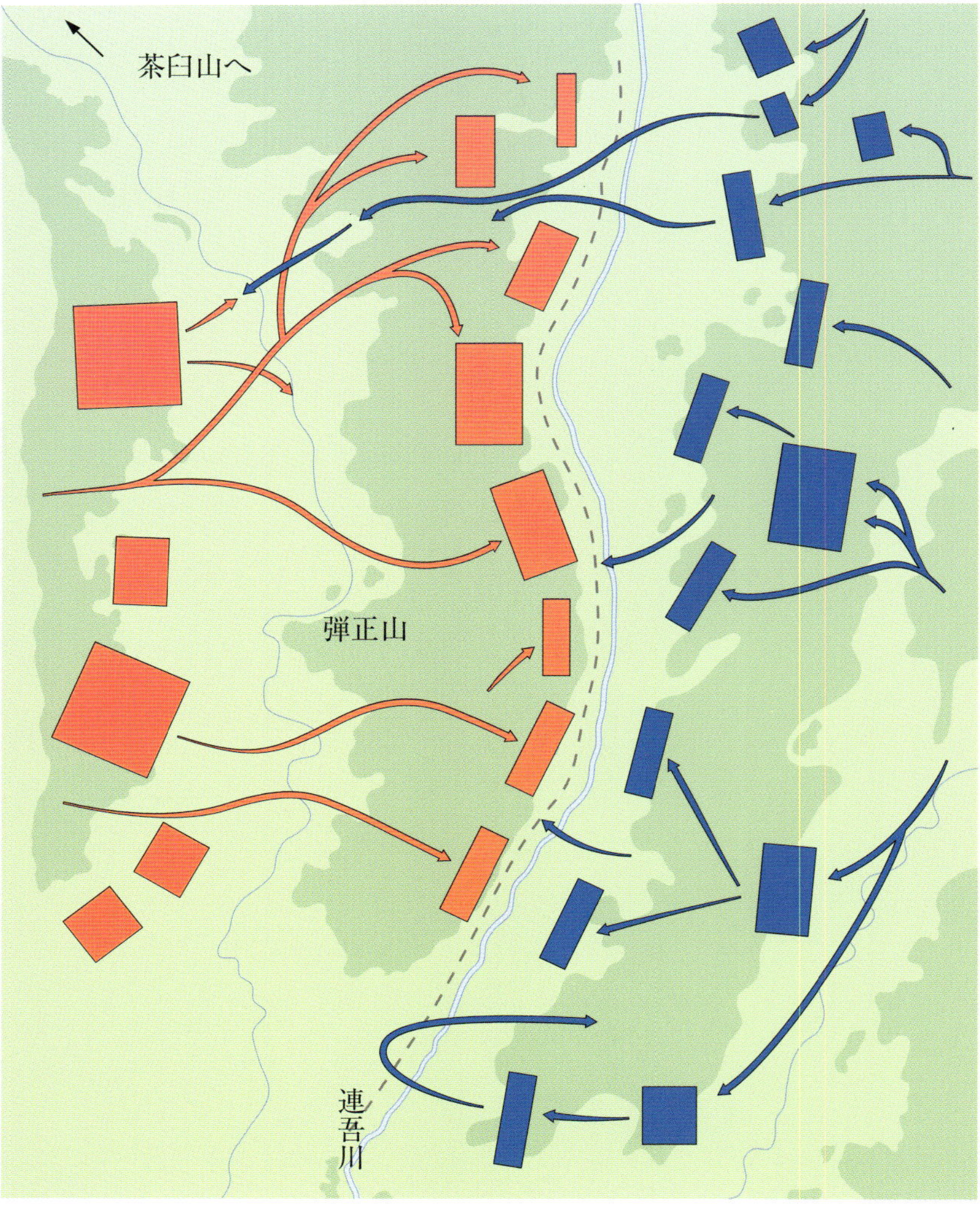

六〇〇〇人のうち死亡者数は一〇〇〇〇人となっており、その割合はおよそ一七パーセントとかなり高い。いっぽう、織田・徳川連合軍は、最も正確と思われる総数が一万八〇〇〇人であり、武田軍と比べればはるかに大軍だが、死亡者数は明らかになっていない。

武田軍は北から徳川軍を包囲しようとして、破滅的な失敗を招き、多大な死者をだした。武田軍の右翼は弾正山の北の尾根を渡ることに成功する。まず、馬場信房《ばばのぶふさ》の指揮のもと、土屋昌次《つちやまさつぐ》、穴山信君《あなやまのぶきみ》、一条信龍《いちじょうのぶたつ》らが織田軍の武将・佐久間信盛《さくまのぶもり》と戦い、首尾よく丸山を占拠した。後に信盛は、自分が武田軍に密使を送り内応の意を伝えたため、彼らはここを強く攻撃したのだと手紙に書いている。武田の武将たちは、佐久間が寝返って北側から家康軍を包囲できるように手引きしてくれることを期待していた。

それが罠とは気づかずに、武田の武将は織田軍が並んだ馬防柵を越え、他の部隊の視界から消える。徳川軍を左翼と中央へひきつけておくために戦い続けていた武田軍は、この隊が徳川軍を切り離すのを待っていた。そうすれば包囲作戦がうまくいくと考えたのだ。だが前進した隊は、織田信長の大軍に待ち伏せされ、全滅する。右翼の軍を率いた四人の武将のうちふたり――馬場信房と土屋

19 世紀に描かれた織田信長の肖像画。戦にあけくれた生涯だった。1582 年に没するまでに、全大名の 3 分の 1 を配下に収めた。

昌次も討ち死にした。右翼側で戦っていたとされる真田氏のような他の武家もまた、多数の死者を出していた。彼らは味方からの加勢もなく、佐久間軍に撃たれ、あるいは織田軍の逆襲をまともに受けて死んでいった。おまけに、作戦の失敗がわかるころには残りの陣列もすでに猛攻を受けており、全軍撤退をはじめていた。これは危険すぎる戦術だった。というのも、兵士は逃走するときのほうがより討たれやすく、さらに大きな犠牲を払うことになるからだ。

弓と銃の割合

武田軍の武将からこれだけの死者がでたのは銃が原因だが、けたはずれの敗北をもたらしたのは、徳川軍をあざむいてまで自軍を隠しておいた織田信長の狡知である。午前十時には戦の趨勢が決まり、残った武田軍は撤退を始める。

南側のふたりの武将——山県氏と内藤氏はすでに討ち死にし、さらに右翼の武将たちも悲惨な状況だった。土屋家はふたりの武将を失い、穴山信君は戦線離脱してしまう。ここで武田勝頼は、自分が敵軍の策略に動かされていたこと、徳川軍を包囲して壊滅させるという作戦が自軍の大打撃によって夢と終わったことをようやく悟る。敗北は決定的だった。信長は諸大名に勝利を祝う手紙を送っている。そのなかには信長の勝利を喜ぶ上杉謙信がいた。

銃は戦の行方に大きな影響を与え、武田軍の武士、あるいは武将からかなりの死傷者を出した。それは武田家が新顔の火縄銃に慣れていなかったのが一因だろう。かたやライバルの上杉謙信は、一五六二年の川中島の合戦で新式の銃と高性能な火薬を所持していた。そしてここでも武田軍は武将から多くの犠牲者をだしている。だが信玄は壊滅的な敗北をまぬがれた。軽率な息子と違って、軍の片翼を包囲され全滅させられるようなことはなかったからだ。

　武田勝頼は長篠・設楽原の戦い以前にも火薬を供給した家臣を称えていたが、戦の後はいっそう火薬と銃を手に入れることにこだわった。一五七五年十一月、勝頼は新しい軍役規定として、「いまや鉄砲は必須」と宣言した。それまでは槍の代わりに銃を持参すれば褒められていたのが、さらに具体的になり、鉄砲が使える足軽を提供することを求められるようになった。しかも勝頼は、上杉軍や織田・徳川連合軍と比べて武田軍の弱さに触れ、銃や弓を扱えない者は従軍してはならないと言い渡した。武田軍にはただ戦についてくる下人たちの数は多いが、本当に戦える兵が少ないからだった。勝頼は鉄砲兵や弓兵がどうしても必要だったらしく、従軍する兵を到着時に調査することとし、弓や銃を扱える能力がないものは譴責《けんせき》の対象とした。

　長篠・設楽原で大敗した後、勝頼はあら

16 世紀の甲冑を身に着けた市民による鉄砲隊が銃を撃っている場面。手前の男性は織田家の家紋入りの鎧を着けている。2005 年 9 月 25 日、東京の皆中稲荷神社で行われた鉄炮組百人隊行列の出陣式。

前田利長

前田利長（1562-1614）は前田利家の嫡男。前田家の所領を継いだ2年後の1600年、関ケ原の戦いで徳川家康方についた。この絵では、巨大なナマズの尾に似た兜（鯰尾兜）を着けている。黒漆塗りの兜で、驚くほど軽い。籠手には家紋が見える。

ためて軍の構成に目を向け、すべての兵に具足、籠手、喉輪、旗を身につけるよう求めた。鉄砲兵には一挺の銃ごとに三〇〇発分の弾と火薬を持参させた。つまり、それまでは火薬や弾が不足していたということだ。

九つの文書によると、一五七六年には九四人が動員された。構成は以下のとおり。騎馬兵八人、旗一〇本、銃一三挺、弓兵一一人、長さ六メートルの槍二一本、長槍三一本。騎馬兵は全体の八・五パーセントにすぎず、残りの九一・五パーセントは歩兵だった。弓兵と鉄砲兵は一一対一三と、ほぼ同じ割合だった。よって、投射兵器を扱う兵は全体の二五・五パーセントである。大半（五五パーセント）は槍兵だったが、武田軍の七一パーセントが槍を所持していた一五六二年頃に比べると、割合は減少している。

勝頼はさらに歩兵を求め、弓兵と鉄砲兵のどちらも等しく厚遇したようだ。このことは、刀や槍のような武器より飛び道具のほうが必要とされていたことを物語っている。しかし一五六二年には、弓・鉄砲兵は全体の一三パーセント（四五人中六人）にすぎなかった。それが一五七六年には二倍になっている。銃と弓の割合は、一五六二年の一七対八三から、一五七六年の五四対四六に変動した。一四年間で銃は三倍になり、わずかではあるが弓よりも割合が増えた。銃と弓が同等に用いられるようになったことは、一五七〇年代と一五八〇年代の死傷者リストからもわかる。どちらもほぼ同じ割合で死傷者を出しているからだ。『入来文書』のなかにある朝鮮出兵（一五九二）の名簿も同様に、島津《しまづ》義久《よしひさ》軍一万五〇〇〇人のうち弓兵と鉄砲兵はそれぞれ等しく一五〇〇人ずつと記されている。

密集射撃

火縄銃はついに弓と互角になった。だが銃を効果的に用いるには、足並みの揃った集団として鉄砲隊を組織しなくてはならない。その組織づくりは一五七〇年代に始まったばかりだった。徐々に鉄砲兵の割合が増えてきたため、一五七五年二月十六日、上杉氏は兵を槍隊、鉄砲隊、騎馬隊に振り分けた。長篠・設楽原の戦いが始まる数か月前のことだ。上杉の鉄砲隊はさまざまな口径の火縄銃を使用していたようだ。一五七八年の「御館《おたて》の乱」の際に用

火縄銃の点火装置を乾燥させておくための箱「雨覆い」。『武道芸術秘伝図会』より。

騎馬武者は戦場で積極的な役割を果たすようになった。写真は黒澤明の映画『乱』の一場面。写真の武士が乗っている馬は、当時の馬に比べるとあり得ないほど大きい。

いた弾丸二四発が春日山城で見つかっているが、それらの大きさは一様ではなかった。

西国の大名に比べ、銃や火薬の入手が難しかった東国の大名たちは、鉄砲隊の組織づくりにも苦戦していた。上杉氏のように都との結びつきが強い大名はよいが、武田氏や後北条氏などはなかなかうまくいかなかった。

一五八一年の後北条氏の動員記録に記されている一例は、部隊の一四パーセント（五六人中八人）の兵しか投射兵器を扱えず、弓の使用は五対三の割合で銃を上回っていた。別の家臣の場合、二六人の部隊のなかで弓兵、鉄砲兵は、ともにひとりずつしかいなかった。一五八七年になって初めて、この割合が二八パーセントにまで上がり、弓と銃は同率（二〇対二〇）になる。このとき、北条氏政は槍隊、弓隊、鉄砲隊の編制に言及しており、一五八八年の文書には鉄砲隊を一〇人で編制したことが記されている。

一五八〇年代に銃の知識は急激に深まっ

たようだ。一五八五年には弾丸の型とその有効性を記した注釈書が書かれている。さらに、一五八四年の小牧・長久手の戦いの際に書かれた織田信雄《おだのぶかつ》の書状には、五〇人の鉄砲隊が敵にかなりの負傷者を出したとある。

　後北条氏は、二番目の天下人である豊臣秀吉に討伐された。最初の天下人の信長は一五八二年に明智《あけち》光秀《みつひで》の謀反に倒れたが、その直前に武田氏を滅ぼしていた。そして一五九〇年、信長の跡を継いだ秀吉が後北条氏を滅ぼしたというわけだ。じゅうぶんな史料は残っていないが、銃の使用状況は一五九〇年代に劇的に変化したらしい。そして一六〇〇年になると、完全に銃が弓にとってかわる。その際の歩兵の死傷者は、八〇パーセントが銃によるものだった。同様に槍が打突武器の主流となり、接近戦における負傷の九八パーセント以上が槍傷だった。

　長篠・設楽原の戦いが教訓となったにもかかわらず、一六〇〇年の段階でもすべての武将が鉄砲兵の強さを理解していたわけではない。関

根来寺。根来寺の僧侶は豊臣秀吉の焼き討ちにあうまで、銃を製造し、使用していた。根来寺の優れた鉄砲隊も、秀吉の大軍にはかなわなかった。残ったふたつの建物にはさまざまなサイズの弾の跡があり、異なる口径の銃が使用されたことを物語っている。

海戦

海戦用の船についてはほとんど知られていないが、重厚な武装をほどこしている船は織田信長が石山本願寺との戦いで用いたものと思われる。いっぽう、有名な「亀甲船」は1592年の豊臣秀吉による朝鮮出兵の際、朝鮮の将軍、李舜臣（りしゅんしん）が使用したもの。どちらの船もスピードが遅く、機動的ではなかったが、槍兵や弓兵や鉄砲兵が敵を攻撃するのには適していた（上が織田軍の船「安宅船」、下が「亀甲船」）。

ケ原の戦いには次のような事例がある。島津氏は東軍の徳川氏に逆らって西軍につく。だが味方の裏切りにあい、西軍は敗北する。徳川の譜代大名、井伊《いい》直《なお》政《まさ》（一五六一―一六〇二）は島津氏の追撃を命令するが、立派な甲冑を身に着けていたため狙撃されてしまう。直政は死ななかったものの、その混乱に乗じた島津氏は徳川軍の大軍を突破し、まんまと逃走した。

　確かに日本の火縄銃は関心の的ではあった。しかし、銃の射程がそれまでの二倍になったにしては、戦の性質に変化はなかった。一五七五年に武田軍が苦しんだように、射程の向上のおかげできらびやかな鎧をつけた武将たちの死傷者数が増えただけで、戦の中身は変わらなかった。あいかわらず槍兵の集団が戦場を支配し続けたのだ。槍は八・二メートルの長さにまでなり、より遠距離で戦う傾向にあったことをあらわしている。西国の武士や将軍家と強い結びつきのある上杉氏のような武将は、銃のおかげで優位に立ち、上杉氏をのぞいた東国の大名たち――今川氏、武田氏、後北条氏は圧倒的な敗北に見舞われ、滅亡した。軍が組織的に改革され、銃の使用が広まって、隊のバランスが変わると同時に、大軍であれば熟練された鉄砲隊でさえ制圧できることが実証された。一五八五年、根来寺の僧兵たちはそのせいで犠牲となった。豊臣秀吉が根来寺を焼き討ちし、後に残ったのは三つの建物のみだった。その残った建物にも弾丸の跡がばらまかれたように残っていて、あらためて銃がいかに普及していたかを教えてくれる。

　とはいえ泰平の世になって徳川氏の覇権による新しい秩序が成立すると、新たな武器――大砲が出現し、要塞の技術も変化した。これらを分析かつ調査し、最終的にはこれまで検討されてこなかった武士とこれらの武器の関係がどのように次の三〇〇年の流れを形成していったのかを探る。

大坂夏の陣（1615）の包囲攻撃を詳細に描いた屏風絵の一部。この戦いでは火薬兵器が多く使われ、煙がもうもうと上がっているのが見える。

第六章

大砲

日本に鉄砲が広まるなかで、大砲はまったくといっていいほど見落とされていた。大砲を積んだポルトガル船が日本にやって来て、大名たちも手に入れたがったからこれは意外であった。鉄砲も優れた武器だったが、十六世紀には弓と同じ程度にしか使われなかったのに対し、ポルトガル製の大砲が昔の投石機などよりまさっていることは一目瞭然だった。

大砲があまり世に知られなかったのは武士の心構えにも原因がある。軍記物や武士の規範などでは個々の武勇や道義心を説いている。大砲を侍の武器として称える文献もあまり見当たらない。大砲は軍のためにつくられた武器であり、使ってもあまり誉れとはならなかった。

さらに、大砲の所有、製造、使用は徳川家が厳しく管理した。徳川家はうまく大砲を使い、敵を屈服させている。武器の輸入で軍事力の均衡が変わってしまうのを恐れた徳川家は、こうした武器や鉄砲などの製造を独占し、欧州との交易も長崎の港ひとつだけに限り、小さな港のある出島にオランダ人を居住させた。鎖国によって徳川家は十九世紀前半まで火砲類の輸入を独占できたのである。

アジアの火砲

大砲が伝えられるまで、日本では火砲はほとんど知られていなかった。最も古いものは十四世紀に使われた投石機の仕組みでつくられている。『太平記』によると、楠木正成が一三三三年に北条（阿曾）治時の軍に包囲されたとき使ったという。正成の千早城は険しく近づきがたい山にあったから、使ったのはどんなものであれ、かなり小さかったと思われる。

初めて平衡錘投石器《トレビュシェット》が使われたという確かな記録は一四六八年、応仁・文明の乱の頃で、先に見たように重さ三キロの石を二七〇メートル以上飛ばせる投石機のことが戦記物に書かれている。つくったのは大和国の職人とされるが、仕様についてはあまり知られていない。投射物は十五世紀にヨーロッパでつくられたものよりかなり小さく、おそらく敵の塹壕の向こうにある櫓に損害を与えられたことはうかがえるが、岩の城砦に穴を開けられるほどの威力はなかった。

中国の攻城武器

平衡錘投石機
虎蹲（こてつ）砲はもともと巻き上げ式で砲手の筋力頼みだった。モンゴル・南宋戦争の後、ここにあるような平衡式に変わっていった。

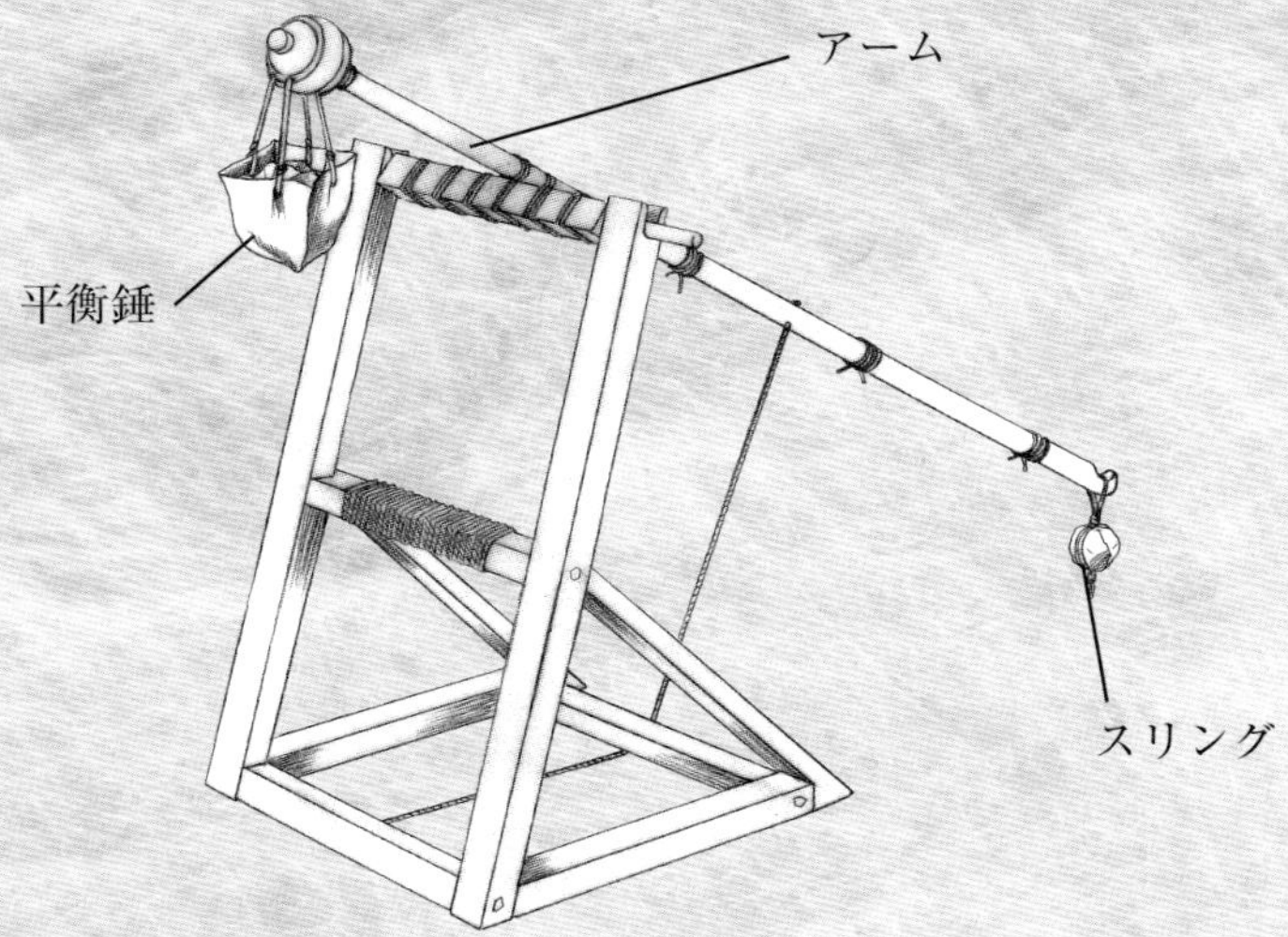

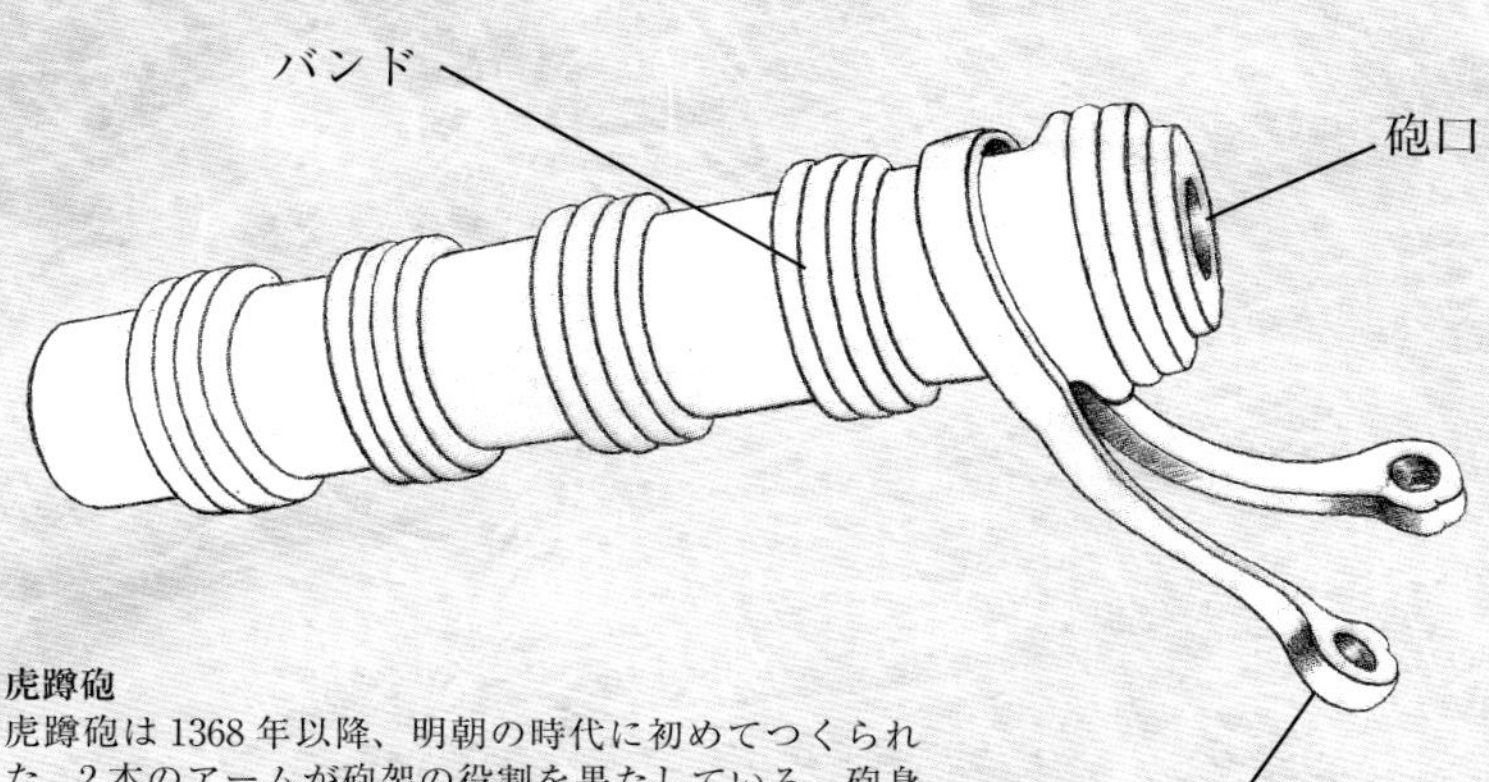

虎蹲砲
虎蹲砲は1368年以降、明朝の時代に初めてつくられた。2本のアームが砲架の役割を果たしている。砲身のまわりのバンドは砲身を強化し、ひび割れや破裂を起こさないためのものと考えられた。

初期の大砲

原始的な大砲は十五、十六世紀の中国と朝鮮に見られ、砲身内に施条《ライフリング》がない滑腔砲だった。しかし、技能的な問題と、先に見たとおり中国ではよい火薬の調合法がなかったため、それほど強力ではなかった。最も初期につくられた青銅砲は硝石を多く含む火薬が使われ、はるかに威力が増すようになった。

初期の大砲にはさまざまな名がつけられた。多くは旋回砲で、船首に据えられた。こうした後装砲は「フランク（西欧）」を起源としたことから一般に「フランキ砲」と呼ばれていたが、もともと

日本の投石機

1468 年に敵の櫓を攻撃し、大きな効果を上げたと記録に残っている日本の投石機だが、現在は残っていない。おそらく虎蹲砲に似たもので、発射された弾は比較的小さかったため、現代のヨーロッパで見られるような大きな構造ではなかった。残念ながら、製作した職人たちはこのちょっと変わった装置の図解をまったく残していない。

東アジアに伝えたのはポルトガルである。後装砲は「石火矢《いしびや》」とも呼ばれ、鉄砲の別名である「手火矢《てびや》」と対照をなしている。さらにまた大砲は「国崩《くにくずし》」という名でも知られるようになった。

　フランキ砲は一五二三年には中国で製造されていたが、最もよいものはポルトガルが製造を独占していたようである。大友義鎮（宗麟）は一五六〇年三月に初めて足利義輝に石火矢を送っており、その直後にポルトガルからまた購入している。彼は「また大砲を送ってほしい。自分は海岸沿いに住んでおり、敵との国境が近いので攻撃を防がなければならない。国を守れて土地が繁栄したら、デウスの

中国の万里の長城の塁壁にある大砲。中国製の鋳鉄砲は 14 世紀中頃から用いられていたが、品質はよくなかった。16 世紀後半になるまで発射には危険がともなった。高品質の砲は 19 世紀初頭までは青銅でつくられていた。

大砲の製造

まず、鉄板（瓦金）を筒にして砲身をつくり、細長い鋼を巻きつけて鍛える。次に砲身をとかし、かたちづくり、筒先を細くする。鉄板の厚みがあるほど強い砲身をつくれた。

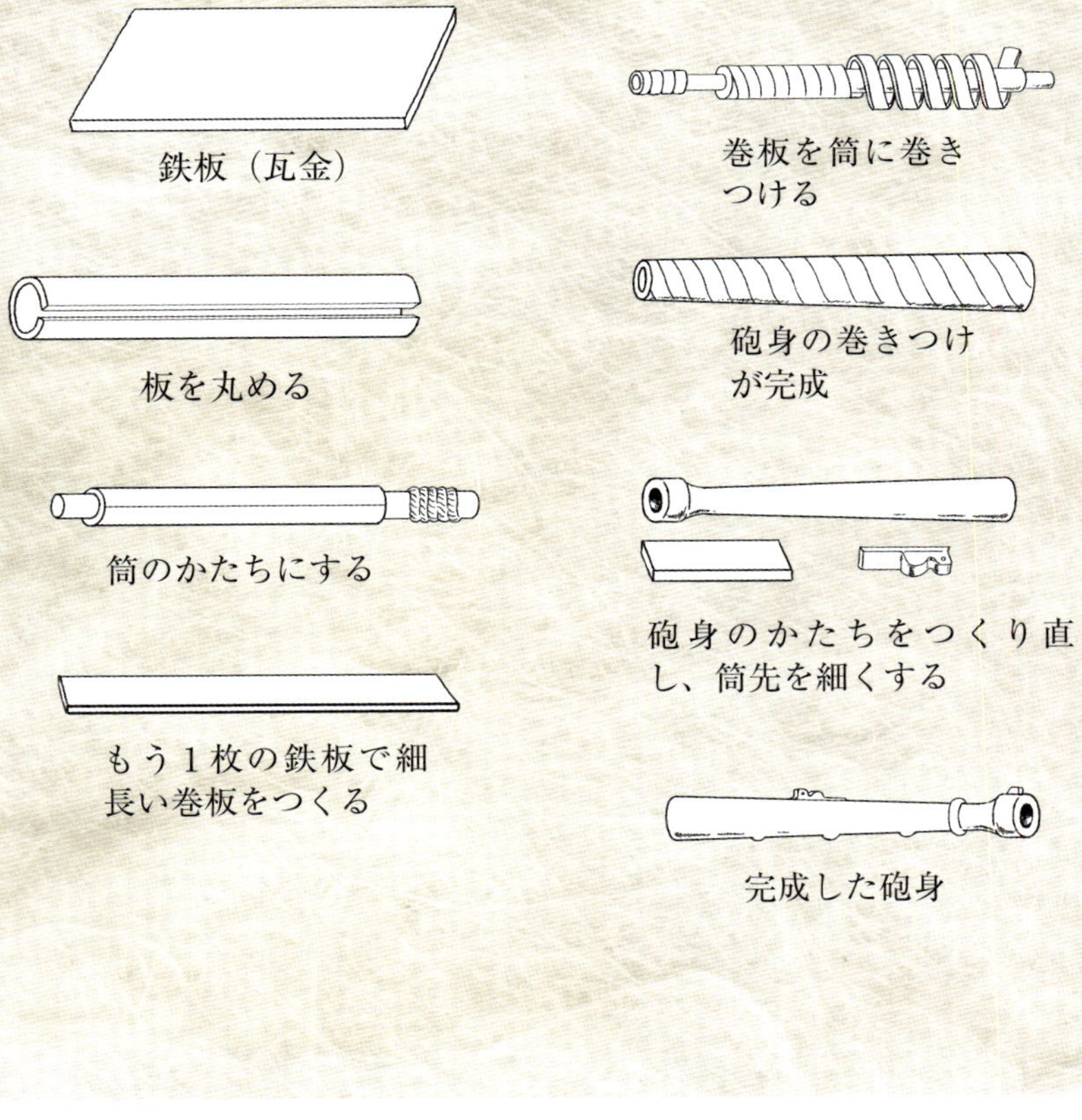

教会を建て、神父《パードレ》とキリシタンが来られるようにし、いずれポルトガル人が住めるようにする」と書きおくっていて、布教活動と大砲の普及は密接なかかわりがあったことを示している。

こうした初期の後装砲はいくつか現存している。青銅製のフランキ砲で重さは約一二〇キロだ。尾栓（子砲）は木製だったため、隙間から発射ガスが漏れるという不都合があり、速度や飛距離が減ってしまうことがあった。それでも大きさ七〇ミリ、重さ一・三キロの弾を発射でき、砲尾はすぐに再装塡ができる仕組みで、後に作られた強力な大砲のように次の発射までに苦心してなかを掃除しなくてすんだ。動かしやすいように、すぐ発射できて船上で効力を発揮する回転砲架に載せることも多かった。

西国一の有力大名だけがこうした砲をわずかに入手できた。北九州の大友氏に加え、大内氏の後継となった毛利氏も所有しており、詳細な図が記録に残っているが、現物はない。また薩摩の島津氏も所有していた。一九五七年に鹿

大砲を発射する侍と足軽。1855 年の『武道芸術秘伝図会』より。

児島県阿久根市の一〇〇メートル沖合で、砲がひとつ発見されている。

　大砲は重く、城を守るのに最適だった。言い伝えによると、大友氏は臼杵の丹生島《にゅうじま》城にひそかに大砲を二門持ち込み、島津氏が攻撃してくると砲撃で応酬し、島津氏は城を三日あまり包囲したが撃退された。島津軍には死傷者が数多く出たようだ。

　それでも、大友氏が日向の島津氏に対して二門の大砲をたずさえて進軍して気づいたとおり、大砲には欠点があった。あまりに重すぎて運ぶのが困難であり、貴重な火薬をかなり大量に消費したのだ。輸送の難しさは一五六〇年か

16 世紀の大砲

ポルトガルの後装砲

これらはアジアでフランキ砲と呼ばれる後装砲で、船に搭載する砲架がついていた。火薬と弾丸を木の覆いがついた砲尾の空いた部分に入れて、すぐに発射することができた。木や鉄の楔（現存はしていない）で留められる。後部から発射ガスが漏れ、爆発力や速度が弱まることがあった。

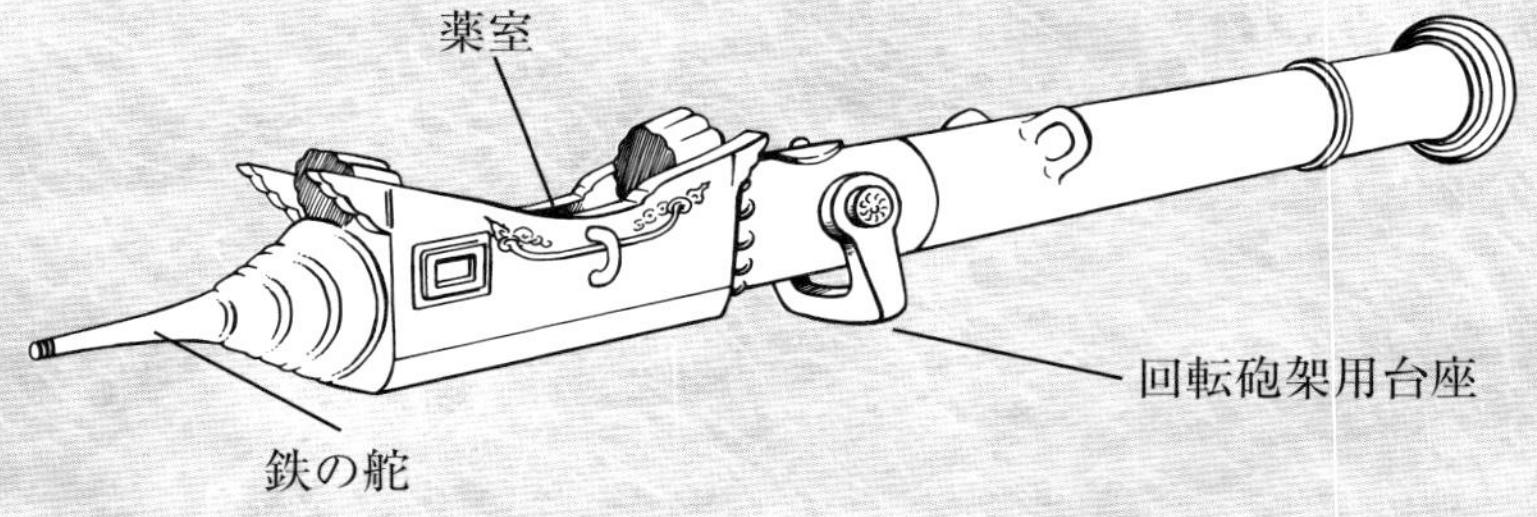

阿久根砲

この砲は 1957 年に九州の海岸で発見され、ポルトガルから日本に伝来した大砲のなかで最も初期のひとつとされる。

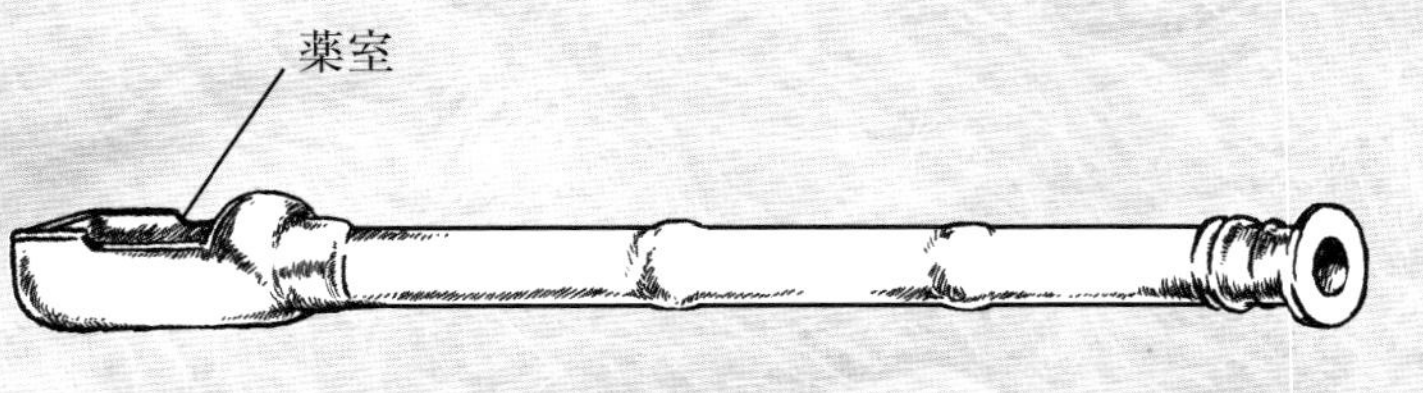

ら一五七〇年の間に大友宗麟が書簡に書いている。「石火矢が高瀬の港に到着した。人夫を大人数、早急に送ってほしい」。一五七八年の耳川《みみかわ》の戦いで宗麟は意気揚々と島津氏を一掃するため進軍したが、圧倒的に打ち負かされた。大砲も活用できず、彼はルイス・フロイスが「非常に優れている」と評した大砲を敵の島津方の元にうち捨ててしまった。

大砲は戦で徐々に使われるようになっていった。有馬晴信《ありまはるのぶ》（一五六七―一六一二）は島津家久《しまづいえひさ》（一五四七―八七）と同盟を結んで一五八四年に龍造寺隆信《りゅうぞうじたかのぶ》と戦い、自分の陣から敵の大将を殺そうと大砲で狙った。

マカオの大砲。17世紀初頭にマカオで鋳造されたポルトガル砲は非常によくできており、19世紀の初頭になっても使われていた。

イエズス会士は二門の大砲が龍造寺を襲った様子をこう述べている。

「多数の砲弾が龍造寺の住居に撃ちこまれ、女や子供の叫び声が遠くの有馬の陣まで聞こえてきた。

美濃の大垣城で砲撃にあった山田去暦の娘、山田おあんは、日記に『大砲が発射されると、城の櫓が揺れ、地面も裂けそうな音がした』と綴っている」

初めて日本で大砲が製造された時期を知るのは難しい。一五七〇年初頭とされることもある。『国友鉄砲記《くにともてっぽうき》』によると、一五七一年には織田信長が国友村の鍛冶職人に長さ三メートルで、七四グラムの弾を発射できる砲を二挺製造するよう命じている。国友では十六世紀中頃から鉄砲鍛冶が始まり、彼らの住む長浜の一帯が信長の支配下となった後も、引き続き信長のために武器をつくった。

大砲をつくるときは、国友の職人はまず中心となる円筒部をつくり、それから鋼を何層か巻き、できあがった砲身をまたとかして成形した。できた大砲は丈夫で非常に厚くなり、移動する助けにはあまりならなかったが長持ちするようになった。

大型の武器は丹後の稲富家によって製造されていた。これらは前装砲で砲身は厚く、木の支えがついていることも多かった。一キロ強ほどの弾しか発射できなかったフランキ砲とは違って、一八キロ近くの弾を発射できる砲もあった。

ポルトガル人は九州に小さな鋳造所を建設したという。これについては一七七六年にポルトガル人が日本で製造した大砲の短い記述があるだけで、ほとんど知

織田信長は足利家最後の将軍義昭のため、1569年に二条城を建てた。よい石があまり手に入らなかったので、信長は自分の部隊に仏像を倒させて使い、熱心な仏教徒たちはその行動にショックを受ける者も多かった。

1590 年代、朝鮮に築かれた倭城を攻撃する明軍と朝鮮軍。城は難攻不落で、1598 年にようやく日本軍が撤退したときも死傷者は最小限におさえられた。城の石垣は今日でも韓国の沿岸に残っている。

1560年代から、城の石垣は端に沿ってかたちを揃えた石を使ってつくられるようになり、側面は後から埋められた。勾配のあるかたちは安定性と強さを高める効果があった。隅石はかたちに配慮する必要があったが、他の部分の石は単純に積み重ねられた。江戸城などでは他の部分の石もしっかり組み合わせてつくった。

大坂城。豊臣秀吉は城を築くために全国の大名から巨石を運ばせた。広大な石垣のおかげで跡継ぎの秀頼は1614年の大坂冬の陣でも敵の包囲網を阻むことができた。策略を用い、和議成立後に外堀を埋め立てるなどして徳川家康は城を陥落させ、豊臣氏はその年のうちに滅亡した。ここでは再建された天守と城壁だけ見える。

られていない。また、日本の銅はたいへん評価が高く、ポルトガル人はマカオで日本から銅を買い続け、それで製造した砲はアジア一という評判だった。一八一二年になっても使われていた大砲もある。

築城

強力な大砲の存在によって築城の技術も著しく変化し、石垣が広範囲にめぐらされて砲撃から内部の壁を守るようになった。一五四〇年代には石垣の弱い部分を大きな石で補強するようになる。六角氏の観音寺城は手ごわい山城で、上杉謙信の春日山城と同じくらいの規模だった。一五六八年に六角義治《ろっかくよしはる》（一五四五―一六一二）が城を捨て廃城となっても、城にはまだ長い石垣が残っていた。建物のつくりはしっかりしていたがあまり高さはなく、最高でも男性の身長の二倍くらいだった。大きな山に小規模な曲輪を多数建てるという山城の構造の原則は残されていた。

六角氏を破った織田信長は一五六八年に上洛し、翌年には二条城を築いた。その後ほどなくして退位することとなった将軍足利義昭の最後の住まいである。城は七〇日間で築城され、壁はすべて石垣で大きな外堀があり、内堀もつくられた。イエズス会のルイス・フロイスは、二条城について「必要な石が足りなかったので、信長は仏像を倒して首に縄をつけて現場に引っぱってこさせた」と書いている。石垣は「高さ七、八メートルで幅七―九メートル、石構えの大きな三つの門も合わせてつくられた」としている。

この城と対照的なのが本願寺である。本願寺は一四七八年に都の郊外に造営され、一五三二年に焼き討ちに合い破壊された。いち早く新しい技術が使われ、ふたつの堀がある輪郭式で、壁は三キロメートル以上におよび、小さな町を丸ごと守れるほどの大きさだった。堀は近年の発掘結果によると深さ四メートル近くある場所もあり、壁の高さは高さ七メートルだった。二条城と違って、まったく石が使われていなかった。

信長は二条城を築いてそれほど経たないうち、一五七六年には急ピッチで安土に新しい城の建設を始めていた。城には広大な石垣がつくられており、かなり西欧の影響があると考える研究者もいる。ルイス・フロイスはこの城を「欧州一の偉大な建築物に匹敵する」と賞賛し、石垣に驚嘆した。十六世紀の日本研究を行ったジョージ・エリソンによると、「塔は巨大で、琵琶湖のほとりにある標高一一〇メートルの山の頂上から四二メートルもの高さで空にそびえている」とある。石を山に押し上げるのには数千人以上の労働力が必要で、蛇石と呼ばれた巨石には一万人もの力を要した。信長はまた幅九メートルの道をつくり、道を守る高さ三メートル、幅三・六メートルの壁も築いた。

包囲戦術

大きな城も火には弱かった。包囲している敵が城の中心に近づければいつでも焼き討ちにするのは簡単だった。ここでは鉄砲兵が射撃をし、弓兵が火のついた矢を放ち、歩兵が壁の近くで竹束を燃やしている。これを阻止するため城には堀が造られた。また、織田信長の安土城のように、中心の天守に登る長い階段があるような城も、すぐ焼き討ちに遭う可能性があった。

城と権力

城は防衛するための建物であると同時に、政治権力の象徴でもある。安土城には威容を誇る吹き抜けの階段があるが、守りの役には立たなかったし、大坂城にある巨石はただ誇示するためだけのものだ。こうした城を訪れると、すばらしい石垣とそびえたつ天守に目を奪われる。城には暗殺を防ぐための音が鳴る床板や精巧な仕掛けがほどこされていたが、軍事的には軍隊が城に近づければ建物を焼き討ちにするのは簡単だった。安土城も、織田信長の家臣だった明智光秀が一五八二年に信長を討った直後に焼失した。

現在でも完全なかたちで残っている城はないが、大規模な城のなかでは松本城《まつもとじょう》と姫路城《ひめじじょう》がその姿を最もよく留めている。松本城は天守と城壁は残っているものの、それより外側は現存していない。姫路城の方は保存状態が非常によく、本丸と西の丸は残っているが、三の丸は現在大部分が市街地で当時の建物はない。いっぽう、城が包囲に

堀にかけられた橋から見た松本城の天守。松本城は別名烏城としても知られる。五層六階の天守は1597年に建造された。

金沢城の橋爪門続櫓（はしづめもんつづきやぐら）。石垣をつくる技術、そして堀がこの城を日本でも指折りの強力な城にしていた。

持ちこたえるためには、本丸から何キロメートルも離れた三の丸を維持しなければならなかった。城の周りを最低二、三キロメートルおさえるだけで城の建造物を砲撃から守れたからである。金沢城など、大規模な城のなかには全長一五キロメートル以上にわたる堀もつくられていた。

徳川氏と大砲

序章で見てきたように、豊臣秀吉はさまざまな面で革新的な存在だったが、織田信長の死後すぐに日本の支配権を握ったとき、大砲にはそれほど頼っていなかった。秀吉は朝鮮出兵を続け、信長が建造した型の軍船を活用したが、朝鮮軍もまた軍船を考案した。秀吉は朝鮮に進攻して軍に広大な石垣のある城を築かせており、日本人が築城技術にかなり長けていたことがわかる。しかし大砲が足りず秀吉は苦しんだようだ。現存する命令によると、残っている大砲をすべて自分の拠点である名護屋（佐賀県唐津）に送るように命令しており、また新しい大砲を多数製造するようにとの命令も出している。さらに、頑丈な鉄板を張った軍船があったにもかかわらず、秀吉の軍は外洋では朝鮮軍の武装船に大きく差をつけられた。秀吉の死後、一六〇〇年の関ケ原の戦いでは大砲も使われたが、息子の秀頼《ひでより》の支持者たちがさんざんに打ち負かされたこの天下分け目の戦で勝敗を分けたのは、戦術の巧みさと技術だった。とはいえ大砲は同じ一六〇〇年の伏見城の包囲軍にも使われた。日

海上戦における技術革新

16 世紀後半になると、築城の技術革新に加えて船の武装も急速に進歩をとげた。イエズス会のグネッキ・ソルディ・オルガンティノによると、伊勢の船大工たちはポルトガル船に似た船を 1578 年にはつくれるようになっていたという。さらにオルガンティノが驚いたのは船が三門の大砲を搭載していた点だ。どういう大砲だったかは明らかではないが、おそらく後装砲だったと思われる。『多聞院日記』では、織田信長が依頼した戦船は、乗組員 5000 人（！）、全長 36 メートル、幅 21 メートルの鉄張船だったとされる。この船は港の封鎖には効果をあげたが、1592 年の豊臣秀吉による朝鮮出兵ではこうした型の船が使われた様子はない。ここに描かれている安宅船は朝鮮出兵時に使用された船である。

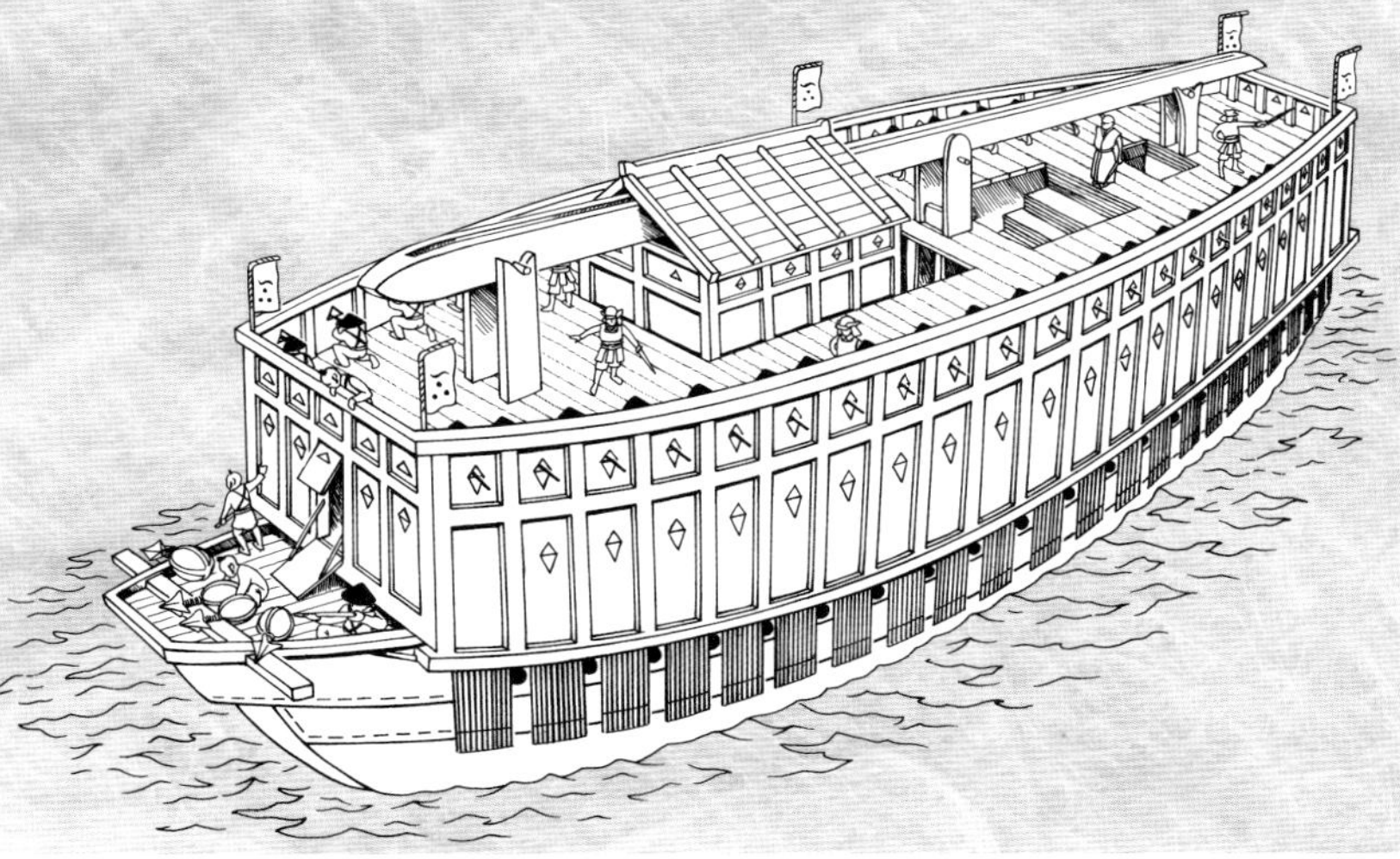

本一の武士の棟梁になろうとしていた徳川家康は、敵の要塞を減らすという点において火砲の戦術的な重要性を理解していた。強大な大坂城に秀頼が居座っていた以上、砲撃は不可欠であった。

大砲と大坂城の包囲

一六〇〇年の戦で勝利をおさめ、一六〇三年に征夷大将軍に任命されると、徳川家康は集められる限りの大砲を集め出した。秀頼に対する攻撃に使うためなのは明らかだったが、もっともらしい理屈をつけて攻撃をしたのは一六一四年になってからのことだ。家康は一六〇〇年の関ケ原の戦いの後に長宗我部《ちょうそかべ》氏から九門の大砲を徴発し、一〇門をオランダに注文した。一六一〇年に堺でつくられた砲は厳密には火砲のうちに入らないものの、長さ三メートル、重さ一三五キロあり、離れた城を砲撃できるよう設計されていた。家康はまた、堺の鉄砲鍛冶である芝辻理右衛門《しばつじりえもん》を指名して五・六キロの弾を発射できる巨大な大砲をつくらせた。もっと大きな砲もつくられ、最大の例では一一・二五キロ、一三・一三キロ、さらには一八・七五キロの弾まで飛ばせた。これらの砲は非常に短く厚みがあり、砲身は七センチから五〇センチだった。砲弾に加え、矢も飛ばすことが可能だった。長宗我部氏の拠点である土佐の鉄砲鍛冶は、重さ六〇キロの砲を製造できた。この砲は重さ七八八グラム、

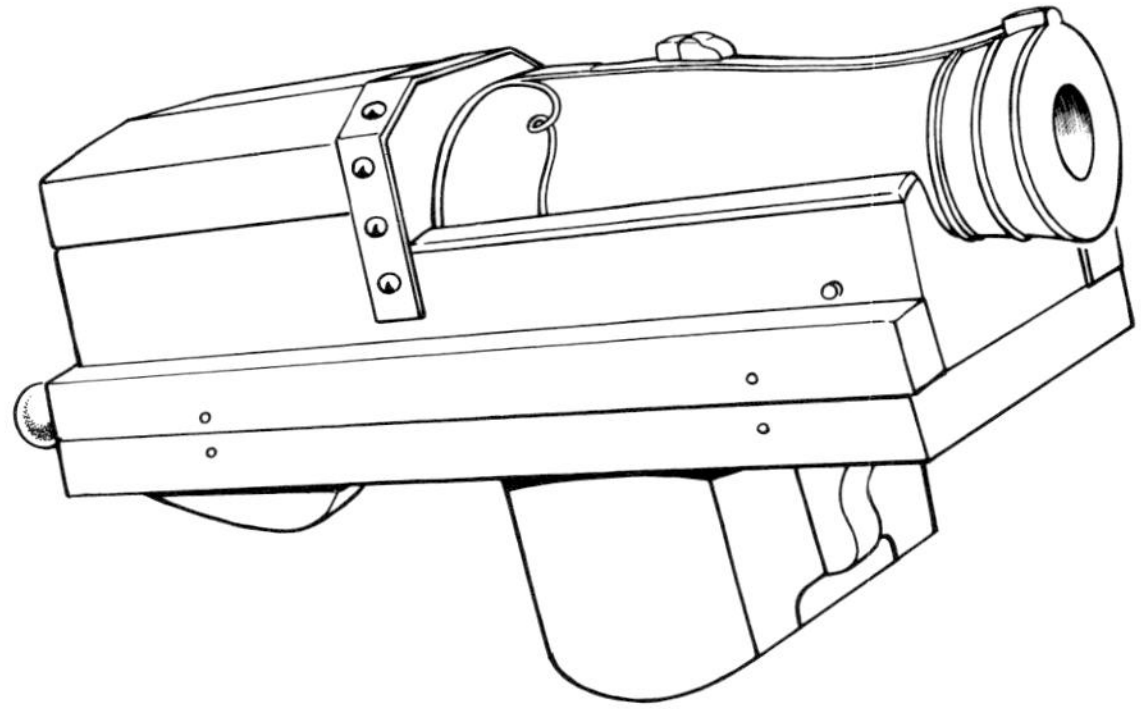

反動を吸収するための木製のスライド式架台に据えられた青銅砲。ひびや損傷を防ぐため砲身が厚い。大砲はポルトガルから伝来後、各地に広まった。徳川家康は 1614 年の大坂城の包囲戦より数年前にこうした大砲を多数つくらせた。

幅五四・五ミリの弾の発射が可能だった。また、重さ一・二二五キロで五七・六ミリの弾を二一・五キロメートル飛ばせる砲もあった。十七世紀前半の間、砲の製造の中心地は依然として堺と長浜であった。一六〇四年から一六一五年までに六〇〇以上の武器が国友氏によってつくられていることが確認できる。そのほとんどは砲で、およそ二三個は内径がじゅうぶんに大きく、大砲と考えられる。このうち三つは大きさで群を抜いており、いずれも一六一五年に徳川氏が豊臣氏の軍を倒すのにつくられたようだ。

　徳川家康は寺の鐘に刻まれたあたりさわりのない銘文を、自分の名である「家」と「康」を別の字で分断して呪うものだと言いがかりをつけた。これは家康の胴切りを象徴している、と戦の理由にしたのだ。この鐘は豊臣秀吉ゆかりの方広寺《ほうこうじ》にあった。徳川軍は豊臣秀頼の城をまず一六一四年に攻撃したが、城壁を打ち破るには至らず、城の守りを圧倒できるほどには城に近づけなかった。しかし長距離砲で本丸を直撃し、これだけでも和議を成立させる効果があった。徳川軍の砲術家、牧野清兵衛《まきのせいべえ》や稲富宮内重次《いなどめみやうちしげじ》、井上正継《いのうえまさつぐ》（外記）

17 世紀の写本『義経記（ぎけいき）』より。当時の城の堀や石垣、門の様子が正確に描かれている。

1615年の大坂夏の陣における攻城を描いた屏風絵の詳細。歩兵はほとんどが槍を持ち、さまざまな家紋が旗と鎧に描かれ、どの大名の軍に仕える兵か見分けられるところに注目。

1615年、大坂城陥落で逃げ出す町人。堀と石垣が絵の上部に見える。

らが豊臣秀頼と母の茶々《ちゃちゃ》（淀殿《よどどの》）の居所めがけて見事な砲撃を行い、豊臣氏の降伏を最も後押ししたともいわれている。

休戦になると徳川氏は大坂城の三の丸を破壊し、二の丸までの堀も埋め立て、城を無力化した。徳川軍は半年後に再び出陣し、大坂城はあっけなく陥落した。三の丸ではなく二の丸まで進めたため、徹底的に砲撃することができた。

火器の独占

豊臣氏が滅ぼされる以前の一六〇七年、徳川家康は主な鉄砲鍛冶に法度を出していた。大量の火器をすぐに製造するよううながした後、いかなる武器も他の大名にはつくってはならないとした。鉄砲鍛冶はまた他国に行くことも許されず、火薬の調合法も伝えてはならず、幕府の年寄以外には製造法も教えてはならなかった。事実上、徳川氏は信頼性の高かった長浜の国友を同業の堺よりもかなりひいきにしたため、長

飛び道具の発射

いつの世でも、投射兵器は戦の中心的存在だった。16 世紀になると弓から鉄砲へと大きく移り変わり、鉄砲で相手を倒せる距離は 45 メートル前後にまで伸びた。散兵の部隊は槍兵によって守られた。

浜の鉄砲鍛冶の屋敷は今も保存されている。大友氏に大砲を鋳造した渡辺宗覚ら他の鉄砲鍛冶も徳川家康に仕え、一六一四年の大坂の陣のためにフランキ砲を製造した。戦いの後、宗覚はさらに武器を鋳造するために捨てられた銅や青銅さえも集めた。こうした武器をつくらせたのは徳川氏だけではない。他の大名でも、西国の毛利氏などは大坂の陣に火縄銃一四〇〇挺と大砲を数門持ち込んでいた。

こうした大砲、特にフランキ砲はすべてがしっかりつくられていたわけではなく、畿内では砲が破裂して七人が死亡、六〇人が負傷した例もある。だからきっと徳川家康は後に英国やオランダから購入することが増えたのだろう。オランダ船のリーフデ号は一六〇〇年日本に漂着し、船が手に入ったことは徳川家康にとっ

方広寺の鐘。1614年、豊臣秀頼が大仏殿を再建し、あらためて梵鐘を完成させたが、そこに彫られたふたつの言葉が問題を引き起こした（写真では白く囲んでいる部分）。「君臣豊楽」は本来ならば「天皇から庶民にいたるまで豊かな生活を楽しむ」という意味だが、「豊臣をひとつにして再び栄える」と読まれ、「国家安康」のほうは、「家康」の名前をふたつに引き裂き呪うものと曲解された。すべて徳川家康の策略である。この銘文をたてに、家康は1598年の「秀頼に忠誠を誓う起請文」を反故にして、1615年、豊臣家を滅ぼした。

て幸運だった。航海士のウィリアム・アダムズ（三浦按針《みうらあんじん》）は家康が信頼する助言者となり（そしてジェームズ・クラベルの小説『将軍』のモデルともなった）、家康は大砲一八門、火縄銃五〇〇挺、銃弾五〇〇〇、砲弾三〇〇および火薬二二六八キロを手に入れ、豊富な武器の在庫をたくわえることができた。

一六一五年に大坂の陣が終わってもなお、徳川幕府は大砲を輸入し続け、大名たちを押さえつけようとした。一六二〇年にはマカオが大砲製造の中心地となり、ここから輸入された武器は十八世紀後半まで使用された。一六二四年、徳川家は英国から五門、オランダから一二門の大砲を輸入している。遅れをとるまいとして、島津

大坂城（1614-15）

1600年の関ケ原の戦いで勝利をおさめた3年後、徳川家康は日本の将軍となった。豊臣秀吉の息子、秀頼は朝廷とつながりを持ち、日本でも指折りの名城である大坂城に身を落ち着け、まだ強力な軍を維持していた。1614年、見え透いた口実をもとに家康（赤色の軍）は城を包囲したが、陥落はできなかった。和議が成立し、家康軍は外堀を埋めてその半年後、再び城に赴いて攻め落とし、秀頼を自害に追いやった。

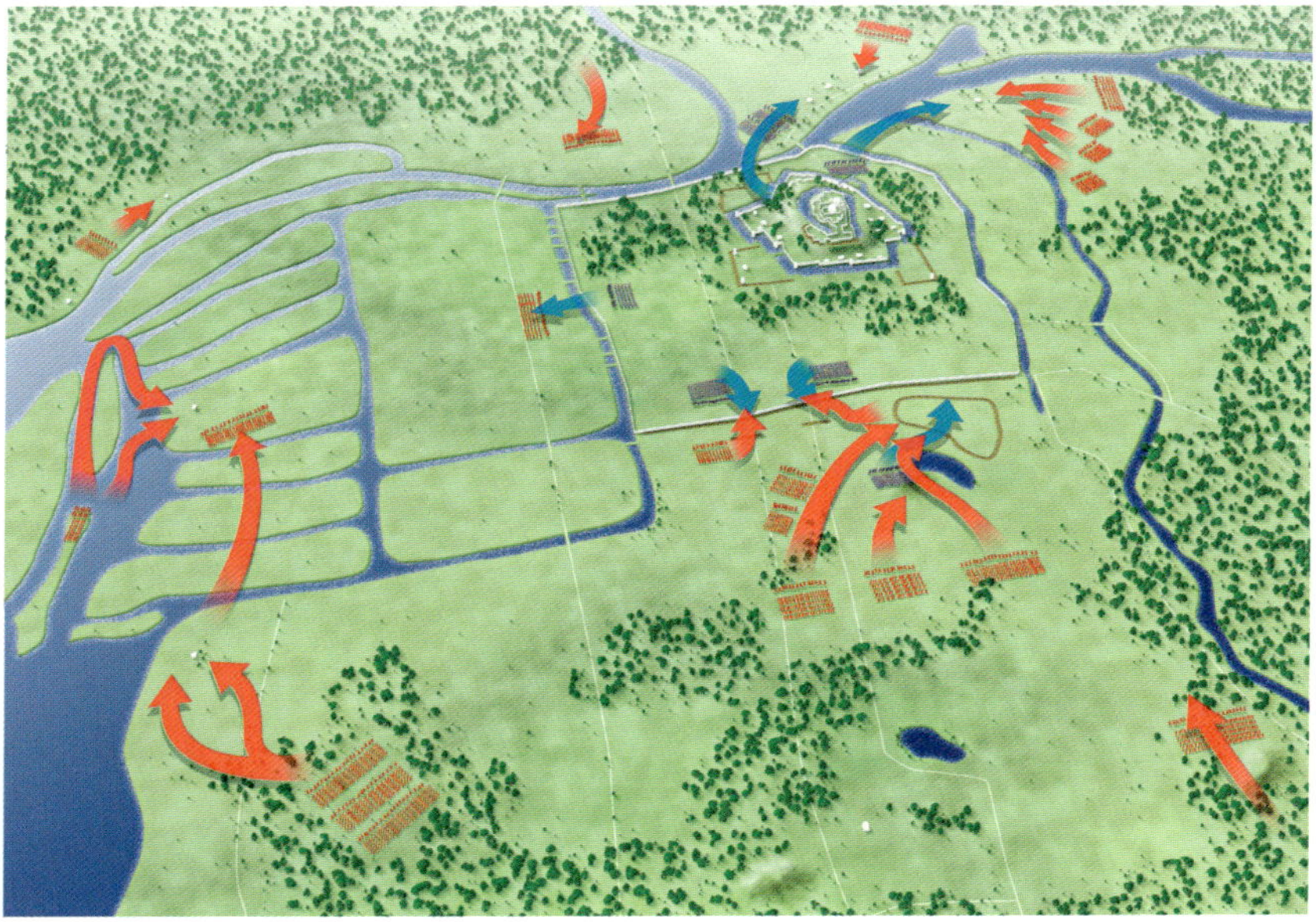

氏は一六三〇年にポルトガルから少なくとも一門の大砲を輸入した。この立派なブロンズ製の大砲は、いまだ現存している。第二次世界大戦中、武器製造のために鉄や青銅が回収されたが、これらの大砲は埋めて隠されていたからだろう。

鎖国

一六三七年に肥前国島原のキリシタンたちが起こした大規模な一揆「島原の乱」は、日本を鎖国へ導いた。一揆軍は、キリシタン大名だった小西《こにし》氏や有馬氏の元家臣たちに従って島原半島の廃城を占拠し、徳川幕府の派遣軍を撃退する。派遣軍を率いていた板倉重昌《いたくらしげまさ》は、城内か

塀越え

塀を巧みによじ登る兵士たち。敵方の塀に槍を突き刺し、それを足がかりにしている。このような方法は、敵の不意をついたり、兵の数で圧倒しているときはうまくいくが、壁の向こうに敵の兵が置かれていた場合、攻撃側から多数の死傷者がでてしまう。

ら撃たれた大砲の砲弾を受けて討ち死にした。幕府は最終手段として迫撃砲を使用するかどうかの議論を重ねたが、そうするには地形が向いておらず、最後はオランダ人の艦砲射撃に頼らざるをえなかった。乱を鎮圧して一揆の首謀者を処刑すると、幕府は禁教策を強化して日本人の海外交通を禁止し、ヨーロッパではオランダ人のみに貿易・居住を許したが、場所は長崎の出島に限定した。この徹底的な管理と監視のせいで、大名たちは外国から武器を調達できなくなった。

徳川幕府が目をつけたのは銃そのものだけではなかった。一六三二年にはすでに弾丸と火薬の普及を管理する鉄砲玉薬奉行が設立されていた。ところが徳川氏は政権をとってしまうと、兵器の技術革新は不要だ

島原城。1637 年、島原の乱での戦場地のひとつ。天守や櫓などは昭和になって復元されたもの。籠城した一揆軍は大砲を用いて徳川幕府が派遣したひとり目の武将を殺害した。しかし、幕府の依頼によってオランダ艦が砲撃し、さらに長期間にわたって包囲攻撃されたため、一揆軍は徐々に疲弊していった。

と考えた。そして鉄砲鍛冶を監視しやすい地域に集め、他の大名が大砲を製造したり、製造方法を学んだりするのを禁じた。そもそも良質な火薬の調合法を手に入れることも禁じていた。だが有力な大名のなかには例外もあった。上杉家は、従来どおり火縄銃の製造を続け、日野（現滋賀県）の鉄砲鍛冶を米沢藩に呼び寄せている。しかし、一六一九年に召抱えていた鉄砲鍛冶が亡くなるころには徳川家の力が強くなりすぎていて、代わりの鉄砲鍛冶を連れてくることはかなわなかった。上杉家が以前のような精巧な銃をつくれなくなるのに十年もかからなかった。徳川家が鉄砲づくりを独占し、その普及を抑えたためだ。新しい技術の登場に気づいていても、その知識が広まるのを許さなかった。その良い例が一六四三年に初めて日本に入ってきたフリントロック式銃（燧石式銃）だ。一七二一年

19 世紀の大砲

1837 年の大塩平八郎の乱では、図のような大砲が用いられた。平八郎は富の再分配を唱え、豪商の店を襲う。その後、大坂の住居は 1 万戸が火にまかれた。大塩側の 3 門の大砲が大坂の通りを牽かれていった。これらの大砲はつくりは粗末なものだった。

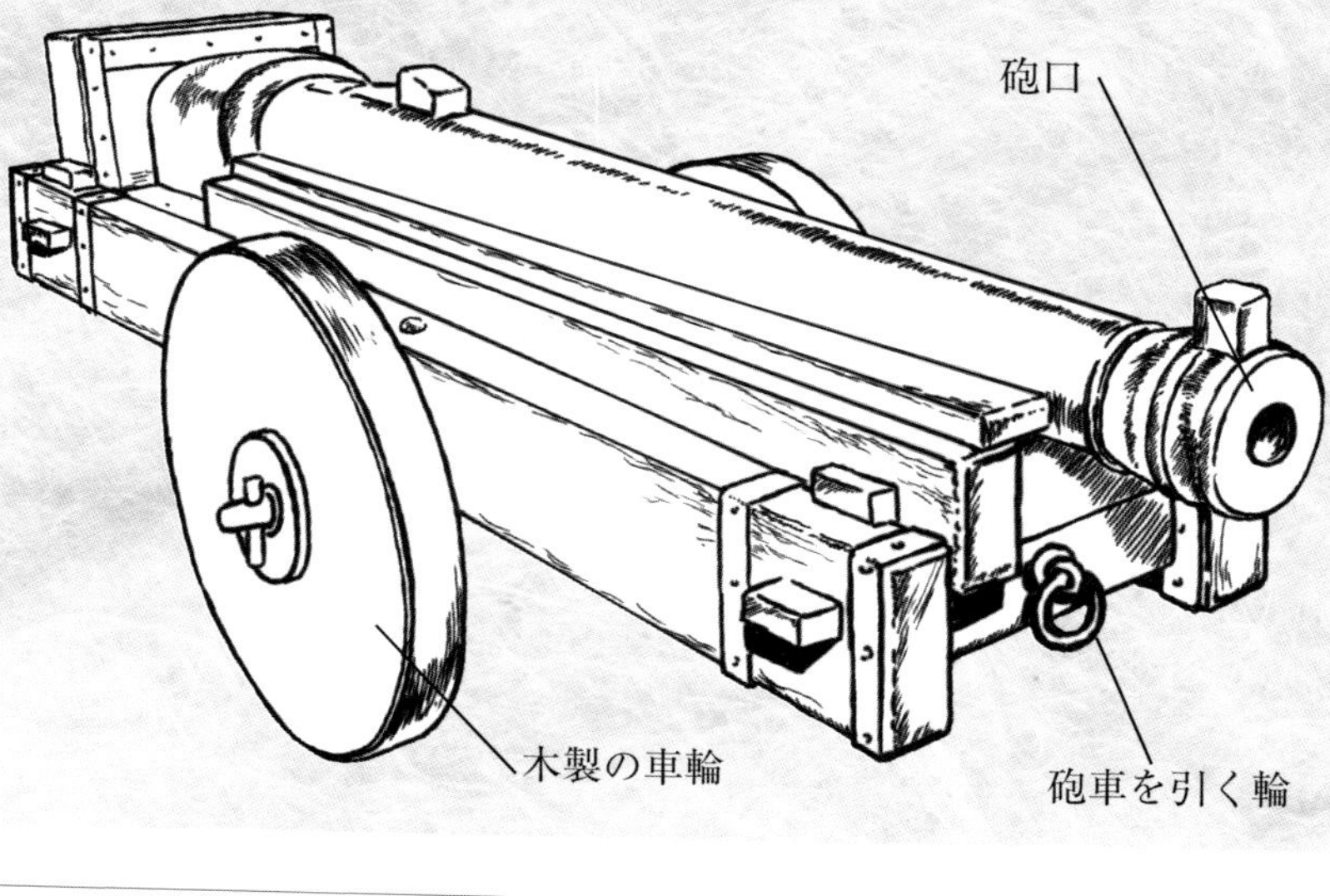

にオランダ船の船長が八代将軍吉宗に八挺のフリントロック式銃を献上したが、世に広まることなく、用いられることもなかった。

蘭学

徳川幕府は重要な軍事技術が広まるのを規制し、武器の入手経路を独占した。そして、ヨーロッパが新しい技術革新にとりくんでいることをオランダ人から知らされると、蘭学の学習を奨励した。そこで、長崎出島に配置されていたオランダ通詞《つうじ》が蘭書の翻訳を手がけるようになる。吉宗将軍の時代には漢訳蘭書の輸入禁止が緩和され、西洋の天文学、薬学、科学の知識が少人数ながら影響力のある武士たちの間に広まった。磐石の政権を保った徳川幕府は、一七一七年、米の生産の安定を図るために害獣退治用の銃を

日本は長崎の出島に居住するオランダ人を通してヨーロッパの情報を得ていた。18世紀、徳川吉宗が漢訳洋書の輸入規制を緩和すると、西洋の知識が武士の間で広まった。18世紀後半、国防の甘さに不満を表明した仙台藩の経世家、林子平（はやししへい　1738-93）は、「戯述」と称して『阿蘭陀船図説』を書き、1782年に長崎で出版した。

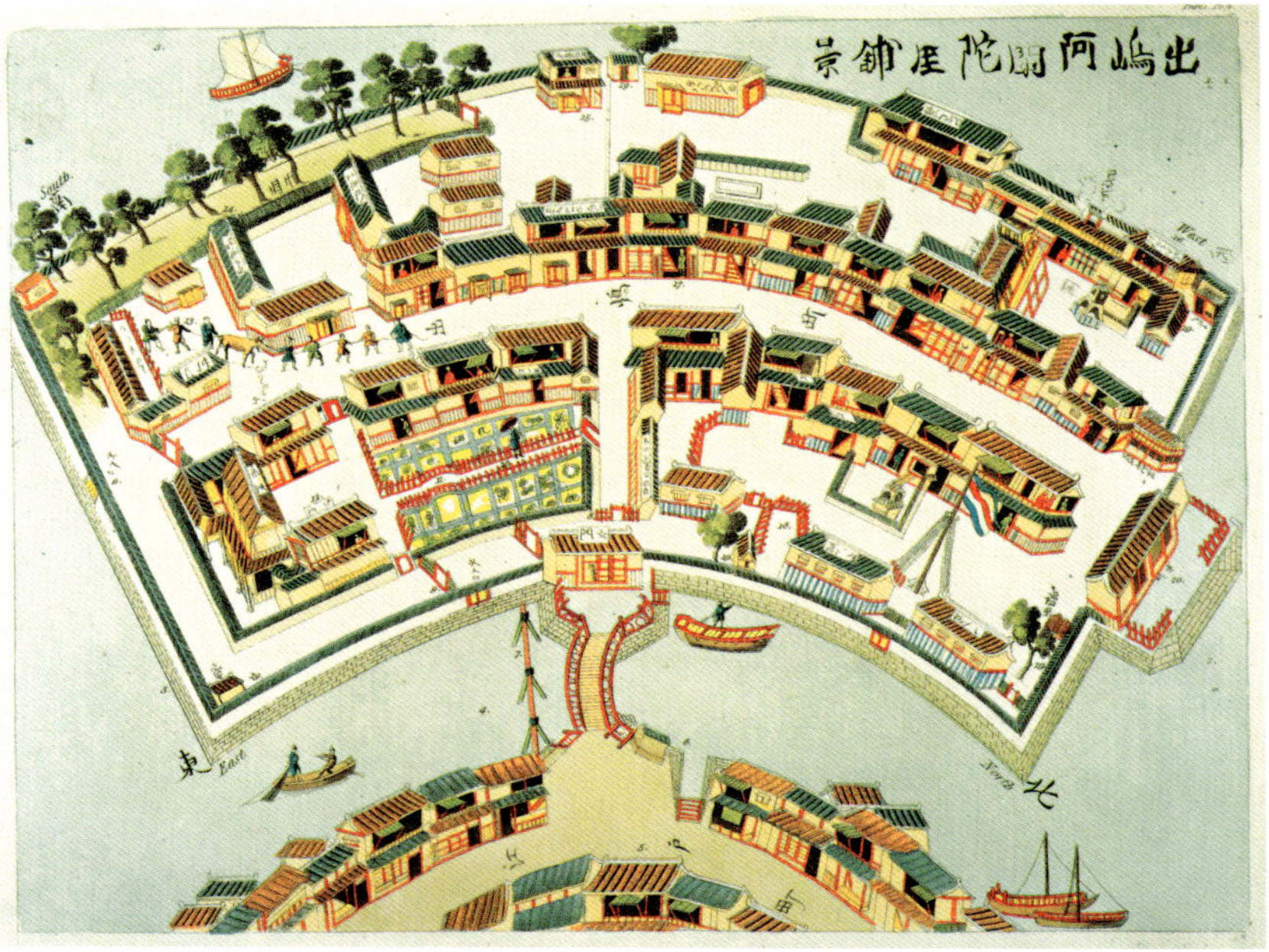

1641年、オランダ人の居住は長崎湾の出島に限定された。そして年に1度、徳川将軍に謁見するときのみ出島を離れることを許された。

農民に持たせるまでになった。

役人のなかには、個人の立場で軍事研究を始めるものもいた。長崎湾内の台場の防備を担当していた三四歳の高島秋帆は、大砲や外国の武器に深い関心を寄せていた。一八三二年、高島は長崎町奉行の許可を得てオランダ砲術を学び、火縄銃から大砲まで数百にのぼる火器をオランダから輸入する。その五年後の一八三七年、二輪の砲車に載せた大砲が実戦に用いられた。大塩平八郎の乱である。このとき大坂の町の四分の一が炎に包まれた。

大砲が劇的に進化したのは十九世紀半ばだ。それまで大砲の技術革新が停滞していたのは、十七世紀初期に製造されたマカオ製の大砲が一八一二年のヨーロッパで使用されていたことからもわかる。十八世紀にわたって砲車、とりわけ船載用の砲車は新しくなっていったが、大砲自体はほとんど改良されなかった。一八四〇年代になって

大鎧

19 世紀、江戸時代後半。
薩摩藩の島津斉彬所用のもの。斉彬は、ヨーロッパの製造業と技術に関心を寄せる革新的な藩主だった。徳川家の監視を逃れるために日記をローマ字で書くほどであった。このように新奇なものには開放的な性分だが、それに反して所持していたのは復古趣味の大鎧だった。面と首の防具と籠手以外は、13 世紀の鎧を見事に再現している。熊の革をつかった沓（貫）は 500 年前からすでにあまり見られなくなっていた。

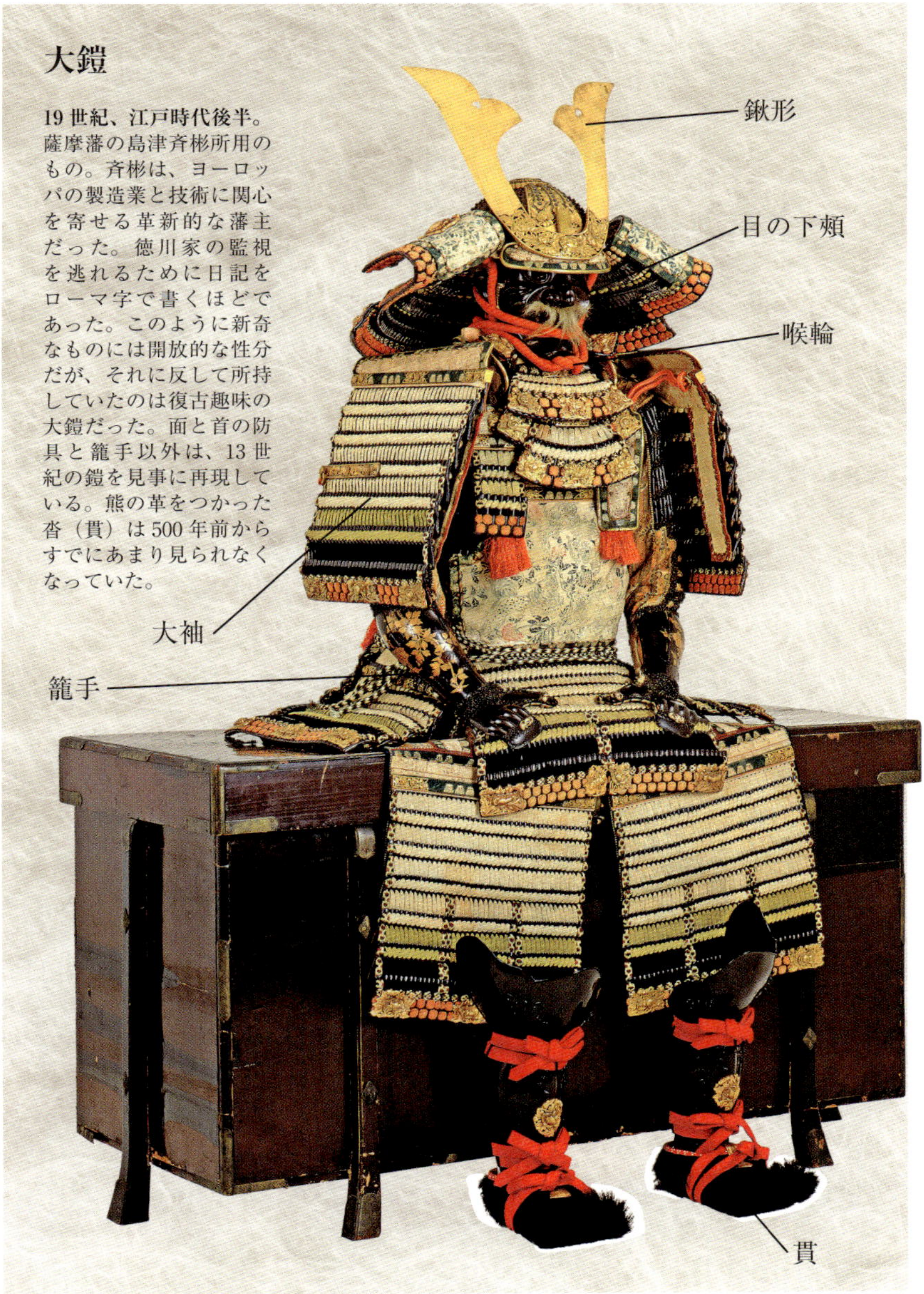

ようやく改良の必要性が叫ばれ、実際この頃に砲身の施条《ライフリング》がほどこされはじめている。阿片戦争が勃発し、清が英国に敗北するという衝撃的な政治事件も重なった。そのために新たな武器への関心が高まったのだ。とりわけ高島秋帆は、日本の軍備の遅れを痛烈に批判する意見書を幕府に提出し、一八四一年には洋式砲術と銃の公開演習を行った。兵器への関心と改良の試みは急速に広まった。

蘭学を学ぶ武士たちは工業生産の基礎理論を会得し、知識の使い道を武器製造にしぼった。そのひとりである福沢諭吉は鍍金《メッキ》法や塩酸・硫酸の製造法を学び、さらには電気の新説を紹介している物理書を手に入れた。彼自身も新しい生き方に共感し、持っている刀を売り払ったという。過去の理想よりも新しい技術のほうが重要だと考えたからに他ならない。

一八五〇年、佐賀藩がオランダの技術書を頼りに日本初の反射炉を建設した。一八五三

蘭学者の福沢諭吉は刀を重要視せず、売り払って竹光に替えた。使節としてヨーロッパやアメリカに渡航し、日本の主要な思想家として明治時代（1868-1912）の「文明開化」を支えた。この写真は1860年に撮影されたもの。右端が福沢諭吉。

山形県米沢市にある上杉神社。上杉氏は1600年に徳川氏の敵方として戦い、会津藩から米沢藩へ減移封の憂き目にあった。

年には鉄製砲の鋳造に成功している。一〇〇人以上の職人が雇われ、一八五七年までに二〇〇門の大砲の注文を納品した。さらに一八五二年、佐賀藩は精錬方を発足して写真術、電信機、蒸気船を研究し、ペリーの来航前に電信機と蒸気船の雛形を製造していた。

これらの知識はあっという間に他藩にも広がった。薩摩藩は琉球国との交流を通じて、海外からかなりの情報を得ており、藩主の島《しま》津《づ》斉彬《なりあきら》（一八〇九―五八）は幕府の目に触れぬようローマ字で日記を書くほどだった。一八五一年、斉彬は鉄鉱石を製錬する製錬所を建設した。一八五八年までには薩摩藩と水戸藩（徳川家）が反射炉を建設していた。薩摩藩は一八六五年、蘭書の図を参考にして、反射炉で製造した鋳鉄銃の砲身にライフリングをほどこす装置をつくり、大砲の施条を可能にした。

一八五四年、アメリカ合衆国のペリー提督が再び浦賀に来航し、徳川幕府はついに鎖国を解いてアメリカやヨーロッパ諸国と直接向き合うことになった。

ペリーと彼の部下は小型蒸気エンジンと電信機をひけらかして「封建的」な日本人を圧倒しようとしたが、蘭学の実践者たちはとっくにこれらの技術を理解していた。薩摩藩の鉄砲鍛冶はペリー来航の前年にあたる一八五二年に三つの蒸気船雛形を製造していたし、一八五五年には小型蒸気船を竣工させてもいた。同じ年に幕府も西洋式帆船を建造した。

西洋の技術に没頭する武士もいる一方で、日本人であることに優越感を抱く武士もいた。そ

ペリー来航により徳川幕府が開国に踏み切ってから4年後の1858年、条約港が開港した。その後、横柄な西洋人が日本に入国し、同じくプライドの高い武士たちと渡りあうようになる。1860年代初期には、暗殺や手当たりしだいの喧嘩も珍しくなかった。（錦絵は生麦事件を描いた『生麦之発殺』早川松山作）

ういった考えの一派は国学者として知られ、蘭学の専門家と同じ西国の藩に集まる傾向にあった。九州の最も南にある薩摩藩はその矛盾した両派を抱える典型的な藩だった。

薩摩藩には武士の地位とその長い歴史に抱く自尊心が浸透していた。なおかつ反射炉と大砲の製造への関心も共存していた。開国後、日本に攘夷の気運が高まり、英国の商人リチャードソンが薩摩藩の大名行列に騎馬で乱入し手打ちにされるという事件が起こる。英国政府はすぐに賠償金一二万五〇〇〇ポンド（徳川幕府に一〇万ポンド、薩摩藩に二万五〇〇〇ポンド）を要求した。これは現在の二〇億円に相当する。後の一八六三年七月、英国が薩摩藩の城下町を砲撃すると、薩摩藩は英国旗艦に集中砲撃を浴びせ、艦長と副長が戦死した。鹿児島市街地の被害は深刻だったが、英国側は薩摩藩のバックにロシアがついているのではないかとありもしないことを恐れていた。日本人に火薬を使った砲弾がつくれるはずはないと考えたからだ。

諸藩の反抗にあいつつ、なんとか外国との条約締結を朝廷に認めさせようとしていた幕府は、一八六三年に大名への規制をゆるめることにした。そこで藩士たちは京都に終結し、外国から武器を購入する。その後も倒幕の密謀は続いた。そしてついに一八六八年、薩摩、長州（両藩とも関ケ原の戦いで徳川家康に敗れている）などの諸藩が同盟を結んで徳川幕府を攻撃し、倒幕を果たした。彼らが掲げた「尊王攘夷」のスローガンは、西洋の「夷人（外国人）」に対する徳川幕府の弱腰ぶりを暗に指している。「尊王攘夷」は、やみくもな愛国主義者の心をとらえるとともに、実質的に権力をもたない天皇への忠誠を宣言することによって、幕府への反抗を当然のものにした。

結局、再び勢いを取り戻した西国の諸藩が幕府軍との戦に勝ち、一八六七年、徳川慶喜《よしのぶ》（一八三七―一九一三）は征夷大将軍を辞することになった。その後徳川幕府が滅亡すると、薩摩と長州の提案によって天皇が「五箇条の御誓文」を発布し、「知識を広く世界に求めること」とした。これが「（天下は）明るい方向に向かって治まる」という明治時代（一八六八―一九一二）の幕開けである。

写真の大砲は、高島流の門下生が19世紀に製造したもの。1854年の開国以前から、日本人は大砲を鋳造していた。

武士の終焉

明治政府は急速に中央集権化していった。過去の「悪習慣」がすたれ、「世界の常識」が大手を振り始めると、日本人のアイデンティティーが深刻な問題になった。次第に、武士と刀は過去の遺物になっていった。明治政府は一八七二年までに廃藩置県を行って全国の元大名領を直接支配し、身分制度を廃止して、これまでの家禄の代わりに公債を支給した。また、各藩が所有していた武器の掌握も進んで、最終的には一八万挺以上の銃を没収した。そのほとんどは、一八六三年以降に輸入されたエンフィールド銃かスタール銃だった。一八六三年に大名たちの武器購入が可能になったからである。

和服を着て扇子を持つ最後の将軍、徳川慶喜。将軍になるのが遅すぎたため、彼の壮大な幕政改革を最後まで実行することはかなわなかった。

身分を剥奪された武士の多くは路頭に迷った。大名や有力な武士には公債というかたちのじゅうぶんな財産があって暮らしには困らなかったが、それ以外の武士はあらためて仕事を見つけなくてはならなかった。軍に入るものもいれば、教師、役人、編集者、髪結い（刃物を扱うのが得意だったからだ）になるものもいた。

倒幕の立役者だった西国にはまだ緊張感が漂っていた。廃藩置県により、古くからの地名や土地に根ざしたアイデンティティーを奪われたからだ。長州藩のなかには、なぜ一万七〇〇〇キロも離れた外国の風習に従わなければならないのかと、抵抗する者もいた。急激な変化についていけない維新のリーダーたちもいた。

反動主義者のレッテルを貼られながらも、多くの士族が身分制の復活を望み、明治国家の専制についてはあらゆることを拒絶した。フランス民法典を翻訳させた江藤新平は一八七四年に反乱を起こしたが、政府軍に鎮圧され、二年後に続いた長州の反乱も同じ運命をたどった。明治維新の中心人物のなかで新政府に不満を抱いていたものは他

月岡芳年作『鹿児島県下賊徒蜂起之事件』。1875年、西郷隆盛は元薩摩藩の鹿児島県に下野し、その誕生に手を貸した明治政府に対して反乱を起こした（1877）。激戦の末、徴集兵からなる近代的な政府軍に薩軍が敗北する。この錦絵は、海軍の攻撃に備え自軍を激励する理想化した隆盛を描いている。

にもいる。薩摩の西郷隆盛は、一万五〇〇〇人を率いて熊本城を包囲した（西南戦争）。だが五五日間かけても城を落とせなかった。六万五〇〇〇人の薩軍のうち死傷者は六〇〇〇人におよび、最終的に反乱軍はそのほとんどが死傷するか捕縛されるに至った。

反抗者たちの暴動

西郷隆盛軍が主に使用した銃は、ゲベール銃やエンフィールド銃のような先込め銃である。もともと筒先に入れる粉火薬は湿気に弱く、雨の多い九州では使い物にならないことが多かった。いっぽう、政府軍の主力装備は元込め式のスナイドル銃

だったため、そのような心配は不要だった。さらに薩軍が悩まされたのは、銃の種類と口径にばらつきがあったため弾薬を揃えるのが難しく、ひとりあたり一〇〇発の弾しか支給できなかったことだ。砲兵隊も規模が小さかった。大砲の内訳は、二・三九キロの砲弾を発射する山砲が二八門、七・一八キロの砲弾を発射する野砲が二門、そして臼砲がおよそ三〇門。かたや徴兵されたばかりの政府軍には一〇〇門の大砲があり、二門のガトリング砲と六三〇〇万の砲弾を所持していた。これは反乱軍の一四倍にあたる。一八七八年三月には、政府は一日に五〇万発の砲弾を製造できたという。

客の髭をそり、髪を結う「髪結い」たちの写真(1865)。1870年代前半、武士の身分が廃止されることになり、なかには刃を扱うことが許された髪結いに転身する者もいた。

西南戦争の激戦地では、政府軍の費やした砲弾の数は一日あたり三〇万発におよんだ。かたや用意できる大砲に限りがあり、しかもじゅうぶんな弾薬を支給できなかった薩軍は、熊本城を落とせず、しまいには銃を捨てて刀を手にとった。この決死の行為は数多くの映画で描かれていて人々の記憶に残っている。だが本当は、当時すでに武士にとって銃はなくてはならないものになっていたというのが現実だった。

誇り高い武士といえども、広範囲

においぶ産業基盤に支えられた中央集権国家の徴兵には太刀打ちできない時代になったのだ。一八七七年は武士の反乱が起こった最後の年であり、精巧な火縄銃を製造してきた国友のような鉄砲鍛冶がその製造を止めた年でもある。

おわりに

武士の戦いぶりは時代によって変化した。最初は小規模な騎馬武者の集団が弓矢で戦い、それから集団戦術を用いる軍団が主に槍で戦った。兵の数も膨らんだ。それにともなって、指揮系統も確立し、カリスマ的な武将が登場するようになった。さらに、少数の騎馬武者たちで成り立っていた軍は、それぞれの藩の壮健な男性が大半を占める軍へと拡大していった。

銃の導入は明らかな大事件だった。弓矢にとってかわり、武将にも多くの死傷者を出したからだ。また、同時期に使用されはじめた大砲に備え、平地に巨大な岩を積み上げた城がつくられるようになった。この城とともに、日本は新しい時代を迎える。豊臣秀吉が武士の身分を確立し、彼らから土地を取り上げ、その代わりに帯刀を許した。刀は武士の地位の象徴になり、多くの思想家たちは武術と精神の重要性を説いた。そして生まれたのが、武士道は死ぬことにあるという思想だった。銃や大砲への関心は依然として高かったが、徳川幕府は火器が政権を脅かすのを恐れ、技術の普及を阻もうとした。

阿片戦争で清が英国に敗れると、兵器への関心は頂点に達し、徳川幕府も規制をゆるめ、諸国、とりわけ西国に銃や大砲を製造させるようになった。また、電信術や電気の研究熱も高まった。そのため、ペリーが日本に開国を迫ったときには、日本人を圧倒するはずの電信や蒸気機関車の技術はすでに理解されていた後だった。諸藩の武装化は一八六八年の倒幕につながったが、新政府は武士の身分と過去の制度を廃止する。

しかし抵抗は続き、士族最後の反乱を起こした西郷隆盛は、武士の誇りを守るために戦った。反乱は失敗に終わった。だが、最後の最後まで彼らが銃器に頼っていたことは、武士にとっても、徴兵隊の政府軍にとっても、銃と大砲が必要不可欠だったことを物語っている。つまるところ、武士の最後の戦は、近代的な軍隊の戦いとほとんど変わりがなかったという結論になる。

『鹿児島城山戦争之図』（月岡芳年作）。珍しくここには銃を用いる西郷軍が画面の右上に描かれているが、弾が尽きて刀を用いざるをえない様子も一目瞭然である。この錦絵を見ると、刀のほうが目立っている（特に官軍側）。しかし実際は両軍ともに銃が主要な武器だった。

(Michael S. Yamashita), 202 (Asian Art & Archaeology), 204 (Charles & Josette Lenars) ,206 & 209 (Asian Art & Archaeology), 214 (Earl & Nazima Kowall), 236 (Asian Art & Archaeology), 240 (Peter Harholdt), 249 (サカモト・フォト・リサーチ・ラボ), 264 (Gerard Rancinan), 283 (Michael S. Yamashita), 303 (Alinari Archives), 304 (Asian Art & Archaeology)

Dorling Kindersley
104, 172

Getty Images
14, 30, 34, 122 (田中秀明), 195 (山口規子), 223 (DAJ), 230, 239 & 261 (AFP), 273 (John Warden), 227 (Time Life Pictures), 280 上 (Sebun Photo), 297

Heritage Image Partnership
287 (British Library)

Mary Evanz Picture Library
41, 43

Photolibrary
150, 169, 189, 259, 280, 284, 293, 299

TopFoto
55 (Ancient Art & Architecture Collection) ,256, 306 (Alinari Archives)

Trustees of the British Museum
241

Werner Forman Archive
36 (ボストン美術館), 57 (ヴィクトリア&アルバート美術館), 81 (ボストン美術館), 133 & 197 (黒田家コレクション), 198 (京都国立博物館), 200 & 268 (黒田家コレクション), 288 (黒田家コレクション)

本文イラスト……ウェス・ブラウン
地図……アンバー・ブックス

図版出典

AKG-Images
70, 85, 129, 247（東宝）

Art Archive
12(北野天満宮), 45, 49 & 69(Laurie Platt Winfrey) 71 & 77（Laurie Platt Winfrey), 84(大倉集古館), 97下(キオッソーネ東洋美術館), 110（Laurie Platt Winfrey), 109（東京国立美術館), 113（ヴィクトリア＆アルバート美術館), 115（Gianni Dagli Orti), 132（Laurie Platt Winfrey), 136（東京大学), 141（Gianni Dagli Orti), 153（東京大学), 181, 186（Gianni Dagli Orti), 216(サントリー美術館), 226, 229（大徳寺), 296, 300

Board of Trustees of the Armouries
10, 19, 33, 52, 63, 73, 93, 97, 98(上下), 130, 176, 177, 221, 224, 231, 243, 246, 263, 275

Bridgeman Art Library
8（Boltin Picture Library), 11（アシュモレアン博物館), 29（フィッツウィリアム美術館), 67（リーズ美術館), 121（メードストーン美術館), 138 & 144（東京富士美術館), 152, 173（Heini Schneebeli), 182 & 183（リーズ美術館), 217(Bonhams), 219（Giraudon), 238（アシュモレアン博物館), 200（Archives Charnet)

Thomas D. Conlan
39, 40, 45, 58, 66, 74, 76, 79, 112, 120, 166, 185, 187, 248, 250, 278,

Corbis
16 & 22（Asian Art & Archaeology), 23 下（Bettmann), 27 & 32（Asian Art& Archaeology), 37 上（Burstein Collection), 44(Mayama Kimimasa), 47（Barry Lewis), 48（Burstein Collection), 65（Asian Art & Archaeology), 82（Burstein Collection), 88（サカモト・フォト・リサーチ・ラボ), 118（Asian Art & Archaeology), 124（Gerard Rancinan), 148（Asian Art & Archaeology), 157（Burstein Collection), 163（Brooks Kraft), 164（Christophe Boisvieux), 196

Sansom, George B. The Western World and Japan. New York: Alfred A. Knopf, 1973.
Shimizu, Yoshiaki. Japan: The Shaping of Daimyo Culture 1185-1868. Washington: National Gallery of Art, 1989.

Smith, Thomas. 'The Introduction of Western Industry to Japan During the Last Years of the Tokugawa Period' in Harvard Journal of Asiatic Studies, vol. 11, no. 1/2 (June 1948): 130-52.

Takekoshi, Yosoburo. The Economic Aspects of the History of the Civilization of Japan, vol. 1. New York: The Macmillan Company, 1930. (『日本経済史1』竹越與三郎)

Turnbull, Stephen. Samurai: The World of the Warrior. London: Osprey Publishing, 2003.

Turnbull, Stephen. The Book of the Samurai: The Warrior Class of Japan. New York: Arco Publishing Company, 1982.

Varley, Paul. 'Oda Nobunaga, Guns and Early Modern Warfare in Japan,' in James Baxter and Joshu Fogel (eds), Writing Histories in Japan; Texts and Their Transformations from Ancient Times through the Meiji Era, 105-125. Tokyo: International Research for Japanese Studies, 2007.

Varley, Paul, 'Warfare in Japan 1467-1600,' in Jeremy Black (ed.), War in the Early Modern World, 53-86. Boulder: Westview Press, 1999.

Yamamoto, Tsunetomo. Hagakure: The Book of the Samurai. Translated by William Scott Wilson. Tokyo: Kodansha International, 1979. (『葉隠』山本常朝)

Lamers, Jeroen. Japonius Tyrannus: The Japanese Warlord Oda Nobunaga Reconsidered. Leiden: Hotei Publishing, 2000.

Laws of the Muromachi Bakufu: Kemmu Shikimoku (1336) and Muromachi Bakufu Tsuikaho. Translated by Kenneth Grossberg and Kanamoto Nobuhisa. Tokyo: Monumenta Nipponica and Sophia University Press, 1981.

Lidin, Olof. Tanegashima: The Arrival of Europe in Japan. Copenhagen: NIAS Press, 2002.

Lu, David. Japan: A Documentary History. Armonk: M. E. Sharpe, 1997.

Mass, Jeffrey P. Yoritomo and the Founding of the First Bakufu. Stanford: Stanford University Press, 1999.

Mass, Jeffrey P. Lordship and Inheritance in Early Medieval Japan: A Study of the Kamakura Soryo System. Stanford: Stanford University Press, 1989.

McClain, James L. 'Castle Towns and Daimyo Authority: Kanazawa in the Years 1583-1630' in The Journal of Japanese Studies, vol. 6, no. 2 (Summer 1980): 267-99.

'military technology.' Encyclopaedia Britannica. 2007. Encyclopaedia Britannica Online. <http://search.eb.com/eb/article-9110174>.

Needham, Joseph. Science and Civilization in China, vol. 5, pt. 7, 'Military Technology; The Gunpowder Epic.' New York: Cambridge University Press, 1986.

Needham, Joseph. Science and Civilization in China, vol. 5 pt. 6, 'Military Technology: Missiles and Sieges.' New York: Cambridge University Press, 1994.

Perrin, Noel. Giving Up the Gun: Japan's Reversion to the Sword, 1543-1879. Boulder: Shambhala Press, 1980.

Pinto, Mendes. The Travels of Mendes Pinto. Edited and translated by Rebecca Catz. Chicago: University of Chicago Press, 1989.

Ravina, Mark. The Last Samurai: The Life and Battles of Saigo Takamori. Hoboken: John Wiley and Sons, 2004.

Sakakibara, Kozan. The Manufacture of Armour and Helmets in Sixteenth Century Japan. Rutland: C. E. Tuttle, 1962.

Brown, Delmar. 'The Impact of Firearms on Japanese Warfare 1543-98' in The Far Eastern Quarterly, vol. 7, no. 3. (May 1948): pp236-253.

Carman, William Y. A History of Firearms From Earliest Times to 1914. New York: St. Martin's Press, 1955.

Chase, Kenneth. Firearms: A Global History to 1700. New York: Cambridge University Press, 2003.

Conlan, Thomas D. State of War: The Violent Order of Fourteenth Century Japan. Ann Arbor: University of Michigan Center for Japanese Studies, 2003.

Conlan, Thomas D. In Little Need of Divine Intervention: Takezaki Suenaga's Scrolls of the Mongol Invasions of Japan. Ithaca: Cornell East Asia Series, 2001.

Conlan, Thomas D. 'Instruments of Change: Organizational Technology and the Consolidation of Regional Power in Japan, 1333-1600.' Unpublished manuscript.

Cooper, Michael. They Came to Japan: An Anthology of European Reports on Japan, 1543-1600. Berkeley: University of California Press, 1965.

Delbruck, Hans. The Dawn of Modern Warfare: History of the Art of War, vol. 4. Translated by Walter J. Renfroe, Jr. Omaha: Bison Books, 1990.

Elison, George and Bardwell Smith (eds). Warlords, Artists & Commoners: Japan in the Sixteenth Century. Honolulu: The University Press of Hawaii, 1981.

Fisher, David Hackett. Paul Revere' s Ride. New York: Oxford University Press, 1994.

Friday, Karl. Samurai, Warfare and the State in Early Medieval Japan. New York: Routledge, 2004.

Fukuzawa, Yukichi. The Autobiography of Yukichi Fukuzawa. Translated by Ei'ichi Kiyooka. New York: Columbia University Press, 1966. (『福翁自伝』福沢諭吉)

Hurst, G. Cameron. Armed Martial Arts of Japan. New Haven: Yale University Press, 1998.

『武士の成立 武士像の創出』 高橋昌明 東京大学出版会 1999

『別冊歴史読本71 城郭研究最前線 ここまで見えた城の実像』 新人物往来社 1996

『別冊歴史読本03 城の見方・歩き方 身近な城を歩くためのガイドブック』 新人物往来社 2002

『北条早雲とその子孫——知られざる北条五代の実像』 小和田哲男 聖文社 1990

『山名宗全と細川勝元』 小川信 新人物往来社 1994

『有識故実大辞典』 鈴木敬三 吉川弘文館 1995

『鎧をまとう人びと 合戦・甲冑・絵画の手びき』 藤本正行 吉川弘文館 2000

『黎明館「調査研究報告」14 鉄砲伝来の経緯について二・三の考察 85-100』 濱田利安 鹿児島県歴史資料センター黎明館 2001

『歴史群像シリーズ14 真説戦国北条五代 早雲と一族、百年の興亡』 学習研究社 1989

『和歌山県史 中世史料2』 和歌山県史編さん委員会 和歌山県 1983

『和漢三才図会4』 寺島良安 平凡社 1986

◉洋書文献

Arai Hakuseki. Told Round a Brushwood Fire: The Autobiography of Arai Hakuseki. Translated by Joyce Ackroyd. Princeton: Princeton University Press, 1980.（『折りたく柴の記』新井白石）

Asakawa, Kan'ichi. The Documents of Iriki. Tokyo: Japan Society for the Promotion of Science, 1955.（『入来文書』朝河貫一）

Birt, Michael. 'Warring States: A study of the Go-Hojo Daimyo and Domain 1491-1590.' Ph.D. dissertation. Princeton University, 1983.

Bottomly, I. and A. P. Hopson. Arms and Armor of the Samurai: The History of Weaponry in Ancient Japan. New York: Crescent Books, 1988.

Boxer, C. R. 'Notes on Early European Military Influence in Japan (1543-1853)' in Transactions of the Asiatic Society of Japan, Second Series, vol. VIII (1931): 67-93.

『大日本佛教全書　蔭凉軒日録　第133-37巻』計5巻　佛書刊行會編纂　佛書刊行會　1912-13

『和知町誌資料集1』　和知町誌編さん委員会編集　和知町　1987

『中世法制史料集』全7巻　牧健二監修　佐藤進一・百瀬今朝雄・笠松宏至・池内義資編　岩波書店　1955-2005

『中世的武具の成立と武士』　近藤好和　吉川弘文館　2000

『徹底検証 長篠・設楽原の戦い』　小和田哲男監修　小林芳春編　吉川弘文館　2003

『鉄砲　伝来とその影響』　洞富雄　思文閣出版　1991

『鉄砲隊と騎馬軍団　真説　長篠合戦』　鈴木真哉　洋泉社　2003

『鉄炮伝来　兵器が語る近世の誕生』　宇田川武久　中央公論社　1990

『鉄砲と日本人　「鉄砲神話」が隠してきたこと』　鈴木真哉　筑摩書房　2000

『鉄砲と戦国合戦』　宇田川武久　吉川弘文館　2002

『南北朝遺文　中国・四国編』全7巻　松岡久人編　東京堂出版　1987-95

『南北朝遺文　九州編』全7巻　瀬野精一郎編　東京堂出版　1980-92

『新潟県史　資料編　中世』　新潟県史編さん委員会　新潟県　1982-83

『日本甲冑の基礎知識』　山岸素夫・宮崎真澄著　雄山閣　1990

『日本甲冑の新研究』　山上八郎　飯倉書店　1942

『日本最古の火縄銃展』　新城市設楽原歴史資料館　新城市　2001

『日本在来馬の系統に関する研究　特に九州在来馬との比較』　林田重幸　日本中央競馬会　1978

『日本史にみる鉄砲展』　読売新聞大阪本社編　読売新聞社　1972

『日本の歴史12 中世武士団』　石井進　小学館　1974

『日本の歴史11　戦国大名』　杉山博　中央公論社　1974

『信長の戦国軍事学　戦術家・織田信長の実像』　藤本正行　JICC出版局　1993

『復元の日本史　合戦絵巻―武士の世界』　富樫譲編　毎日新聞　1990

『週刊朝日百科 日本の歴史 98 近世から近代へ 10 西南戦争と琉球処分』大峡弘通編　朝日新聞社　1988

『上越市史叢書 6　上杉家御書集成 1』上越市史編さん室　上越市　2001

『神宮徴古館本　太平記』長谷川端・加美宏・大森北義・長坂成行編　和泉書院　1994

『新選日本古典文庫 3　梅松論・源威集』矢代和夫・加美宏　現代思潮社　1975

『信長公記』太田牛一著　奥野高廣・岩沢愿彦校註　角川書店　1969

『人物叢書　今川了俊』川添昭二　吉川弘文館　1964

『図説　武田信玄』磯貝正義・信玄公宝物館　河出書房新社　1987

『図説 中世城郭事典』村田修三　新人物往来社　1987

『戦国遺文　後北条氏編』計 6 巻　杉山博・下山治久編　東京堂出版　1989-95

『戦国遺文　武田氏編』全 5 巻　柴辻俊六編　東京堂出版　2002-

『戦国合戦絵屏風集成　第 1 巻　川中島合戦図・長篠合戦図』桑田忠親編　中央公論社　1988

『戦国時代の貴族 「言継卿記」が描く京都』今谷明　講談社　2002

『増補訂正編年大友史料』全 33 巻　田北学編さん　田北学　1962-71

『続史料大成　第 20 巻　碧山日録』竹内理三編　臨川書店　1982

『大日本古文書　家わけ文書　第 11　小早川家文書』計 2 冊　東京大学史料編纂所編　東京大学史料編纂所　1917-18

『大日本古文書　家わけ文書　第 12　上杉家文書』計 3 冊　東京大学史料編纂所編　東京大学史料編纂所　1931-63

『大日本古文書　家わけ文書　第 8　毛利家文書』計 4 冊　東京大学史料編纂所編　東京大学史料編纂所　1920-24

『大日本古文書　家わけ文書　第 9　吉川家文書』計 3 冊　東京大学史料編纂所編　東京大学史料編纂所　1925-32

『大日本史料』第 6・8・12 編　東京大学史料編纂所編　東京大学史料編纂所　1901-

参考文献

◉日本語文献

『愛知県史　資料編11　織豊』愛知県史編さん室　愛知県　2003

『江戸城の宮廷政治——熊本藩細川忠興・忠利父子の往復書状』　山本博文　講談社　1996

『NHK　歴史への招待』　豊田有恒・野村首一　日本放送出版会　1980

『神奈川県史　資料編3〔2〕　古代・中世』神奈川県県民部県史編集室編　神奈川県　1979

『鎌倉遺文』全51巻　竹内理三編　東京堂出版　1971-97

『観音寺城と佐々木六角』　滋賀県立安土城考古博物館　1995

『京都・激動の中世　帝と将軍と町衆と』　京都文化博物館編　京都文化博物館　1996

『国友鉄砲鍛冶　その世界　特別展』　長浜城歴史博物館　市立長浜城歴史博物館　1985

『国史大系 新訂増補　吾妻鏡』計4冊　黒板勝美・国史大系編修会　吉川弘文館　1975-77

『国史大辞典』全15巻　国史大辞典編集委員会編　吉川弘文館　1979-97

『故実叢書　武家名目抄　新訂増補』計8冊　塙保己一編　明治図書出版　1954

『静岡県史　資料編　中世』計4巻　静岡県史編さん委員会編　静岡県　1989-96

『島津義弘の賭け』　山本博文　中央公論新社　2001

『週刊朝日百科 日本の歴史21 中世2-10 城』　野沢敬編　朝日新聞社　1986

『週刊朝日百科 日本の歴史24 中世から近世へ2 鉄砲伝来』　野沢敬編　朝日新聞社　1986

［り］

［る］

［れ］

［ろ］

［わ］

［さ］

［し］

［か］

［い］

［う］

［え］

［お］

索　引

［あ］

【著者】**トマス・D・コンラン** Thomas D. Conlan

歴史学博士。米メイン州ボードイン・カレッジ准教授。専攻はアジア研究。日本文化については、ミシガン大学、京都大学で学び、1998年にスタンダード大学で博士号を取得。日本中世における合戦や国家形態について詳しい。『In Little Need of Divine Intervention』『State of War: The Violent Order of Fourteenth Century Japan』などの著書がある。

【日本語版監修】**小和田哲男**（おわだ・てつお）

1944年生まれ。静岡大学名誉教授。歴史学者。特に日本の戦国時代に関する研究で知られる。おもな著書に『近江浅井氏』『戦国武将ものしり事典』『城と城下町』『戦国武将』『豊臣秀吉』『戦国武将の生き方死に方』『日本の歴史・合戦おもしろ話』『関ヶ原から大坂の陣へ』など多数。

図説《ずせつ》　戦国時代《せんごくじだい》
武器《ぶき》・防具《ぼうぐ》・戦術百科《せんじゅつひゃっか》

●

2013年7月31日　第1刷

著者…………トマス・D・コンラン

日本語版監修…………小和田哲男《おわだてつお》

装幀…………岡孝治

発行者…………成瀬雅人

発行所…………株式会社原書房

〒160-0022 東京都新宿区新宿 1-25-13
電話・代表 03(3354)0685
http://www.harashobo.co.jp
振替・00150-6-151594

印刷…………シナノ印刷株式会社
製本…………小高製本工業株式会社

ISBN978-4-562-04929-5, Printed in Japan